How
to

Get Hired at
Top Companies

회사가 뽑을 수밖에 없는 취업의 고수들

회사가 뽑을 수밖에 없는 취업의 고수들

초판 1쇄 발행 2009년 9월 11일 초판 2쇄 발행 2009년 10월 22일

지은이 강민석, 이효정 **펴낸이** 신민식

기획 H₂ 기획연대_ 연준혁, 류중희

출판1분사 분사장 박선영
편집장 최혜진
편집 김세희 **디자인** 차기윤
마케팅 권대관 곽철식 이재원 이귀애 **제작** 이재승 송현주

펴낸곳 (주)위즈덤하우스 **출판등록** 2000년 5월 23일 제13-1071호
주소 경기도 고양시 일산동구 장항동 846번지 센트럴프라자 609호 **전화** 031-936-4000 **팩스** 031-903-3891
전자우편 yedam1@wisdomhouse.co.kr 홈페이지 www.wisdomhouse.co.kr
출력 엔터 종이 화인페이퍼 인쇄·제본 영신사

값 12,000원 ⓒ 강민석, 이효정, 2009 ISBN 978-89-6086-198-5 03320

* 잘못된 책은 바꿔드립니다.
* 이 책의 전부 또는 일부 내용을 재사용하려면
  사전에 저작권자와 (주)위즈덤하우스의 동의를 받아야 합니다.

국립중앙도서관 출판시도서목록(CIP)

회사가 뽑을 수밖에 없는 취업의 고수들 = How to get hired / 강민석, 이효정 지음. -- 고양 : 위즈덤하우스, 2009 p ; cm ISBN 978-89-6086-198-5 03320 : ₩ 12000 취업[就業] 325.33-KDC4 658.311-DDC21 <div align="right">CIP2009002704</div>

회사가
뽑을 수밖에 없는
취업의 고수들

강민석·이효정 지음

How to Get Hired
at Top Companies

위즈덤하우스

지독하게 준비해 당당하게 성공한 청춘들

마감을 앞둔 신문사는 꼭 장터 같다. 올해 2월 1일 「중앙 SUNDAY」
는 '비 SKY 대학 출신 취업 고수 7인의 멀티 합격 비결' 이라는 기사
때문에 말 그대로 장터가 되어버렸다.

신문의 가장 비중 있는 지면인 톱 1면과 4~5면 전체가 그들의 스토리
에 할애됐다. 전적으로 이 책의 공동 저자인 이효정 전 인턴기자가 아니
었으면 세상에 나오지 못 했을 기사였다.

지난해 겨울 「중앙 SUNDAY」는 이효정, 김민규, 강구귀, 정석호, 차
윤선 씨 등 5명의 인턴기자들을 선발했다. 당시 필자는 이들의 '훈육 주
임' 을 겸하고 있었다.

어느 날 인턴기자들에게 아이디어 제출을 닦달(?)하는데 이효정 인턴
기자가 대기업 20군데에 붙은 경희대생과 4군데에 붙은 Y대생 얘기를
꺼냈다.

"그래? 그런 사람이 있단 말야?"

그날로 이효정 인턴기자를 비롯해 인턴기자 전원은 대학가를 수소문해야 했다. 필자가 인턴기자들에게 유사한 사례를 더 찾으라고 '특명'을 내렸기 때문이다. 단 필자는 '비 SKY 대학 출신'이어야 한다는 가이드라인을 제시했다.

오래전부터 '학력學力'보다는 '학력學歷', 즉 가방끈이 중시된 한국 사회에서 '비 SKY 대학 출신의 멀티 합격자들' 한 명 한 명의 존재 자체가 "결국 중요한 건 학력學力"이라는 메시지를 줄 수 있으리라 믿었기 때문이다. 그들은 결국 '취업 고수 7명'을 찾아냈다.

기사에 대한 반향은 생각 이상으로 컸다. 대학생들이 즐겨 찾는다는 어느 인터넷 포털 사이트에선 가장 주목받는 기사가 됐고, 댓글이 무려 1,000개 가까이 달렸다. 필자의 생각을 정확히 반영한 인터넷 댓글 하나를 소개한다.

"왜 꼭 비 SKY 대학만 골랐느냐고들 하는데 어쨌든 배울 만하지 않은가. 저 분들이 그냥 가만히 앉아서 저런 일을 했겠나. 남들보다 덜 자고 덜 놀고 자격증 하나라도 더 따고 토익, 토플 1점이라도 더 올리려고 노력했으니 SKY 대학 출신보다 더 좋은 결과가 있었던 것 아닌가. SKY 대학 출신이라도 모두 저렇게 되는 것도 아니고, 분명 노는 사람은 논다. 저들에게 배울 건 배우고 내 것으로 만들 건 만드는 게 가장 현명하다."

이 책에 실린 내용은 「중앙 SUNDAY」 기사가 나간 뒤 "지방대생과 이공계 출신이 부족했다"는 독자들의 지적을 대폭 수용한 것이다. 기사에 소개된 취업 고수들 가운데 기둥에 해당하는 사람들은 그대로다. 하지만 기사에는 등장하지 않았던 지방대 출신과 이공계생들을 새로이 여러 명 추가했다. 이제는 전직前職이 됐지만 이효정 인턴기자가 또 한 번 발품을 팔았고, 필자 또한 기업에 공식적으로 추천을 의뢰해 10인의 리스트를 만들 수 있었다.

개인적으론 WBC 야구대표팀 못지않은 '취업 드림팀'이 구성됐다고 자부한다. 그렇다고 해서 취업 준비생의 기를 죽이는 '드림팀'은 아니다.

이 책에 소개된 사람들은 독자들과 멀리 떨어진 곳에 위치해 있는, 소위 '엄친아'들이 아니라 주변 가까이에서 찾을 수 있는 사람들임을 감지했으리라 믿는다. 다만 그들의 노력이나 노하우만큼은 특별했다. 그들의 특별한 노력과 노하우를 발견해 우리 자신과 결합해 보자는 것이 이 책의 목적이다.

10인의 사연과 장점, 강조하는 바가 모두 달라 여러 가지 다른 입장에서 취업에 대해 조명해 볼 수 있는 계기가 될 것이라 믿는다. 특히 10인이 겪었던 면접 장면을 리얼하게 복원시켜 놓아 면접관들과 실제로 어떤 대화를 나누는지, 어떤 식으로 답변해야 관문을 통과할 수 있는지 가늠할 수 있도록 했다.

가장 먼저 소개하는 여정인 씨(경희대학교 경제학과 졸업, 대림산업 입사)는 다양한 인턴 경험, 공모전 도전, 아르바이트 같은 대외활동을 통해 자기 그릇의 크기를 키워 나간 사례다. 그는 이 책이 나오는 데 결정적인 계기를 제공한 인물로, 이효정 기자가 처음 아이디어 회의에서 꺼냈던 '대기업 20곳에 붙은 사람'이 바로 여정인 씨였다. 여정인 씨는 저학년 때부터 꾸준히 마라톤하듯 자신의 진로를 열어 나갔다. 길게 보고,

시간을 아껴 쓰면서, 기초를 튼튼히 했더니 어느 날 '취업 내공'이 열 갑자 이상 늘어나 있음을 발견한 사례다.

김종고 씨(전북대학교 항공우주공학과 졸업, SK건설 입사)는 '보증금 1,000만 원짜리 월세'의 어려움을 극복하고 취업에 성공한 경우다. 역경은 존재의 문제가 아니라 당위의 문제다. 무조건 헤쳐나가야만 하는 것이라는 사실을 입증한 사람이라 하겠다. 아직 20대의 나이에 자수성가란 말을 붙이긴 이르지만 역경을 헤쳐나간 그가 언젠가 '입지전적 인물'이란 말을 들을 수 있을 것임을 확신한다. 지금 자신의 처지가 힘들다고 생각하는 분들에게 그의 얘기를 '강추'한다.

이상훈 씨(중앙대학교 경제학과 졸업, 신한은행 입사)는 주요 금융사 5곳에 합격한 '강타자'다. 그는 당초 언론사와 금융권을 동시에 준비했었다. 무게중심은 언론 쪽에 있었으나 결국 금융권에 도전해 만루 홈런 이상의 타점을 올렸다. 그에게서 융통성, 냉정함, 치밀함의 덕목이 읽힌다.

최중식 씨(한림대학교 광고홍보학과 졸업, 제일기획 입사)는 공대생 시절 광고에 푹 빠져서, 광고 공모전을 통해 앞길을 개척한 젊은이다. 자기의 소질과 적성이 뭔지 판단하는 것은, 사실 쉬워 보이면서도 제일 어려운 일이다. 그래서 엉뚱한 길로 들어섰다가 학교도 옮기고, 과도 옮기고, 심지어 직장도 옮기고, '메뚜기 인생'을 사는 예가 허다한 것이다.

그러나 최중식 씨는 자기 스스로 갈 길을 찾았다. 비록 '빨리' 찾지는 못했지만 '확실히' 캐치해 중단 없이 밀고 나갔고, 그 결과는 세계 3대 국제광고제 중 2개 대회 수상이라는 성과로 되돌아왔다.

조진호 씨(한국외국어대학교 영어통역번역학과 졸업, 대림산업 입사)는 현역 군인으로 취업전에서 대승을 거뒀다. 사실 그의 순수한 취업 준비 기간은 6개월이 채 안 된다. 단기간에 승부를 볼 수 있었던 그만의 비결은 바로 '리더십'과 '도전 정신'이었다. 그는 "누구나 문을 두드리지 않아서 못하는 것이지 하려고만 하면 다 할 수 있다"고 말한다. 자신은 문을 두드리는 차원을 넘어, 한번 문을 열고 들어가면 도망갈 수 없도록 아예 밖에서 잠가 버린다고 한다.

다음은 이민화 씨(신라대학교 졸업, 신흥정밀 입사). 유일한 중소기업 입사자로, 인턴사원에서 정직원으로 전환한 사례다. 또한 요즘 취업 준비생들에게 관심이 높은 해외 인턴에 얽힌 얘기도 담았다. 이민화 씨를 통해 3가지 화두, 즉 중소기업, 해외 인턴, 지방대생에 대한 해법을 모색해 볼 수 있기 바란다.

정문기 씨(한국외국어대학교 경제학과 졸업, 신한은행 입사)는 이상훈 씨와 입사 동기다. 그 역시 금융권 5군데에 합격한 슬러거다. 그는 특전사 병장 출신으로 군에 있을 때 낙하산 강하 훈련만 15차례 받았다. 꼭 그래서만은 아니겠지만 그는 '배짱'이 두둑하다. 배짱 혹은 자신감. 이것이 없으면 늘 주눅이 들게 되고 걱정하느라 시간만 허송하게 된다. 정문기 씨와 간접 대화하는 분들에게 그런 배짱이 생기길 기대해 본다.

허정석 씨(숭실대학교 벤처중소기업학과 졸업, LG서브원 입사)의 얘기에는 생소한 이름이 많이 등장한다. 아파트 계약 지도사에서부터 아웃소싱 지도사 같은 용어가 그렇다. 알바 하나를 하더라도, 자격증 하나를 따더라도 생소한 것을 추구했기 때문이다. 이유는 뭘까. 그는 같으면 죽고 달라야 산다는 것을 꿰뚫고 있었기 때문이다. 그가 어떻게 차별화 포인트를 만들어 자기만의 브랜드를 가꿔 나갔는지가 본문의 중심 스토리다.

최수진 씨(경북대학교 생물학과 졸업, CJ바이오연구소 입사)는 지방 여대생과 이공계를 위한 사연이다. 과장 없이 담백하게 자기 길에 매진해 목표한 바를 이룬 그녀에게서 '진실'의 힘이 뭔지를 엿볼 수 있으리라 믿는다.

마지막으로 윤인녕 씨(가톨릭대학교 경영학과 졸업, 한화그룹 동일석유 입사)는 '넓힘'보다 '좁힘'을 택해 취업에 성공한 경우다. 그는 별다른 대외활동을 하지 않았다. 자기를 '포장'할 만한 것은 많지 않았지만 대신 그는 자기가 입사 후 해야 할 일이 뭔지를 뚜렷이 성찰했다. '직무'에 대한 탐색 스토리가 핵심이다.

필자 및 이효정 인턴기자에게 귀중한 체험과 인생 이야기를 들려준 열 분에게 진심으로 감사드린다. 인터뷰하고 원고를 정리하면서 문득문득 언론사 입사 준비생 때의 나를 발견하곤 했다. 도서관에 책들만 쭉 펼쳐 놓은 채, 1시간만 목 축인다고 초저녁에 학교 밖으로 나갔다가 자정이 가까워져서 돌아와 주섬주섬 책들을 가방에 집어넣으며 늘 들었던 생각이 '난 왜 이럴까'였다. 그러나 돌이켜보면 그마저도 취업 고지를 정복하는 데 있어 '지정 코스'가 아니었나 싶다. 가방을 가지러 도서관으로 되돌아갈 때의 허탈한 발걸음은 지금도 잊을 수 없다.

한 번은 신촌에서 당시 필자의 집이 있었던 고양시까지 술을 마시고 걸어간 적도 있다. 자정쯤 출발했는데, 집에 도착할 때쯤엔 먼동이 터 왔던 것으로 기억한다. 그때 걷고 또 걸으면서 되뇌고 되뇌었던 대사가 있다.

"한다. 할 수 있다. 해야 한다."

필자만 그랬는지 모르겠으나 취업 준비생 시절엔 불안하고 또 불안했다. 하지만 취업 준비 기간은 인생 전체로 볼 때 결코 무의미한 시간이 아니었다. 무엇보다 '나'에 대해 고민하는 자기만의 시간을 그렇게 오래도록 가지기가 쉽지 않다. 그래서 취업은 곧 자기를 발견해가는 과정이라고 감히 정의하고 싶다. 자기를 발견해 나가는 과정에서 먼저 목표를 이룬 사람들의 경험담은 취업 준비생들에게 소중한 길잡이가 될 수 있을 것이다.

처음 출판사 위즈덤하우스의 제안을 받고 책을 구상할 때는 두터운 외투를 껴입고 있었는데, 거리엔 여름이 지나가고 가을의 향기가 솔솔 전해져 온다. 취업을 준비하는 분들의 마음엔 찬바람이 불고 있을지 모르겠다.

취업이란 고독한 터널을 뚫고 나가는 과정에서 마음이 불안해질 때 술 한 잔 대신 이 책을 펼쳐 보는 취업 준비생이 있게 된다면 더없는 보람이겠다. 부디 지독하게 준비해 당당하게 성공한 청춘들과 소통하면서 진정한 자기를 찾아 나갈 수 있기를 바라며.

2009년 9월
중앙일보 3층 편집국에서
강민석

contents

How to Get Hired at Top Companies

Part 1

그들의 열정의 온도는
40℃를 넘어서고 있었다

_열정의 무한 에너지

적극적인 태도와 열의 이상으로 기술이 필요하다. 단순히 열의만을 가진다는 것은
어둠 속을 질주하는 것이나 마찬가지이다.

－레오나르도 다빈치

Who
?

대기업 20곳에 합격한 취업 멀티 플레이어 **여정인 씨**

경희대학교 경제학과 졸업. 학점 4.0점, 토익 900점 이상. 공모전 20회 입상. 국회, 보험회사, IT회사, 은행, 신문사 등 인턴사원으로 활동. 다양한 봉사활동 및 아르바이트 경험 있음. 현재 대림산업 근무.

머리보다는 발!
땀으로 내공을 키워라

"공모전에 출품할 기획서를 쓰기 위해 두 달 동안 하루 4시간 이상 잠을 잔 적이 없어요.
국회도서관과 재경부, 각국 대사관을 다니며 자료를 모았고 KOTRA가 발간한 무역 자료, 경제 편람,
논문들 속에 파묻혀 지냈죠. 남에게 보여주기 위해서가 아닌, 스스로 만족할 수 있는 수준까지
해내는 것이 결국 우수한 성과로 돌아온다는 것을 알았어요."

취업 레이스에서 '20-20클럽'에 가입하다

야구에 '20-20클럽 회원'이라는 말이 있다. 한 해에 홈런과 도루를 20개 이상 기록한, 이른바 잘 치고 잘 달리는 호타준족의 타자들에게 붙여주는 명예로운 호칭이다. 사상 최악의 구직난 속에 치러진 취업 레이스에서 '20-20클럽'에 가입한 사람이 있으니 그가 바로 여정인 씨(28)다. 그는 대기업 20여 곳에 최종 합격했고, 공모전 수상 경력만도 20여 회다.

여정인 씨를 만나 합격한 곳부터 차례대로 꼽아달라고 했다. 건설회사 6곳, 금융권 3곳, 에너지 업체 2곳, IT·전자회사 2곳, 상사 및 해운

회사 2곳, 조선·중공업회사 3곳, 화장품 업체·외국계 회사까지.

"뭉뚱그려서 보면 대충 이 정도예요."

이렇게 말하는 여정인 씨는 상당히 쑥스러워 했다. 여정인 씨가 붙은 회사들 가운데는 한국 굴지의 기업들이 수두룩했다. 이 정도면 취업 '멀티 플레이어'라 불러도 무리는 아닐 것이다.

도대체 그 비결은 무엇일까?

보험회사 인턴사원, 100명의 지인 리스트를 만들다

2007년 겨울, 삼성생명 인턴사원인 동시에 경희대학교 4학년에 재학 중인 여정인 씨가 캐피털 회사에 근무하는 대학 선배 P씨와 마주 앉았다. 여정인 씨가 P씨에게 면담을 청한 이유는 보험 상품을 팔기 위해서였다.

P씨는 자산관리에 대해선 한마디로 전문가였다. 금융권에 근무하고 있는데다 대학 시절 주가연구 동아리에서 주식 공부를 하면서 실전 투자로 상당한 수익을 올린 경험도 있다. 그런 P씨에게 보험 상품을 판다는 것은 화가에게 만화책을 파는 것이나 마찬가지였다. 보험 가입을 권하는 여 씨의 제안을 P씨는 가볍게 일축했다.

"그런 것 가입 안 해도 내 미래는 내가 더 잘 준비할 수 있어."

당신이라면 이 상황을 어떻게 돌파하겠는가.

이때 여정인 씨가 택한 것은 정공법이었다. 그는 같은 금액을 주식과 채권에 투자했을 때의 이율과 보험 이율을 비교한 자료를 들이밀었다. 주식과 채권, 보험 상품에 각각 투자했을 때의 20년 후 원리금을 비교한 엑셀프로그램 자료, 연금 상품의 소득과 세액공제 혜택 자료를 제시해 끝내 '항복'을 받아냈다.

거기서 끝난 것이 아니었다. 그는 선배의 사무실 동료들에게 두 건의 연금과 한 건의 생명보험 계약을 더 따냈다. 그렇게 여정인 씨는 3주 동안 보험회사 영업사원 아르바이트를 하면서 100인의 지인 리스트를 만들었다. 34명의 지인을 직접 만났으며 3주 만에 여덟 건의 보험 계약을 성사시켰다.

진정성과 전문성 그리고 끈기, 이 세 가지가 맞물려 돌아갔기에 가능한 일이었다.

제2열람실 286번 자리에서 2년간 새벽별을 보다

경희대학교 중앙도서관 제2열람실 286번. 이 자리는 늘 여정인 씨의 고정 좌석이었다. 매일 여정인 씨가 그 자리에 앉을 수 있었던 이유는 도서관 불을 켜고 들어가는 학생이 그였기 때문이다. 인천이 집인 그는 학교 주변에서 자취생활을 하고 있었다.

한마디로 그는 도서관 경비나 다름없었다. 새벽 5시 45분에서 6시 사이면 도서관에 출근 도장을 찍었으니 말이다. 그 시간에 도서관에 입장해서는 9시 첫 수업이 있기 전까지 공부를 하거나 공모전을 준비하고, 수업이 끝나면 다시 도서관으로 돌아갔다. 밤에는 일찍 간다고 갔을 때가 10시 반에서 11시 사이였다고 한다. 빡빡한 스케줄을 마치고 집에 돌아와서는 인터넷 서핑도 하고 가끔씩 만화 시리즈 「심슨」을 보면서 머리를 식힌 뒤 12시 이전에 취침, 다시 5시께 기상. 이런 일과를 오랫동안 반복했다고 한다.

여기서 조금 기가 질릴 사람들도 있을 것 같지만 너무 걱정할 필요는 없다. 그리고 대학 4년 내내 그렇게 지낸 것은 아니었다.

"공부만 하곤 못 살죠. 군대 갔다 와서부터 졸업할 때까지 얘깁니다."

그는 군대 가기 전에는 썩 열심히 공부하는 편은 아니었다. 1학년 1학기 때는 올 B를 맞기도 했단다.

"그런데 같이 놀던 친구 중 한 명이 장학금을 받은 거예요. 그때 자극을 받아서 열심히 하기 시작했죠. 열심히 하니 저도 장학금을 받을 수 있더라고요. 전체적으로 보면 대학생활은 꽤 성실하게 한 편이지요."

취업은 단순히 기술로 해결할 수 있는 문제가 아니다. 요령만 갖고 좋은 회사, 원하는 직종의 일자리를 찾기는 어렵다. 취업 이전의 모든 생활의 결과물이 어떤 일자리를 갖느냐로 나타나는 것이다. 그런 측면에서 볼 때 성실한 대학생활은 기본 중의 기본이라 말할 수 있다. 여 씨는 대학교 4년 동안의 평점이 4.0점 이상이다. 토익도 900점 이상. 이른바 상위권 스펙이다.

학점을 잘 따는 그만의 비결이 있다고 해서 물어봤다.

"실은 제가 글씨를 되게 못 써요. 그래서 강의실에 들어갈 때 A4 용지 몇 장을 가지고 들어가서 강의가 들리는 대로 낙서하듯이 적고는 새

노트에 옮겨 적어요. 이렇게 두 번 옮겨 적는 작업을 했습니다. 악필이라 좀 깨끗이 보려고 시작한 건데 남들은 한 번 필기하고 말 걸, 두 번세 번 옮겨 적다보니까 자연스레 복습이 되고, 수업 끝나자마자 한 번 더 보게 되니까 기억에도 오래 머물더군요."

시험 때가 되면 친구들은 보통 일주일 전부터 준비를 하는데 그는 3주 전부터 준비했다고도 귀띔해 주었다. 거기에 평소에 노트 정리를 통해 공부해 둔 것이 보태져 좋은 학점을 얻을 수 있었던 것이다.

학과 성적보다 더 화려한 것이 있었으니, 그것은 그의 학교 바깥활동이었다. 공모전 20여 차례 수상 기록에 인턴 경력, 봉사활동, 자격증 취득, 여러 직종에서의 아르바이트까지. 한마디로 그의 이력서는 촘촘하기 짝이 없다. 그중 가장 두드러지는 것은 공모전 수상 횟수다.

공모전. 요즘은 '공' 들여서 '모' 라도 입상하려는 '전' 쟁으로 바뀌었다고 말할 정도로 공모전 자체가 전쟁이다. 아예 휴학을 하고 공모전에만 매달리는 학생들도 적지 않다. 이렇게 치열한 공모전에 많이 붙었으니 대기업 20곳 합격이 당연한 등식처럼 보일 수도 있다.

하지만 단언컨대, '공모전 20개≠대기업 20곳'이다. 면접 때 얘깃거리는 되어도 아직 토익이나 학점만큼 서류 통과의 기본 조건은 아닌 셈이다. 여정인 씨 또한 이를 인정한다.

"공모전 20회 입상 때문에 많이 합격한 건 아니에요. 이력서에 수상경력 메뉴가 있고, 거기에 주최 기간, 공모전 이름, 시행 시기, 간략한 내용 등을 적게 돼 있긴 하죠. 하지만 횟수의 크기가 당락에 크게 영향을 주지는 않았어요."

그럼에도 그가 공모전에 주력한 이유는 뭘까.

한 마디로 자신이 뭘 잘하는지, 뭘 하고 싶어 하는지 스스로 테스트해 보고 싶었다고 한다. 그는 마케팅 공모전부터 해외 탐방, 신사업 개발 공모전 등 상경 계열에서 할 수 있는 다양한 공모전에 도전했다. 고등학교 때부터 상경 계열에 가야겠다고 생각해 경제학과에 왔지만 자신이 어떤 분야를 좋아하는지 알고 싶었고, 그것을 구체화시키는 계기가 필요했다.

20개의 대회에서 상을 거머쥐었다면 적어도 1학년 때부터 준비를 했을 것 같지만 사실 그건 아니었다. 그는 제대 후부터 본격적으로 공모전 준비에 의욕을 불태웠다고 한다. 집중해서 준비한 기간은 그로부터 1년 반의 시간이다. 최대 빨리 작업한 것은 4일 만에 제출하기도 했다. 그는 거듭 강조한다. 공모전은 경력 자체가 주가 아니라 그 경험을 통해서 얘깃거리를 얼마나 만들어낼 수 있느냐가 중요하다고.

공모전은 팀을 만들어서 준비했다.

"팀으로 준비를 하니까 혼자 하는 것보다 동기 부여가 되어 조금 더 많이 하게 되더라고요. 저 같은 경우는 세부적인 것을 잘 챙기는 반면, 제 파트너는 길 가다가 툭툭 내뱉은 게 아이디어가 되는 경우가 많았어요. 그걸 바탕으로 또다른 팀원이 자료를 찾아보고, 그걸 셋이 조율하죠. 한 명이 포스트잇이나 종이에 큰 제목을 쭉쭉 써주면 그것을 보고 제가 방향을 잡고 순서를 정했고요. 세부 데이터나 출처를 넣는 것은 다른 멤버가 보충하고 그랬어요. '면접용 멘트' 같지만 '이런 경험으로 팀워크를 기를 수도 있다. 분업하는 걸 배울 수 있다' 이렇게도 말할 수 있겠죠."

여정인 씨의 공모전 도전 가운데 가장 큰 성과는 대학교 3학년 가을에 있었던 잡코리아의 '2007 글로벌프런티어^{대학생 해외탐방 공모전}'이었다. 당시 그의 팀은 47대1의 경쟁률을 뚫고 대표에 선발되었다. 그의 팀이 택한 주제는 중남미 국가의 경제를 체험해 한국 경제에 응용할 수 있는 방안을 연구하는 것이었다.

공모전에 출품할 기획서를 쓰기 위해 여정인 씨는 두 달 동안 하루 4시간 이상 잠을 잔 적이 없었다. 국회 도서관과 재경부, 각국 대사관을 다니며 자료를 모았고 KOTRA가 발간한 무역 자료, 경제 편람, 논문들 속에 파묻혀 지냈다.

결국 500만 원이 넘는 경비를 지원받아 40일간 아르헨티나, 칠레, 코스타리카, 파나마 등 좀처럼 방문하기 힘든 나라를 탐방할 기회를 얻었다. 그는 준비 과정에서 남에게 보여주기 위해서가 아니라 스스로 만족할 수 있는 수준까지 해내는 것이 결국 우수한 성과로 돌아온다는 사실을 깨달았다고 했다.

적극적으로 성실하게 대하면 그 어떤 문도 결국 열리더라

그는 국회, 보험회사, IT회사, 은행, 신문사에서 인턴사원으로도 활동했다. 그에게 "인턴활동은 어땠느냐?"고 묻자 "지금 제 성격이 어때 보이세요?"라고 되물었다.

"기자와 만나 인터뷰하는 것은 처음일 텐데 아주 활발하게 말을 잘 하네요"라고 하자 그는 "원래는 무척 내성적이었습니다"라고 답했다. 그런 여 씨의 성격이 바뀌기 시작한 시점이 인턴활동을 하면서란다.

"삼성생명 인턴을 하면서부터 바뀌었던 것 같아요. 소극적인 성격이 조금 완화되어 면접 때도 덜 긴장하게 되고, 말도 잘할 수 있게 되었죠. 거기서 성격 개조랄까, 그런 걸 경험했지요."

날아다니는 신화적인 영업왕들도 있지만 예나 지금이나 영업사원은 힘들다. 굳이 아서 밀러의 『세일즈맨의 죽음』을 거론하지 않아도 될 것이다. 그중 특히 보험 영업이 그렇다.

"아직까지 우리나라에선 주식, 채권과는 다르게 보험은 판매하는 사람이 아쉬운 소리를 해야 해요. 알고 보면 그것 또한 금융 상품인데 말이죠. 남한테 아쉬운 소리는 별로 안 하고 살았는데 세일즈맨이 되니 상황이 바뀌더라고요. 자기 의견을 부끄러워하지 않고 있는 그대로 말할 수 있는 기술이랄까, 그런 걸 배우는 계기가 됐죠. '꼭 설득하고 말겠다'는 적극성도 배웠고요."

「스포츠서울」에서의 인턴활동도 적극성을 키워주는 데 한몫했다. 입사 첫날 그가 선배에게 처음 받은 지시는 경찰서에 가서 드러눕는 것이었다. 신문사에서는 인턴이나 수습기자들에게 담력을 키워주기 위해 처음에 다소 무리한 일을 시키기도 한다. 경찰서에서 형사들과 워낙 자주 부딪치다 보니 위축감을 없애주기 위해 일부러 '객기'를 부려보게 하려는 의도인 것이다. 그는 다소 과감한 행동을 하기 위해 부끄러움을 감추고 심호흡을 한 뒤, 경찰서에서 드러누웠다고 고백했다.

그는 더불어 다양한 봉사활동 경험도 갖고 있다. 봉사활동은 봉사를 받는 사람들보다 봉사하는 사람들이 '값진 감동'을 얻고 끝나는 경우가 많다고 한다. 그 역시 그것을 몸소 체험하였다.

복지관에서 봉사활동 할 때의 일이다.

"칼에 맞아 하반신이 마비된 조폭이 한 분 계셨어요. 목욕을 시켜 드리려는데 저리 가라며 저를 밀치고 때리기도 하셨죠. 하반신이 마비됐지만 문신을 한 팔에는 아직 힘이 남아 있었거든요. 그런데 성실하게 그리고 진심으로 대하기를 계속하니 결국 친해졌어요. 이때 사람에게 진심으로 다가서는 법을 배울 수 있었죠."

2005년 부천 국제판타스틱영화제 때는 스태프_{영화제 자원봉사자 전시팀장}로 활동했다. 그런데 영화제 전시물 가운데 일본에서 건너온 시체 모형이 인파에 밀려 넘어져 파손되었다. 할머니 한 분이 넘어지면서 값비싼 조형물을 쓰러뜨린 것이었다. 당시 운영진들은 할머니에게 책임을 물으려 했다. 그러나 그는 "우리가 손해 보더라도 보험 처리하자"고 간곡히 설득해 결국 수백 만 원을 물 뻔했던 할머니는 책임을 면할 수 있었다.

"할머니께서 나중에 '고마웠네, 청년' 하셨을 땐 정말 보람을 느꼈어요. 스태프들을 설득할 수 있었던데다 '나도 약자를 도울 수 있구나' 하는 생각에 뿌듯했던 거죠."

이런 활동들은 진로를 정하는 데 큰 도움이 됐다. 실제로 그는 여러 대외활동을 통해 '기획'이라는 키워드를 건져냈다. 특히 새로운 것을 기획하는 데 재미를 붙였다. 그래서 취업을 준비할 때도 주로 경영 혁신, 관리 등의 분야에 지원했다.

내 사전에 '대충'이라는 단어는 어디에서도 찾을 수 없다

이외에도 그는 교내 동아리활동에 열심이었고, 아르바이트도 안 해본 게 별로 없다. 자산관리사·선물거래사 자격증도 취득했다. 그만큼 자기 소개서에 적을 소재가 풍부했던 것이다.

그 수많은 소재들 중 그는 경희대학교 경제학술 동아리 '주가연구회'를 재탄생시킨 데 대해 가장 큰 자부심을 갖고 있다. 당시 주가연구회는 이름만 연구회였지, 사실상 친목을 다지는 사적인 모임 수준이었다. 그것을 몇몇 친구들과 힘을 합해 전문적인 학술을 연구하는 모임으로 바꾼 이가 바로 여정인 씨다.

그는 보다 전문적인 주가연구회를 만들기 위해 모임을 교내 스터디 모임 지원 프로그램에 등록시켰다. 실제 투자 경험이 있는 학생들을 대상으로 회원모집 공고를 붙여 30명의 서류 합격자를 선발했고, 이중 면접을 통해 15명의 회원을 받아들였다.

또 교내 전산실을 이용할 수 있도록 허가를 받아 계량경제와 통계학을 이용한 주가 예측이 가능하도록 했으며 세미나를 한 내용을 책으로 만들기도 했다. 동문 선배를 통해 00증권의 대학생 주식교육 프로그램을 지원받고, 주가 예측을 주제로 학술제를 개최하기도 했다.

이런 노력을 통해 주가연구회는 현재 80명의 회원이 넘는 대형 스터디 그룹으로 거듭났으며, 이 연구회에 들어오려고 재수를 하는 학생까지 생겨날 정도가 되었다. 한 가지를 하더라도 대충하는 일 없이 정성을 다하는 그의 면모를 여실히 보여주는 사례다.

다른 사람들이 모두 그쪽을 택한다고
당신도 그 길을 택할 필요는 없다

풍부한 대외활동과 괜찮은 스펙을 무기로 여정인 씨는 과감히 취업 레이스에 뛰어들어 대기업 20여 곳에 합격했다. 그런 그가 최종으로 선택한 기업은 바로 대림산업이다. 수많은 대기업 가운데 그는 왜 대림산업을 택했을까.

그는 우선 다음의 조건들을 따져보았다. 서울 본사에서 근무하는 것인지, 자신이 원하는 보직을 맡을 수 있는지, 조직 내에서의 성장 가능성은 어느 정도인지, 급여는 어느 수준인지를 말이다.

"소유경영과 전문경영 중 당신은 어느 쪽을 선택하겠는가?"

대림산업의 PT 면접 때 나온 질문이다. 이 회사의 면접은 4단계, 즉 PT 면접 – 영어 면접 – 역량 면접 – 임원 면접으로 진행된다. 각 면접 파트마다 가중치가 있지만 PT 면접이 가장 중요하다고 그는 말한다. "비중을 100으로 놓으면 영어 면접이 10, 임원 면접이 20, PT와 역량 면접이 35씩 될 것"이라고 부연 설명한다.

PT 면접은 대기실에서 각 분야의 주제를 8개 정도 나눠준 뒤, 면접자들에게 그중 하나를 선택하게 하는 방식으로 시작된다. 면접자들에게는 발표 전 A4 용지 한 장과 10분의 시간이 주어진다.

그는 문화, 경제, 스포츠, 정치, 경영학 등과 관련한 여러 주제 중에서 '소유경영과 전문경영'을 골랐다. 각각의 장단점을 설명하고 자신은 어느 쪽이 좋다고 생각하는지를 조리 있게 말해야 했다.

면접 당시 '소유경영이냐 전문경영이냐'는 질문을 선택한 지원자들은 대부분 전문경영 쪽을 긍정적으로 표현했다. 하지만 여 씨는 생각이 달랐다. 그는 조지 애컬로프가 말한 '레몬시장_{시장에는 겉만 멀쩡한 저급한 재화나} _{서비스가 넘쳐난다는 이론}'이란 개념을 설명하면서 차근차근 얘기를 풀어나갔다.

"전문경영인은 짧게는 1년, 길면 3년마다 재계약을 해야 합니다. 그 러므로 회사의 성과와 자신의 성과가 분리돼 있고, 이에 따라 자기에게 이익이 되는 행동을 취할 가능성이 높습니다. 회사의 단기적인 차입금 을 줄인다거나 재계약 가능성을 높이는 단기적인 투자에 집중하려 할 것입니다."

그는 PT 면접 때는 비록 소수 의견이라고 하더라도 자신의 견해를 분명히 밝히는 게 중요하다고 조언한다.

"나중에 회사 선배들한테 들은 얘긴데, 제가 PT 면접할 때 저희 팀 장님이 들어와 계셨답니다. 제가 프레젠테이션을 하는 것을 보고 '쟤, 우리 팀에 데려와야겠다'고 생각하셨대요."

영어 면접은 평이한 수준이었다. 전문적인 용어를 묻거나 영어 PT 를 하는 것이 아니라 일상적인 대화를 편하게 할 수 있는지를 파악하는 것이 목적인 듯했다. '오늘 올 때 뭐 타고 왔느냐, 긴장되느냐, 지난 주 말에 뭐 했냐?' 등의 질문이 나왔던 것으로 기억했다.

면접 때는 거짓말을 하느니 솔직하게 "모른다"고 하라

PT 면접과 함께 가장 비중이 높은 역량 면접 때는 정직한 답변이 중요하다고 강조한다. 면접관 3명이 면 접자 3명을 놓고 짧으면 한 시간에서 길면 한 시간 반 동안 진행하는 이 면접은 구직자에게는 가장 큰 고비다. 그 자리에서 거짓말을 했다가 꼬리가 밟히기라도 하면 회복하기도 어렵다.

"만약 면접장에서 지어낸 얘기다 싶으면 '왜 그렇게 됐어? 그렇게 해서 결과가 어땠어?' 하고 계속 물어봐요. 그렇게 파고 들어오면 실제로 했는지 안 했는지가 금세 파악되죠."

여정인 씨에겐 남들은 잘 안 가는 남미를 공모전을 통해 갔다 온 이야기, 주식 동아리활동, 부천 영화제 봉사활동 등을 물었다고 한다.

"면접자가 활동했던 것에 대해 질문을 많이 하는데, 한 분이 말을 더 들었어요. 일찌감치 안 좋은 평가를 내렸는지 그후론 질문도 거의 안 갔고요. 저랑 같이 합격한 분은 질문을 많이 받았어요. 역량 면접은 '이 사람이 거짓말을 하는 것 같다' 고 느껴서 파헤치려고 질문하는 게 있고, '이 사람이 괜찮다' 생각해서 더 들어보려고 질문하는 게 있어요. 저는 붙어서 그런지 모르겠지만 후자 쪽이었다는 느낌이었죠."

도대체 그 중요한 면접장에서 많은 구직자들은 왜 거짓말을 하는 걸까. 기본이 제일 어렵다고 하듯이, 사람들이 긴장한 상태에서 뭔가 보여주긴 해야겠는데 대답할 거리가 없으니 둘러대는 것이다. 다른 사람에게 들었던 이야기를 마치 자기가 경험한 것처럼 이야기하기도 한다. 모른다고 하면 자기만 뒤처져 보일까봐 걱정한 탓이다.

그렇다면 그는 면접을 치르면서 모른다고 답변한 적이 있었을까.

"저는 되게 많죠."

사회 이슈·현안에 대해
자신만의 확고한 철학을 가질 것!

임원 면접은 굳이 비중을 따지자면 다른 면접보다 그 중요성이 떨어지기는 해도 최후의 면접인데다, 면접자의 생사여탈 권을 가진 임원이 들어오는 만큼 최선을 다하는 것이 좋다고 조언한다.

이 자리에서도 여 씨의 공모전 경력은 빛을 발했다.

"애경그룹에서 신성장동력을 발굴하는 공모전에 참가한 적이 있었습니다. 애경백화점이 수원인가 평택역사 쪽에 새롭게 입점하게 됐었는데, 그때 저는 RFID 기술<small>Radio-Frequency IDentification, 전파를 이용해 먼 거리에서 정보를 인식하는 기술</small>을 활용하자고 했었죠. 예컨대 지하철 개찰구를 나올 때 교통카드를 찍으면 RFID 기술로 정보가 입력되어 고객에게 몇 층에서 할인 중이라는 정보가 휴대폰 문자메시지로 전달되는 시스템을 개발해 보면 어떻겠느냐고 아이디어를 냈었거든요. 그걸 이력서에 썼더니 전무님이 RFID가 뭐냐고 물으시더군요."

이것은 그를 테스트하기 위한 질문이 아니라 정말 몰라서 질문한 것이다. 자신이 직접 내놓았던 아이디어였던 만큼 여 씨는 자신 있게 개념부터 설명할 수 있었다.

다른 회사의 임원 면접에서는 회사에 대한 관심이나 대학생활, 외부 활동 자체에 관한 질문이 많았던 반면, 대림산업의 임원 면접은 관점이 조금 달랐다. 가벼운 이슈보다 청계천 복원이나 미국산 쇠고기 수입 개방 같은 비교적 무거운 주제의 문제들, 건설사에서 일어나는 정경유착 또는 납품 비리 같은 문제들이 등장한 것이다. 그는 이 사람의 생각이 신중한지, 신문 기사 하나를 보더라도 자신만의 철학이나 사고를 가지고 소화할 수 있는지를 보는 것 같았다고 전했다.

"자네가 바로 에너지구만"

면접에서 중요한 것 중 하나가 자기 소개다. 20여 차례 최종 면접을 통과한 '백전노장'은 자기 소개를 어떻게 했을까.

"저는 그냥 자기 소개서에 있는 그대로를 얘기합니다. 제가 주로 경영이나 경영 혁신, 관리 쪽으로 많이 지원했는데, 이런 식으로 말했어요. '경영 혁신에는 크게 세 가지가 중요하다고 생각합니다. 첫째, 남들보다 빠른 속도로 하는 것. 둘째, 남들에게 전파할 수 있는 공유. 혁신은 혼자 하면 실패하지만 같이 하면 성공하니까요. 셋째, 과거에는 없던 것을 해야 하는 만큼 창의력이 중요하다고요. 저는 공모전을 통해서 창의성을 키웠고, 남미나 아프리카 같은 오지를 다니면서 남들이 해보지 못한 경험을 통해 도전 정신을, 봉사활동이나 공모전을 통해 열정을 키웠습니다.' 이런 식으로 소개를 했지요."

보통 일반적인 자기 소개서와 다른 경험을 얘기하면 그 부분에 대한 질문이 제일 먼저 들어온다고 한다. 예컨대 이런 식이다.

"아프리카에 가서 마사이족과 생활하다가 '소 피牛血'를 먹은 적이 있었어요. 케냐 쪽이었는데 마사이족 사람이 우리 일행에게 다가와서 이걸 먹으면 오늘 자신들과 같이 지낼 수 있고, 못 먹으면 차 안에만 있어야 한다고 했거든요. 그래서 '여기까지 왔는데 한 번 먹어보자'는데 의견이 모아져 소의 피를 먹고 그 하루는 그들과 함께 보냈었죠. 그걸 적었더니 '진짜 마셨느냐'고 묻더군요. 그래서 '진짜 마셨다'고 하면서 오지를 체험한 이야기와 거기서 얻은 도전 정신에 대해 이야기했어요."

수많은 면접을 치렀던 그이지만 면접 도중 말문이 막힌 일도 많았다고 한다. 면접에서 난관에 부딪힐 때의 전략은 '할 말은 하되 솔직하게 한다'였다. 그랬더니 오히려 좋은 결과로 이어지기도 했다. 한 면접장에서 있었던 일이다.

"A사는 중공업 쪽에서도 수직 서열화가 꽤 강한 회사죠. A사는 조선과 에너지 분야에 진출해 있었으므로 북극을 개발하자는 아이디어를 냈습니다. 중공업과 에너지 회사가 진출해 에너지 시설을 설치하고, 계열사인 A해운업체를 통해서 수입을 얻은 다음에 A지주회사를 통해서 판매를 하면 그것이 바로 신사업으로 이어질 수 있다. A사는 10년도 안 돼서 단기 성장해 공유하는 비전이나 목표가 없으니까 북극 개발을 하면 공통된 목표를 전 사원에게 전파할 수도 있지 않느냐는 내용이었죠."

면접관들의 첫 반응은 좋았으나 후속 질문에 고전하고 말았다.

"'그거 좋다'고 하시더군요. 하지만 '좋은데 에너지 개발의 경제성을 얘기해 봐라'고 하시는 거예요. 그래서 학생 수준, 구직자 수준에서 생각할 수 있는 것들을 말씀드렸죠. 그랬더니 '그런 거 말고 다른 시각은 없냐?'고 물으시더군요. 저는 '답변을 드릴 수 있는 것은 이 정도고 더 깊은 내용은 잘 모르겠습니다. 더 공부해 봐야 될 것 같습니다'라고 했습니다."

이는 1차 면접 첫날에 있었던 일이었다. 면접을 끝내고 그는 다소 불안했지만 회사로부터 다음 면접 일정을 알리는 연락을 받았다. 그리고 2, 3주 후 최종 면접을 치르러 갔다. 그 자리에는 그룹의 회장까지 나와 있었다.

"제 순서가 됐는데 회장님이 저를 보시더니 '자네가 에너지구만'라고 말씀하시더군요."

그룹 총수의 관심을 끈 결과는 결국 합격으로 나타났다.

그렇다면, 황당한 질문을 받았을 때는 어떻게 대처해야 할까?

"H그룹 면접이었는데 '환율이 100원 오르면 아프리카에 팔리는 에어컨 수가 몇 개가 될 것 같냐?', '여의도에 맨홀 뚜껑이 몇 개나 있을 것 같냐?'는 질문을 받은 적이 있습니다. 전 '여의도 면적이 어느 정도 될 거 같은데 100미터당 맨홀이 하나 있을 것이라고 가정하면 총 몇 개가 나올 것 같다. 또 에어컨 한 대가 얼마라고 가정했을 때 환율이 오르면 수요가 좀 줄어서 어떻게 변할 것 같다'는 식으로 답변했죠. H그룹은 대대로 그런 류의 질문을 해왔다는 걸 선배들에게 들어 알고 있었기 때문에 크게 당황하지는 않았습니다. 당황스러운 질문 앞에서는 차라리 '내 맘대로 뻥치고 나오면 되지' 하는 태도가 좋기도 합니다. 설령 생뚱맞은 질문이 나와도 자신의 의견을 당당히 말하되, 타당한 근거를 제시하면 됩니다. 면접관들은 면접자의 자세를 우선적으로 보니까요."

기업 홈페이지보다
'아고라'에서 토론 능력을 기르다 면접을 많이 치러봐서 그런
지, 여 씨는 그 흔한 면접 스터디를 한 번도 안 했다고 한다. 비록 스터
디를 하지는 않았지만 실전을 통해 나름의 비법을 찾을 수 있었다는 그
는 면접 전날이면 '다음 아고라' 같은 사이트를 활용했다.

"거기에는 욕도 많지만 좋은 의견도 많아요. 당시 이슈가 되는 모든
사회현상들을 가장 빠르고 다양한 시선으로 볼 수 있어 그쪽을 쭉 훑어
보고 갔죠. 저만의 방법이었달까요. 남들은 면접 들어가기 전날 해당
기업의 홈페이지에 들어가서 공시정보를 본다고 하던데, 사실 그런 건
면접 때는 안 물어보거든요."

요즘은 토론 면접이 점점 중요해지는 추세인데 그에 대해 준비할 때
도 유용하다고 한다. 토론 면접 때는 아고라에서처럼 생뚱맞은 의견을
내는 사람들이 간혹 있다. 하지만 면접에서는 팀이 토론의 결론을 내지
못하면 모든 사람이 감점을 당할 위험이 있다. 그런 때를 대비해서라도
아고라에 한번 들어갔다가 가는 것이 도움이 된다고 말한다.

취업 준비생들이 많이 들어가는 '취업뽀개기' 같은 온라인 사이트
는 도움이 되는지 물어봤다.

그는 가만히 고개를 가로저었다.

"그것보다는 싸이월드나 네이버 클럽에 가보면 '00회사 신입사원
클럽'이 있어요. 공모전을 같이 준비하던 한 선배는 삼양에 가고 싶어
서 한 사이트의 클럽에서 삼양의 신입사원 클럽을 찾았어요. '2006년
삼양 신입사원들의 모임'이라는 이름의 클럽에 '삼양에 가고 싶은 구

직자인데 시간 내주실 수 있느냐. 여쭤보고 싶은 게 있다'고 쪽지를 뿌렸죠. 1,000명 정도한테 보냈는데 3~4명에게 답장이 왔대요. 그후에 점심시간에 회사 앞에서 만나 같이 밥도 먹고 이것저것 궁금한 것도 물어보고 했대요. 그 사람이 다리를 놔줘 홍보팀이나 인사팀 사람까지도 만났다고 하더군요. 다른 인터넷 커뮤니티보다 회사 정보를 더 많이 정확히 알 수 있었고, 동시에 자신이 그 회사에 얼마나 관심이 있는지 알릴 수 있었죠. 신입사원들에게서 생생한 현장 분위기도 들을 수 있었고요. 좋은 방법인 것 같아요."

화장실 앞에서처럼 초인적인 인내심을 발휘해 보자

인터뷰 내내 큰 목소리는 아니었지만 차분하게 말하는 그의 말투에서 묵직한 포스가 느껴졌다. 취업 준비생들에게 어떤 말을 하고 싶은지 물었다.

"취업 못한 친구들한테 늘 해주는 얘깁니다. 남들 다 한다고 따라 하지 말고, 뭔가 차별화할 수 있는 것, 자기한테 필요한 것을 하라고요. 네가 지금 하고 있는 토익 공부는 남들도 다 하는 것이고 점수도 너희들보다 더 높다. 네가 면접관이라면 똑같은 이력서, 자기 소개서를 낸 사람 것을 보겠느냐고요."

그는 아직 취업 준비생인 친구한테 이런 얘기를 한다고 덧붙였다.

"나도 지금 배 아프고, 너도 지금 배 아픈 상황이야. 그런데 내가 조금 더 부지런히 화장실에 빨리 줄을 서서 볼일을 보고 나온 것뿐이야.

조금 늦게 줄섰으니까 이제 곧 네 차례도 올 거야."

사람들은 아무리 급해도 화장실 앞에서는 초인적인 힘을 발휘한다. 당장 죽을 것 같아도 끝끝내는 참고 기다린다. 못 참는 사람은 별로 없다.

취업도 마찬가지다. 지금 취업이 안 된 상태라면 죽을 맛일 것이다. 인생 자체에 회의가 들기도 할 것이다. 불안하고 초조해 하루하루가 고통의 나날일지도 모른다. 하지만 결국은 해결된다. 언제일지는 몰라도 어딘가에서 당신은 일하고 있을 게 분명하다. 그러니 줄을 늦게 선 취업준비생들은 '조금만' 더 준비하면서 참길 바란다. 화장실 앞에서처럼.

1_ 새로운 도전을 통해 나의 길을 찾았다

인턴활동은 삼성생명, 국회, 「스포츠서울」에서 했고요. 아르바이트는 커피숍 서빙부터 막노동, 컴퓨터 수리공, 과외까지 했죠. 중간중간 봉사활동도 했고, 부천영화제 스태프로 일하기도 했죠.

공모전은 20회 입상했는데 그것이 취업을 보장하는 건 아니에요. 아직까지 서류전형에서는 학벌이나 학점, 토익이 중요하지, 공모전 수상 횟수가 당락을 결정짓진 않아요. 수상 경력 쓰는 칸이 없는 회사도 여럿 있거든요. 저도 입상 횟수는 많은데 다른 것은 내세울 게 없었어요. 공모전은 자체가 주가 되는 게 아니고, 얘깃거리를 만들 수 있다는 게 더 큰 효과가 있죠.

공모전에 나갈 때도 이왕이면 여러 분야에 도전하려고 했어요. 내가 뭘하고 싶었는지 보려고요. 그런 와중에 제가 '기획'하는 일을 하고 싶다는 걸 깨달았어요. 아이디어를 계획하고 구성하는 게 좋았어요. 지금 일하는 부서는 자금팀인데, 사실 자금운용도 기획하는 거나 다름없죠. 제가 하고 싶은 일을 하게 되어 행운이라고 생각해요.

2_ 자기 소개서, 우선 흰 종이를 꺼내서 자신의 역사를 써라

후배들이나 친구들이 자기 소개서는 어떻게 쓰냐고 물어볼 때가 있어요. 그럴 때면 이렇게 말해요. 우선 종이 한 장을 꺼내놓고, 그동안 지내온

일들을 쭉 써보라고 해요. 미사여구로 쓰려는 생각은 하지 말라고 하죠. 자기 소개서 쓰기 전까지는 내가 뭘 하고 살아왔는지 모르다가도 한 줄 한 줄 쓰다보면 어느새 자기 인생의 기승전결을 알게 돼요. 거기서 자신이 쓸 수 있는 것, 써야 하는 것들을 캐치할 수 있어요. 저도 대학교에 입학할 때, 혹은 그전부터 했던 것들을 쭉 써보고 '이거 괜찮겠다' 할 만한 것들을 하나씩 뽑아서 썼어요. 쓰다보면 더 좋은 얘깃거리를 찾을 수 있더라고요. 사실 대림산업 같은 경우는 5월에 원서를 써서 보다 정제된 내용이 나오게 됐고요.

또 하나, 똑같은 소재라도 면접관이 이해하기 쉽게 쓰는 게 중요해요. 자기 소개서는 회사에 따라 조금씩만 바꿔 쓰지, 큰 틀은 변하지 않아요. 자기가 하고 싶은 일이나 보여주고 싶은 것은 정해져 있는 거니까요.

기본이 제일 어렵다고 하듯이 면접 때는 누구나 뭔가 보여줘야겠다고 생각하죠. 그런데 그 욕심이 과해지고 질문에 대답할 거리가 없으면 둘러대요. 들었던 내용을 자기가 한 것처럼 얘기하기도 하고요. 모른다고 말하면 더 꿀려 보여서일까요.

하지만 저는 면접 때 모른다고 말한 적이 많았어요. 면접 땐 최대한 긴장을 풀고 편하게 할 말 다할 수 있어야 해요. 긴장을 안 하려면 확실히 준비를 많이 해야 되고요. 어떤 질문이 나와도 대답할 수 있게요. 그러다 모르는 질문에 대해서는 모른다고 하는 게 낫다고 생각해요. 면접관들도 구직자들이 모든 질문에 답을 할 거라 생각하는 건 아니거든요. 어떻게 답변하느냐를 보는 거니까요.

3_ 남들 다 하는 취업 스터디를 하는 것보다 책 읽고 독후감 쓰는 편이 낫다

아직 취업 못한 친구한테는 늘 너 자신한테 필요한 걸 하라고 얘기해요. 스터디에서는 대부분 각 기업의 성향을 분석하고, 모의면접 같은 걸 한

대요. 오고가는 데 각각 1시간, 스터디하고 같이 밥 먹는데 1시간. 그 시간에 자료를 찾거나 책을 읽으면 더 낫지 않겠냐고 물으면 선뜻 대답을 못해요. 스터디의 목적이 불안감을 공유하고, 서로 고민을 토로하는 데 있다면 그 시간의 기회비용도 생각해 봐야죠. 그냥 오늘 모여서 뭐 할지 얘기하다가 커리큘럼 정하면 다음에 보자고 헤어지고, 한두 명 안 오면 다음에 또 봐요 하고 헤어진다는 얘기를 너무 많이 들었어요. 그래서 저는 취업 스터디는 안 하고 혼자 생각을 정리하는 시간을 가졌어요.

친구 중에 토익과 학점은 평균인데 반해 책을 정말 많이 읽은 녀석이 있었어요. 그 친구도 스터디는 하지 않았죠. 대신 책을 읽은 다음에는 항상 독후감을 썼어요. 그의 독후감을 보면 정말 깊게 생각하고, 자기 의견을 잘 표현할 줄 아는 사람이란 게 느껴졌죠. 그런데 결국 그 친구가 취업이 더 잘되더라고요. 물론 지금 당장 취업을 목표로 하고 있다면 단타적인 스킬을 익혀야겠지만, 아직 그렇지 않은 1, 2, 3학년 학생들에게는 책을 더 많이 읽고, 자신만의 생각을 갖는 습관을 기를 것을 권하고 싶어요.

보증금 1,000만 원짜리 가난 이긴 **김종고 씨**

전북대학교 항공우주공학과 졸업. 삼성그룹 인턴시험 낙방. 필리핀 봉사활동. 학점
96.6점, 토익 915점. SK건설 인턴사원으로 활동. 포스코건설, SK건설 중복 합격. 현재
SK건설 근무.

실패는 가장 강력한
자극제였다

"SK건설 입사 동기 중 4분의 1이 인턴을 했어요. 작년 인턴 자리가 10이였다면
올해는 50 정도로 늘어날 겁니다. 남들 다 해본 것 안 해보고 취직할 수 있을까요?
100번의 취업 캠프보다 실제 면접 한 번 보는 편이 훨씬 더 유리했습니다."

"어제까지도 꿈이라 여겨졌던 것들이 오늘은
희망이 되고, 내일은 실현될 수도 있는 겁니다" 전북대학교 항공

우주공학과를 나와 SK건설에 입사한 김종고 씨(26)에게 꿈은 아직 현실
이 아니다. 그러나 오늘, 어제의 꿈은 분명히 희망으로 진화해 있다. 그
러기까지 그는 '그림자 같은 운명'과 맞서 싸워야 했다. 그림자처럼 그
를 따라다녔던 운명은 바로 '가난'이었다.

제 인생에서 가장 큰 사건을 꼽자면 아파트에서 10년 동안 살다가 하루
아침에 보증금 1,000만 원짜리 월세 방으로 이사한 겁니다. 어린 시절 아

버지는 큰아버지와 함께 전주에서 제법 큰 공장을 운영하셨습니다. 공장
장 집 아들로 통했던 저는 공장을 놀이터 삼아 꽤 풍족한 유년 시절을 보
냈습니다. 하지만 열아홉 살 때 아버지의 사업이 실패하면서 가정 형편은
급격히 기울었습니다. 한여름 낮, 방 안 온도가 40℃를 넘어가고 겨울에는
두꺼운 외투를 입지 않으면 버틸 수 없을 정도였죠. 그저 매일매일이 고달
프기만 했습니다.

-김종고 씨 자기 소개서 중에서

어릴 적 김종고 씨의 꿈은 '파일럿' 이었다. 그는 꿈을 이루기 위해
노력하였고, 그 결과 항공대학교 합격증을 손에 쥘 수 있었다. 하지만
그의 꿈은 꿈인 채로 끝나고 말았다. 너무나 간절히 원했던 대학교였지
만 진학을 눈앞에 두고 등록을 포기해야만 했다. 자신의 힘으로는 도저
히 해결할 수 없는 집안 환경이 그 이유였다. 가족이 뿔뿔이 헤어지지
않은 것만으로도 감사해야 할 상황에서 항공대학교 진학은 포기해야만
하는 현실이었다. 그래서 진학하게 된 곳이 바로 전북대학교였다.

견딜 수 없을 것 같았던 아픔과 시련을 극복한 그는 현재 당당히 굴
지의 대기업에 멀티 합격했다. 그것도 사상 유례없는 취업난 속에서
SK건설과 포스코POSCO건설에 중복 합격한 것이다.

SK건설 합격이 확정된 날, 서울에 있던 그는 전주에 계신 어머니에
게 꽃다발을 보내드렸다. 어제까지는 꿈이라 여겨졌던 것들이 더 이상
꿈만은 아님을 알리는 메시지였다.

꿈을 포기해야 했을 때
무엇이든 손에 잡히질 않았다

김종고 씨 부친의 사업이 기울기 시작한 건 그가 대학교 진학을 앞둔 시점이었다. 장남이었던 그는 집안의 가까운 미래였다. 당연히 집안을 일으키기 위해 눈에 불을 켜고 '열공' 했을 그의 모습이 눈앞에 그려진다.

그러나 생각과 달리, 그의 신입생 시절은 공부와는 한참 거리가 멀었다. 스스로도 "참 철이 없었다"고 고백할 정도다. 환경이 갑자기 바뀐 것도 충격이었겠지만, 그렇게 가고 싶었던 대학교 합격증을 돈이 없어 포기해야만 했을 때 누군들 허탈하지 않았을까 싶다.

"그날은 절대로 잊을 수 없어요. 안방에서 어머니와 함께 TV를 보고 있었는데 항공대에서 전화가 왔어요. 합격했는데 등록할지 물었죠. 어머니에게 조르고 싶었어요. 지금 내 손에 들어와 있는 합격증, 꽉 움켜쥐고 있으면 내 것이 될 수도 있을 것 같았고요. 어머니는 아시거든요. 제가 얼마나 가고 싶었던 학교인지. 하지만 워낙 사정이 좋지 않을 때였고, 결국 기회를 놓쳤죠. 정말이지 패닉 그 자체였어요. 어머니와 한 달간 얘기를 안 했을 정도였죠."

김종고 씨는 허탈한 마음을 게임으로 채우려 했다. 사실, 원래 게임을 좋아하긴 했다. 중학교 때 16세기 유럽을 배경으로 하는 '대항해시대' 라는 게임이 유행했었는데, 밥 먹는 시간과 학원가는 시간을 제외하곤 이 게임만 했을 정도였다.

그는 다시 철부지 중학생으로 돌아가 있었다. 방학 때는 아침에 일어나자마자 컴퓨터를 켜고 마우스부터 잡았다. 잠 자기 전까지 하루 24

시간의 3분의 2를 게임하는 데 썼다.

"부모님이 얼마나 속이 터지셨겠어요. 아들이라고 하나 있는 놈이 힘들게 일하다 들어오면 게임하고 있고, 새벽에 물 마시러 나가다 뭐 하나 보면 또 게임하고 있고, 많이 답답하셨을 거예요."

그렇게 2학년까지 허송세월을 보냈다. 아들이 하도 게임만 하니 하루는 그의 아버지가 답답한 나머지 물었다.

"너 그렇게 게임만 하다가 나중에 대체 뭐가 될래?"

"대학원 갈 건데요."

기가 막히다는 듯, 아버지는 말을 이었다.

"대학원에서 널 받아주기는 한대냐?"

"학점, 저 정도면 괜찮은 편이에요."

비록 게임 '폐인'인 상태였지만, 그의 학점은 그다지 나쁘지 않았다.

"대학교 선배들이 저를 되게 싫어했어요. 수업은 안 나오는데 중간고사 기간에만 학교에 나와서 정보 좀 알려달라고 하고선 시험을 보면 더 잘 보니까요."

가난한 집안 형편임에도 불구하고 대학원을 가려 했던 것은 무슨 배짱에서였을까.

"사실은 핑계였어요. 4학년이 끝나도 2년을 더 연장할 수 있으니까. 4학년 때까지 놀기 위한 비겁한 핑계였죠."

그러던 그에게 터닝포인트가 된 두 가지 사건이 연달아 일어난다.

마음을 다잡은 그에게
브레이크는 없을 것 같았다 | 3학년 1학기를 전후해서 있었던 일
이다. 하나는 삼성그룹 인턴 시험에서의 낙방. 또 하나는 필리핀 봉사
활동이 그의 마음을 바꿔놓은 계기가 됐다. 한 번의 실패, 한 번의 기회
가 김종고 씨에게 강한 자극제가 된 것이다.

"사실 그때까지만 해도 '마음만 먹으면 뭐든 할 수 있다'는 뭔지 모
를 자신감이 있었어요. 그런데 삼성그룹 인적성 시험에서 떨어져버린
거예요. 화도 나고 오기도 생겼죠."

필리핀 봉사활동도 마찬가지였다.

"봉사단원 가운데는 쟁쟁한 애들이 많았어요. IBK 홍보대사, 신한
은행 홍보대사, 뭐 이런 거 했던 애들이죠. 학점 좋은 애들부터 토익 고
수도 여럿이었고. 그들과 대화를 해보니 이전까지 보지 못했던 나의 부
족한 부분이 서서히 보이기 시작하는 거예요. 쟤는 저런데 나는 가진
게 달랑 학점 하나구나 싶었죠."

그때부터 그는 취직으로 목표를 바꿨다.

필리핀 봉사활동을 떠나기 한 달 전, 그는 가지고 있던 게임 캐릭터
를 모조리 팔아치웠다. 그리고는 그 좋아하던 게임을 딱 끊었다. 봉사
활동을 다녀온 뒤로는 수업에도 빠지지 않았다.

"그때 최고점을 찍었어요. 100점을 만점으로 해서 환산을 했을 때,
96.6점을 찍었죠. 과탑을 차지했어요."

학창 시절부터 취약 분야이던 영어 공부에도 열심이었다. 3개씩 학
원을 다녔고, 쉬는 시간이면 언제나 도서관으로 달려가 공부를 했다.

학원비는 과외 아르바이트를 해 마련했다. 그 해 일 년은, 정말이지 숨 가쁘게 보냈다.

결과는 바로 눈앞에 나타났다. 토익 성적이 가파르게 상승 곡선을 그려나간 것이다. 여름 방학에 치른 첫 토익 성적은 610점, 한 달 뒤 820점, 얼마 후 850점, 880점, 그리고 마지막 915점을 찍었다. 마음을 다잡은 그에게 브레이크는 없었고, 취업의 문턱도 단숨에 넘을 수 있을 것 같았다.

SK 면접, 지금까지 설명한 걸 영어로 해보세요

2008년, 그는 본격적으로 취업 전선에 뛰어들었다. 뛰어들었다고 하지만, 시련이 없었던 건 아니다. 그가 내세울 것은 학점과 토익 성적이 전부였기 때문이다.

비록 뒤늦게 상승세를 타긴 했지만 외부 경력이 부족해서일까? 그 해 상반기 모 회사에 지원했을 때 서류 정도는 통과할 줄 알았다. 그런데 서류에서부터 떨어지고 말았다. 실망감은 이루 말할 수 없이 컸다. 이후 15번의 신입사원 모집과 인턴사원 모집에 지원했으나 거의 백전백패였다. 하마터면 좌절할 뻔했지만, SK건설에서 인턴사원으로 일할 기회를 겨우 잡아 경험과 경력을 보강할 수 있었다. 무엇보다 이때 얻은 SK건설에 대한 좋은 기억이 후에 포스코를 마다하고 SK건설을 선택하게 된 결정적 이유가 됐다.

그 해 하반기에 치른 운명의 SK그룹 면접. 김종고 씨는 너무 떨려

우황청심환까지 먹었다고 했다. 약효가 있었는지 대기하면서 인력팀 직원들과 말장난까지 할 정도가 되었다. 그런데 대기 시간이 길어지다 보니 막상 면접장에서는 약효가 떨어져버렸다. 결국 후들후들 떨면서 면접을 치르게 되었다.

"다짜고짜 면접관이 '김종고 씨' 하더니 이름이 특이한데 한자로 어떻게 되는지 써보라고 하는 거예요. 그래서 칠판에다가 썼죠. 그러더니 '김종고 씨 이름이 특이하니까 김종고 씨부터 하죠' 하고는 곧장 저부터 시작을 하는 거예요."

김종고 씨의 좌석 배치는 가운데였다. 보통 양쪽에 앉은 면접자부터 시작하는데 숨 돌릴 틈 없이 이름이 특이하다는 이유로 질문이 시작되었다.

"굉장히 떨렸어요. 우황청심환 효과도 다 떨어져서 떨면서 얘기했죠. SK에 왜 지원했냐. 항공운항과인데 여기 왜 왔냐. 필리핀 봉사활동 했다는데 가서 뭐 했냐'고 하셔서 제가 한국말로 쭉 설명했더니 그 다음 질문이 '그걸 영어로 해봐요' 였어요. 그때만 해도 토익 준비하는 수준의 영어 공부를 하고 있어 겨우 대답만 했지요. 속으론 못 했다고 생각하고 있는데 면접관 한 분이 '와우, 영어 잘하네'라고 하시더라고요."

그와 같이 면접을 치른 대학생들은 김 씨처럼 "무슨 활동했는지 영어로 말해 보라"는 대목에서 "못 하겠습니다. 죄송합니다"라고 백기를 들어 버렸다. 벌벌 떨었던 그는 슬슬 기가 살아났다.

다음 질문은 하고 싶은 말을 돌아가면서 하는 순서였다. 다른 면접자들은 우리말로 하고픈 말을 했으나 그는 "영어로 하겠다"고 자청했다.

"As I spoke, I have a lot of experience such as part time assistant and volunteer for Philippines. I assure that would be a great asset to your company. It allow me start to contribute for your company. Thank you for giving me a interview. I really want to see you on this company. Thank you."

"국내 플랜트 업계 1년 수주액을 말해 보세요"

"김종고 씨 이름이 특이하니 김종고 씨부터 하지."

1차 면접에 이어 임원 면접장에서도 똑같은 양상이 전개됐다.

"인생에서 하고 싶은 일이 뭔가요?"

"제 인생에는 3대 비전이 있습니다. 첫째, 첫 월급을 받으면 무조건 전액 헌금을 할 것입니다. 둘째, 저희 교회 목사님께서 군 선교에 관심이 많으신데 반드시 군 선교회 세례식 때 한 번 이상 돈을 보태겠습니다. 셋째, 다른 나라에 무조건 제 이름으로 지어진 예배당을 하나 이상 세우겠습니다."

그러자 다른 임원이 물었다.

"참 좋은 비전을 가지고 있군요. 갈등 상황에서는 어떻게 극복을 했나요?"

"어머니와 두 번의 갈등 상황이 있었습니다. 중학교 졸업할 때 어머니는 전주고에 가길 원하셨고, 저는 전주사대부고에 가고 싶었습니다.

원서 쓰는 마지막 날까지도 어머니는 전주고에 가라, 저는 사대부고에 가겠다며 의견이 맞섰습니다. 결국 어머니가 한 발 물러서셔서 제가 원하는 학교에 진학할 수 있었습니다. 대학교에 입학할 때도 똑같았습니다. 저는 항공대를 가겠다고 했으나, 어머니는 전북대를 가라고 하셨습니다. 이번엔 제가 한 발짝 물러섰습니다. 거기서 배운 것은 상대방의 입장을 헤아려주는 게 중요하다는 것입니다. 역지사지해 한 발짝 물러선 상태에서 상대방을 배려해 주고 얘기를 하는 게 갈등 해결에 가장 큰 도움이 됐던 것 같습니다."

"어머니를 통해서 참 좋은 걸 배웠군요."

점점 분위기가 화기애애해지는 것을 느낄 수 있었다.

"우리나라 플랜트 업계가 1년에 얼마씩 수주를 올리는 것 같아요?"

"한 회사가 30억 불 정도 수주를 한다고 생각합니다. 우리나라에 메이저 건설회사가 약 10개 정도 있으니까 한 회사가 평균 30억불씩 수주를 하면 1년에 300억 불 정도 될 것 같습니다. 그런데 요즘 호황이니까 100억 불 더 얹어서 400억 불 정도 될 것 같습니다."

"비슷하군요. 420억 불 정도 됩니다."

"학점은 많이 남았나요?"

"얼마 안 남았습니다(사실 많이 남은 상태였다)."

"학점 금방 채우고 우리 회사 와서 일하면 되겠네."

이것은 사실상 합격 통보나 마찬가지 멘트였다. 기쁜 마음으로 면접장을 나가려는 데 임원 한 명이 "아, 김종고 씨. 이제 전주 내려가나요?"라고 묻더니 말을 이었다.

"우리 회사에 H상무님이라고 계신데, 그분이 전주고등학교 출신이세요. H상무님이 전주고등학교 나왔다고 했으면 매우 좋아하셨을 텐데……. 아무튼 집에 잘 내려가요."

김종고 씨는 웃으면서 면접장을 나올 수 있었다. 결과는 그의 웃음을 실망시키지 않았다.

포스코 면접은
말 그대로 체력전이었다 | SK건설과 비슷한 시기에 치른 포스코 면접은 한 마디로 체력전이었다. 낮 12시에 포항에 집결해서 세 시간 동안 신체검사를 한 뒤 면접장으로 이동했다. 도착하자마자 이어진 인적성 검사의 문제 또한 상당히 어려운 편이었다.

"인성, 공간 지각력, 계산 능력, 추리력 등을 파악하는 문제였죠. 어렵긴 해도 따로 준비하실 필요는 없을 것 같아요. 단기간에 끌어올릴 수 있는 게 아니니까요. SK건설 같은 경우는 관련 동영상 강의를 본 게 도움이 됐고요. 포스코 같은 경우는 인적성 검사 자료가 없어요. 진짜 머리싸움이죠. 또 계산할 수 있는 쪽지를 줘요. 그만큼 계산하는 문제도 많고."

인적성 검사가 끝나니 어느새 저녁 때가 다 되었다. 저녁식사를 마치자마자 프레젠테이션 면접이 진행되었다. 면접에 면접이 이어지는 강행군이었다.

그리고 다음날 아침이 되자 팀장 면접, 토론 면접이 그를 기다리고 있었다. 토론 면접은 그 방식부터 독특했다. 우리나라가 벤치마킹 해야 할 도시를 어디로 선정해야 하는지를 놓고 토론을 벌이는 것이었다. 여섯 명이 들어가서 세계 각국의 도시를 하나씩 맡은 뒤 토론으로 벤치마킹 할 도시의 순위를 정하는 방식이었다.

토론 면접의 철칙 중 하나는 '사회를 보지 마라'는 것이다. 그러나 김종고 씨는 자진해서 사회를 맡았다. 아무도 사회를 보겠다는 사람이 없어 보다 못한 그가 나선 것이다.

"사실 포스코는 많은 사람들이 튀면 안 된다고 생각하죠. 공기업 이미지가 남아 있기 때문에 보수적으로 접근해야 한다고 생각하는 것 같아요. 근데 저는 그냥 하고 싶은 얘기도 하고 그랬어요. 이미 SK건설에 합격한 상황이었으니까요. 그랬더니 오히려 사람들의 칭찬을 받게 되더라고요."

오후에는 전공 면접이 이어졌다. 한 시간 동안 6개의 문제를 푼 뒤 그것을 가지고 면접을 보는 방식이었다. 거기서 끝이 아니었다. 영어 면접이 남아 있었다. 원어민과 1대1로 이야기해야 하는 시간이었다.

이렇게 총 네 번의 면접으로 1차 면접의 막이 내렸다.

"지속가능한 경영은?" "상생 경영입니다"

최종 면접인 2차 면접은 역삼동 포스코센터에서 별도로 치러졌다. 여기서는 통상적으로 많이 묻곤 하는 질문들 군대 문제, 성장환경 등도 나왔지만 시사 문제에 대한 면접자들의 견해를 묻는 질문이 중점적으로 쏟아졌다. 그가 받은 질문은 "삼성 특검에 대해 어떻게 생각하느냐"는 것이었다.

"삼성그룹이 새로운 국면에 접어들 수 있는 기회를 맞이한 것 같습니다. 이건희 회장님이 퇴진하시고 어떻게 보면 각 사에 자율성이 분담된 상태에서 뭔가 창의적이고 전략적인 사업을 구상할 수 있는 좋은 기회가 된다고 생각합니다. 삼성에게는 체질 개선의 기회도 될 수 있을 것입니다."

김종고 씨는 포스코가 윤리를 중요시하는 회사라는 걸 간과한 것 같다고 당시를 회고했다. 윤리적인 잘못을 지적하지 않았기 때문이다.

다음 질문은 '현대자동차 노조에 대해서 어떻게 생각하느냐' 는 것이었다.

"노조가 지나치게 강성으로 가고 있어 회사의 성장보다는 침체에 기여할 수 있습니다. 빨리 강성활동을 접는 것이 좋다고 생각합니다."

"인상 깊게 읽은 책은 뭔가요?"

"자유무역과 보호무역에 대해 쓴 장하준 교수님의 『나쁜 사마리아인들』입니다."

"오바마가 보호무역을 펼치고 있는데 그 부분에 대해서는 어떻게 생각하나요?"

"사실상 미국과 제3국과의 무역이 많이 침체되고 있는데 장기적으로 볼 때 제3국을 살려 고객으로 삼는 것이 좋을 것이라고 생각합니다."

실무 면접에선 '지속가능한 경영은 무엇인지' 묻는 질문도 나왔다. 그는 "잘 먹고 잘산다는 차원의 경영에서 한 걸음 더 나아간 상생의 경영"이라는 요지로 답변했다.

면접 때, 극단적인 답변은 피할 것

김종고 씨는 SK그룹 면접 때 나왔던 질문과 답변 몇 가지를 추가로 소개했다.

"선배가 매일 술 먹으러 가자고 하면 어떻게 할 건가요?"

"갑니다. 저를 예뻐해 주시는 것이니까 빠지지 않고 가겠습니다."

"선배가 술주정이 심하면요?"

"당연히 신입사원으로서 선배 대접을 해야 되니까 받아들이겠지만, 선배가 마시는 술의 양을 조절해서 주정을 안 하게 하겠습니다."

"술 먹고 김종고 씨를 때리면 어떻게 할 건가요?"

"극단적인 방법을 피하는 것이 좋은 방법이라고 생각합니다. 일단 잘 해드리고 나중에 조용하게 말씀드리겠습니다."

김종고 씨와 함께 SK건설에 입사한 대학 선배에게 주어진 질문은 "결혼할 사람의 부모와 상견례를 해야 되는데 회사에서 나갈 수 없는 상황이다. 어떻게 하겠느냐?"였다. 선배의 답은 "회사 근처에 많은 음식점들이 있으니 점심시간을 이용해 회사 근처에서 상견례를 하고 사위될 사람이 일하는 회사도 구경시켜 드리겠다"는 것. 상당히 깔끔한 답변이었다.

김종고 씨가 체득한 면접의 팁은 이렇다.

"상황 설정 질문에 대해서는 극단적인 대답은 피하고 슬기롭게 대처할 수 있는 방안을 얘기하는 게 필요합니다. 수치로 말해야 하는 질문 같은 경우는 얼토당토않은 얘기를 하더라도 자신만의 논리가 밑바탕되어야 하고요. 면접관들이 꼭 물어보시는 것이 '같이 온 사람 있어?' 예요. 아무 뜻 없는 질문은 아니라고 봐요.

면접관들이 그 짧은 시간 안에 사람을 파악하려면 질문 하나하나가 의미가 있다는 거잖아요. 혼자 왔다면 개인주의적인 성격이 강하다고 판단할 수도 있죠. 취업 사이트나 학교 홈페이지를 이용해서 가급적 함께 면접을 보러 가시는 게 교통비도 절약하고 인간관계를 위해서도 좋다고 생각해요."

취업의 최대의 적은 바로 낙담이다

어려운 가정환경, 게임 폐인에서 구사일생으로 탈출한 김종고 씨는 마음을 다잡은 지 2년 만에 굵직한 대어를 두 마리나 낚았다. 그런 그에게 취업 준비를 하면서 가장 큰 위기가 있었다면 어떤 것이었을까?

"취업 준비에서 가장 최대의 적은 실망, 낙담이에요. 모 회사에 지원했을 때 토익이 915점이니까 서류 정도는 통과할 줄 알았어요. 그런데 떨어지고 말았죠. 실망이 컸어요. D건설도 면접은 잘 보고 나왔거든요. 비록 한자 시험은 마음대로 찍고 나왔지만. 한자 비중이 적으니까 될 거다 싶었는데 결국 떨어졌어요. 그때부터 응시한 시험에 계속 떨어졌죠. 조선회사, 중공업회사 등 대부분 떨어졌어요. 떨어지고 나니까

'취직이라는 게 정말 힘든 거구나. 나는 토익만 높고 학벌은 안 좋고 쓸모없는 인간'이라고 생각하기도 했어요. 그때가 가장 위기였어요. 최대의 위기는 자신에 대한 신뢰를 잃는 거예요."

위기는 어머니의 믿음으로 극복할 수 있었다.

"어머니가 도움을 많이 주셨어요. 취직 시험 때문에 고시원에서 생활했는데 혼자라는 생각에 많이 외로웠죠. 아침은 거의 거르다시피 했고요. 그래도 어머니가 '우리 아들은 잘하고 있다고 믿고 있다. 너는 큰 인물이 될 거다. 언젠가 하느님이 픽업해서 쓰실 거다. 자신감을 잃지 마라'라고 말씀해 주셨어요. 어머니가 취업한다고 D사 면접 볼 때 큰맘 먹고 40만 원짜리 정장도 사주셨는데 그 옷을 보고 생각했어요. 한 번 입고 끝낼 순 없다고 말예요. 어머니한테 '취직해서 전주 내려가겠다'고 약속했는데 말이죠. 그러던 중에 G사의 면접이 됐고, 하반기에는 기고만장해지기도 했어요."

취업 과정에서 지방대 출신이라고 해서 불이익을 받았다고 생각하는지 물어봤다.

"주로 중공업 쪽에서 많이 탈락했는데, 제가 탈락한 이유는 지방대 출신이라서가 아니에요. 중공업 일이 많이 힘든데, 제가 군대를 면제받았었거든요. 그 부분에서 불이익 같은 게 있지 않았나 싶고요. 2008년 하반기가 그렇게 힘들었다고 해도 저 말고 저희 학교 선배 한 명도 SK건설에 같이 들어왔는데, 그 선배도 SK건설, S사, L사 세 군데에 붙었거든요. 토익 점수도 저보다 낮고 학점도 3점대 후반인데도요. 지방대생들이 서류전형 통과하는 게 힘든 것은 사실이에요. 워낙 퀄리티가 높은 사람들이 많으니까요. 그렇다고 떨어진 이유를 학교 때문이라고 생각하는 것은 바람직하지 않아요. 지방대에서도 준비를 하는 사람들은 취업하는 거고 준비하지 않으면 못 하는 거고."

지방대에서 취업 준비할 때 부족했던 것은 무엇이었을까.

"정보의 격차가 확실히 있고요. 서울에 있는 학생들은 다양한 기업에 다양한 선배들이 있어서 많은 정보를 직접적으로 얻을 수 있는 반면에 지방대는 그런 것들이 힘들거든요. 서울과 지방대 출신 간에 생각도 좀 다른 것 같아요. 지방대 학생 중에는 막연하게 준비를 하다 보니 '토익이 전부다'라고 생각하는 학생들이 대부분이죠. 실제로 전북대에선 공모전 준비하는 학생들이 극히 드물거든요."

선배들을 통해 얻을 수 있는 정보가 제한적이라면 온라인 등을 활용할 수밖에 없을 텐데, 그쪽 정보는 신뢰할 만한지 궁금했다.

"취업뽀개기 같은 카페들이 도움이 되긴 돼요. 그런데 요즘에는 워낙 '낚시'성 글들이 많아요. SK게시판에도 '이건 아닌데' 하는 내용들이 종종 눈에 띄더라고요. '무엇 무엇을 했는데 취업이 될까요'라고 올라오면 거기에 달리는 리플은 똑같아요. '안 될 거 같은데요'라는 식이죠. 그런데 그건 아니거든요. 심지어 장난치는 사람들도 있어요. 신빙성이 떨어지죠."

어려운 시기에 오히려
감사할 줄 알아야 한다 | '보증금 1,000만 원짜리 월세' 이후 얘기

를 좀 더 들어봤다.

"사실 아직도 힘들죠. 요즘 같은 시대에 안 힘든 집이 어디 있겠어요. 그래도 조금 나아져서 지금은 임대아파트에서 살고 있어요."

보증금 1,000만 원짜리 집에서 살 때를 원망하지는 않을까.

"오히려 감사하고 있습니다. 그 시기가 있었기 때문에 앞으로 무슨 일이 닥치더라도 할 수 있다는 자신감이 생겼어요. 어머니는 항상 감사하는 법을 가르쳐주셨어요. 어떤 시련이 있어도 항상 감사하는 마음을 가지고 위기를 극복하는 방법을 찾아야 한다고 그러셨어요. 지금 네가 대학교를 다니고 있는 것도 감사하고, 가족이 떨어지지 않았다는 것도 감사하라고요. 정말 감사해요."

항공대학교에 못 간 것에 대해 아직도 서운한 마음이 있는지 궁금했다.

"결과를 놓고 보면 전북대학교에 남았던 게 더 이익이 됐던 것 같아요. 전북대학교가 지방 국립 거점 대학이라서 여러 가지 사업이 많았거든요. 여러 면에서 혜택을 받았죠."

이를 보면 세상사 '새옹지마塞翁之馬'란 말이 틀린 말은 아니다.

그는 왜 포스코 대신 SK건설을 선택했을까?

"포스코도 상당히 좋은 기업이죠. 세계적인 기업이고요. 하지만 제가 하고 싶은 일을 하고 싶었어요. 일에서 즐거움을 찾을 수 있어야 저 스스로도 발전될 테니까요. 저의 꿈은 설계를 하는 엔지니어였거든요. 포스코 건설은 생산 기술 부분이었고요."

선택에 대해 후회는 없는지 물었다.

"SK는 다니면 다닐수록 좋은 회사인 것 같아요. 저희 회사의 비전이 'WE WILL BUILD GREAT LIFE AND GREAT WORLD' 거든요. 번역하면 우리는 단지 건물을 짓는 것이 아니다. 건물을 통해 그 안에 거주하는 사람들의 행복을 짓고, 다리를 놓음으로써 단절돼 있던 소통을 연결하고 플랜트를 지음으로써 풍요를 만들어준다는 뜻이에요. 그 말을 들을 때마다 왠지 설렌다고 해야 될까."

그는 벌써 'SK맨'이 되어 있었다. SK건설에 대한 자랑이 끊이지 않는다.

"SK건설은 프로젝트 매니저의 역할을 상당히 강조합니다. 엔지니어도 중요하지만 20억, 30억 불짜리 대형 사업들이 쏟아지기 때문에 프로젝트 매니저를 길러내는 일이 가장 중요하거든요. 그게 좋은 점이죠. 여러 일을 다 할 수 있으니까요. 예를 들어 제가 여기서 엔지니어링 일을 하다가도 구매부서에 가서 구매가 어떻게 이뤄지는지도 배울 수 있고, 프로젝트 플래닝 팀에 가서는 스케줄은 어떻게 짜는지, 전략기획 팀에서는 앞으로의 방향은 어떻게 짜는지 배울 수 있어요. 이런 인력 순환 과정이 잘 돼 있기 때문에 이 안에서 적성에 맞는 일을 찾을 수도 있고요. 하고 싶은 일을 할 땐 피곤한 줄도 모르니까요."

면접 때 종종 화제가 됐던 그의 한자 이름은 어떤 것일까. 씨앗 종種, 높을 고高, 높은 퀄리티를 가진 씨앗, 즉 '좋은 씨앗'이란 뜻이다. 좋은 씨앗이 SK건설이란 비옥한 땅을 찾았으니 남은 건 알찬 열매를 맺는 일이다.

1_ 인턴에 도전하라. 공모전보다 낫다

목표를 분명히 해야 돼요. 저는 토익, 기사, 인턴을 기반으로 취업 준비를 해야겠다고 목표를 세웠어요. 하지만 한꺼번에 여러 개를 준비하는 건 위험해요. 저도 처음에 토익과 기사 필기를 같이 준비했는데 한꺼번에 두 마리를 좇으려니까 성과가 잘 안 나더라고요. 그래서 토익은 일정 수준 유지를 목표로 하고 기사 준비에 본격적으로 매달렸더니 기사 필기 시험도 붙고, 토익도 잘 나왔어요.

정말 큰 도움이 된 건 인턴생활이었어요. 직무에 대한 정보를 많이 얻을 수 있었죠. 그때 '플랜트'가 뭔지도 알았고요. 그러면서 '저 일을 하고 싶다'고 생각했어요. 인턴이 좋은 점 또 하나는, 면접 때 질문받을 거리가 생기는 거예요. 질문을 예상하고 받는 것과 모르고 받는 것은 천지차이지요. 인턴은 실제로 몸에 쌓이는 경험이라서 공모전보다 훨씬 낫다고 생각해요. 반드시 4학년 때 인턴을 지원하셨으면 하는 게 저의 가장 큰 조언이에요. 100번의 취업 캠프보다 한 번의 인턴 면접이 더 낫다고 생각해요. 올해 SK건설 신입사원이 85명 정도인데, 4분의 1 이상이 인턴 출신이라는 점만 봐도 알 수 있죠.

2_ 생각의 차이가 준비의 차이를 만든다

작년 상반기 SK건설 인턴을 지원했을 때는 상황이 좋아서 40명을 뽑았어요. 그런데 지방대 출신은 별로 없었어요. 지방대라고 해도 소위 잘나간다는 경북대, 부산대 출신이었고, 전북대 출신은 저 혼자였거든요. 그런데 하반기 취업 결과를 놓고 보면 지방대라고 해서 취업이 힘든 것 같진 않아요. 문제는 서울과 지방 사람들의 생각 차이에요. 생각의 차이가 있으니까 준비의 차이가 나는 거죠.

지방대에 다니는 학생 중에는 막연하게 취직을 해야겠다고 준비를 하기 때문에 토익이 전부라고 생각하는 학생들이 많아요. 지방대 학생 중 상당수가 서울에 있는 소위 SKY 대학이나 카이스트, 포항공대에 비해 스스로 불리하다고 생각하죠.

그러나 위기가 기회로 작용할 수 있는 부분이 많은 것 같아요. 저희 전북대학교만 해도 여러 가지 기회들이 있어요. 누리사업단이라는 걸 통해 해외에 나갈 기회를 전폭적으로 지원하고 있죠. 정보를 더 효율적으로 전달하기 위해 애쓰는 것도 많고요. 현실은 그러한데도 학생들은 피부로 느끼기 힘들다고 해요.

무엇보다 취업 최대의 적은 실망이나 낙담이에요. 서류에서 떨어지더라도 자신감을 잃지 밀았으면 해요. 서류전형이 힘든 건 사실이에요. 워낙 퀄러티 높은 사람들이 많으니까요. 그렇다고 학교 때문에 떨어졌다고 생각하는 것은 좋지 않아요. 저도 서류에서 많이 떨어져 봤습니다만, 이때 자신감을 잃는다면 그건 정말 끝인 거죠. 그러나 자신감이 남아 있으면 어떻게든 재기할 희망이 있어요.

3_ 면접 때는 혼자 가지 말고 같이 가라

면접관들이 처음에 가면 꼭 물어보시는 게 같이 온 사람이 있느냐였어요. 면접은 짧은 시간 안에 사람을 파악하는 것이고, 이런 질문 하나하나에 다 의미가 있다고 생각해요. 일이란 혼자 하는 것이 아니고 같이 하는 거잖아요. 그래서 같이 왔느냐는 질문에 어떤 답을 내놓는지도 그 사람을 평가하는데 꽤 큰 역할을 하고 있다고 생각해요. 분명히 같은 학교 안에서도 면접을 같이 보러 갈 사람들이 있을 거예요. 그 사람들하고 연락해서 같이 가는 것도 일의 한 부분이라고 생각해요. 취업 사이트나 학교 홈페이지를 이용해서 가급적이면 같이 갈 사람을 찾으세요.

포스코 면접 갈 때 저희 학교 학생 4명이 같이 갔는데 그때 알게 되어 지금까지도 연락하고 지내요. 같은 회사에 다니는 것은 아니지만 그렇게 네트워크를 만드는 거죠.

금융권 취업 5관왕에 오른 **이상훈 씨**

중앙대학교 경제학과 졸업. 학보사 및 「스포츠서울」 기자, LG 미래의 얼굴 기자, 농림부 대학생 기자. 전국대학생 토론왕 선발대회 우수상 수상. 미래에셋 증권 인턴사원, 「조선일보」 인턴기자. 학점 3.57점, 금융 관련 자격증 없음. 언론사 플랜 A, 금융권 플랜 B로 준비. 현재 신한은행 근무.

세상은 당신에게
'플랜 B'를 준비하라 한다

"미리 보험 한두 개쯤은 들어두는 것이 좋다고 생각해요.
하나만 보고 가다가는 무너지기 쉽죠. 무너지는 건 결국 한순간인 것 같아요."

한 우물 파기에는
피할 수 없는 딜레마가 있다   사람들은 흔히 '한 우물을 파라'고
많이 이야기한다. 그러나 살다보면 한 우물만 팔 수 없는 경우도 생긴
다. 그런 상황에 직면하면 우리는 고민하게 된다.

　신한은행을 비롯해 금융권 취업 5관왕에 오른 이상훈 씨(28)의 사례
는 이런 딜레마에 빠진 분들에게 준거 모델이 될 수 있겠다. 이상훈 씨
는 원래 기자 지망생이었다. 그러나 현재 그가 안착한 곳은 금융권이
다. 그것도 신한은행을 비롯해 내로라하는 금융회사 5군데에 합격한
것이다.

당시 그는 두 가지 플랜을 갖고 있었다. 플랜 A는 언론사, 플랜 B가 금융권이었다. 기자와 은행원. 얼핏 두 직종 간 직무상의 공통점은 거의 없어 보인다. 그러나 그는 둘 사이의 접점을 찾아냈다. 두 가지 서로 다른 길 사이에서 접점을 찾아내고 충돌을 완화하는 지혜는 과연 어떤 것이었을까.

두 가지 트랙을 달릴 전략을 짜야 한다

얼마 전 이상훈 씨는 졸업한 고등학교를 방문해 생활기록부를 떼었다. 생활기록부의 장래 희망란에 또렷이 적혀 있는 단어는 다름아닌 'PD'. 어렸을 적 그의 꿈은 바로 PD였던 것이다. 대학 진학은 상경 계열 쪽으로 방향을 수정했지만 대학교 생활 내내 머릿속으로는 늘 언론사 입사를 꿈꾸고 있었다.

여기서 잠깐, 그의 대학 시절 외부활동 일지를 들여다보자.

2002~2003년 : 학보사, 「스포츠서울」 기자
2004~2006년 : 군 복무
2006~2007년 : LG 미래의 얼굴(기업체에서 운영하는 웹진) 기자
2007~2008년 : 농림부 대학생 기자(우수 활동자로 농림부장관 표창 수상), 전국대학생 토론왕 선발대회(국립국어원 주최) 우수상
2008년 1~2월 : 미래에셋 증권 인턴사원(인턴하면 나중에 지원할 때 서류전형이 면제가 돼서 지원)

2008년 3~6월 : 휴학 후 교환학생 및 언론사 준비

2008년 7~8월 :「조선일보」인턴기자

보시다시피 경력의 대부분이 기자활동이었다. 그가 얼마나 기자를 원했는지 단박에 알 수 있다. 그런 그가 본격적으로 취업 준비에 들어간 것은 휴학을 하고 나서부터다. 이 기간 동안 그는 언론사 준비를 위해「조선일보」인턴사원에 지원했고, 합격했다.

「조선일보」인턴기자 시절 그의 성적표는 두드러졌다. 그는 서울시 교육감 선거 당시,「조선일보」기자의 취재를 거부하던 전교조 진영의 후보를 찾아가 취재를 성사시킨 경험도 있다. 그 결과 인턴기자 이름으로 사회면에 톱 기사를 실을 수 있었다. 인턴기자가 사회면 톱 기사를 쓰는 건 어느 언론사건 몹시 어려운 일이다. 결국 이상훈 씨는「조선일보」에서 우수 인턴상을 받고 인턴기자 생활을 마감했다.

그런 그가 전혀 다른 길을 가게 된 경위가 궁금했다.

"기자가 하고 싶긴 했지만 거기에 따르는 리스크를 생각해 봤어요. 한 길만 쳐다보다가 허송세월만 보내면 안 되잖아요. 금융권은 어머님이 좋아하셨어요. 전공도 경제학을 했으니 은행에 대한 거부감은 없었고요. 제게 있어 생뚱맞은 선택은 아니었죠."

진로를 유턴한 것이나 마찬가지였으나 후회는 없다고 한다.

"하나만 준비하는 것은 결코 합리적인 방법이 아니에요. 물론 자기가 하고 싶은 일을 하는 것이 가장 좋지만, 그러기는 좀 힘든 것 같아요. 항상 두세 가지, 아니 세 가지는 많고, 그걸 초과하지 않는 선에서

보험을 들어두세요. 단 하나만 보고 가다가는 무너지기 쉬우니까요. 무너지는 건 결국 한순간인 것 같아요."

굉장히 현실적이면서도 조심스러운 면모를 엿볼 수 있다. 그는 몇 번 언론사에 도전했다가 바로 금융권으로 최종 진로를 수정했다. 1차 시험에 합격한 언론사도 있었지만 금융권과 중복 합격되자 과감히 후자를 택했다.

"주변에 오로지 기자 시험만 준비하는 사람들이 있었어요. 되면 좋지만 안 되면 확 무너지는 경우가 많더라고요. 몇 년씩 준비하다 보면 나이만 들고, 해놓은 건 없고. 결국 사람만 피폐해지더라고요. 항상 차선책을 염두에 둬야 되는 거 아닌가 싶어요. 저는 기자 아니면 금융권이라고 생각하고 대비해 왔어요. 그런 면에서 복수 전공이나 부전공을 하나쯤 해두는 것도 좋고요."

'강한 자가 이기는 것이 아니라 이기는 자가 강하다'는 격언은 승부 세계에서는 진리이다. 열정은 열정 자체로 아름다울 수 있지만, 취업 전선에선 분명한 결실이 있어야 한다. 그런 점에서 이상훈 씨의 선택은 꽤 합리적이다.

하지만 문제는 두 마리 토끼를 좇는 일이 쉽지만은 않다는 데 있다. 더군다나 면접에서는 불리하게 작용할 수도 있다. 그가 가장 많이 부딪혔던 질문도 "기자하지 왜 여기 왔냐?"는 것이었다.

그런 질문을 그는 어떻게 돌파했을까.

"경험을 접목해야죠. 제가 쓴 기사 가운데 내세울 만한 것을 말하면서 집념을 부각시켰죠. 취재하기 힘들었던 순간을 얘기하면서 어려움을 딛고 나는 해냈다, 이런 식으로요. 기자 경험을 이야기하면서 업무 추진력 같은 것을 보여줄 수도 있고요."

두 달 동안 세 번 스카우트된 아르바이트생

그의 얘기를 듣다보면 '기획가', '전략가'란 단어가 떠오른다. 치밀하고 아이디어가 넘치며 현실적이고 수완이 뛰어나다는 느낌을 받는다. 실제로 그는 뛰어난 기획력에 성실함이 더해져 가는 곳마다 실질적인 결실을 맺곤 했다. 이상훈 씨의 진가를 보여주는 것이 바로 '알바 신화'다. 그는 알바 시장에서 여러 차례 스카우트 제의를 받았던 인기 알바생이었다.

수능을 마치고 그는 편의점 앞의 제과업체에서 치즈케이크를 판매하는 아르바이트를 하였다. 매사에 열심이었던 그는 크리스마스 시즌을 맞이해 산타 복장까지 하고 손님을 끌어모으기에 한창이었다. 그런 그의 모습을 눈여겨본 제과업체 본사 직원이 인근 백화점의 케이크 가게에서 일하지 않겠느냐고 제안해 왔다. 생각지 못한 일이었다.

열심히만 하면 대학교 등록금을 마련할 수 있었던 터라 그는 흔쾌히 제의를 받아들였다. 하지만 백화점에서 케이크를 팔 때는 매출이 생각만큼 오르지 않았다. 여러 가지 고민 끝에 케이크에 리본을 두르고 쿠키를 올리는 데커레이션으로 결국 두 배 이상의 매출을 올렸다. 이윽고 치즈케이크 판매 시즌이 끝나자 같은 백화점 내 손만두 매장에서 또 스카우트 제의가 들어왔다.

스카우트가 될 때마다 시급도 올라갔다. 손만두를 빚으면서 손님으로 온 아주머니들과도 스스럼없이 친해졌다. 설 연휴까지 했던 만두가게 알바가 끝나자마자, 이번에는 백화점 식품부 관리자의 눈에 띄어 백화점에서 하는 밸런타인데이 초콜릿 판매 행사에 바로 투입됐다. 크리스마스 때부터 밸런타인데이 행사까지 두 달 만에 세 번씩이나 스카우트된 것이다. 뒤이어 2002년 월드컵 때는 에어막대를 판매해 하루에 40만 원 이상을 벌기도 했다.

"우리나라와 독일의 경기가 있었을 때였어요. 친구와 둘이서 여의도 공원에서 에어막대를 판매했죠. 원래는 얼굴이나 팔에 붙이는 판박이 스티커를 팔려고 남대문 시장에 갔는데 물건이 떨어진 거예요. 그런데 거기 아저씨가 '이거 잘 팔린다'며 준 게 에어막대예요. '잘 팔릴까?' 하는 걱정이 앞섰지만, 예상외로 대박을 쳤죠. 경기 시작 3시간 전에 200개가 다 팔렸으니까요. 시급으로 계산하면 최고의 아르바이트였어요."

군 복무 시절에는 기발한 아이디어로 경찰청장 표창을 받기도 했다. 의경으로 근무할 때 그는 의무경찰 모집 업무를 담당했다. 그 해 잇따른 성추행과 구타 사건으로 의경 지원수가 급감하자 경찰청은 각 경찰서별로 모집해야 할 인원을 할당하기에 이르렀다. 그가 복무하던 안산 경찰서에는 70명이 할당됐다.

이때 이상훈 씨는 취업 시즌 기업체에서 벌이는 '캠퍼스 리크루팅' 방식을 아이디어로 제안했다. 우선, 등교 시간에 맞춰 학교 앞에서 직접 제작한 홍보 전단지를 뿌렸다. 그리고 대학교에 협조를 구한 뒤 '이동 병무 상담회'를 열어 그 자리에서 입대 지원자들의 접수를 받았다. 그 결과 120명이 넘는 학생들이 의경으로 입대하겠다고 지원했고 이런 알바활동은 자기 소개서에도 녹여 썼다.

"영업력을 보여줄 수 있고, 대인관계가 좋다는 뜻도 될 수 있으니까요."

제대 후, 복학을 준비하면서 그는 식당에서 야간 지배인으로 일하기도 했다.

"당시 인기 있었던 묵은지 김치찌개를 주 메뉴로 해 24시간 운영하는 식당이었어요. 말이 좋아서 야간 지배인이지 서빙, 설거지, 야채를 다듬는 밑작업까지 해야 했어요. 한 달에 한 번 주방 아주머니가 쉬는 날에는 주방에서 음식도 만들었죠."

손님 중에 식당에 매일 들르던 사람이 있었다. 근처 호프집을 운영하는 사장님이었다. 그는 장사를 마치고 매일 새벽 2~3시께 가게에 들러 김치찌개를 안주 삼아 소주 한 잔씩을 하고 갔는데, 그가 일하는 것을 항상 유심히 보는 듯했다.

아르바이트를 한 지 두 달이 지나 이상훈 씨가 복학하려고 식당일을 그만둔다고 하니, 그 사장님이 갑자기 그에게 다가와 5만 원을 쥐어주는 것이 아닌가.

"본인도 가게를 운영하면서 아르바이트생을 수십 명 고용해 봤기 때문에 잠깐 일하는 모습만 봐도 어떤 사람인지 알 수 있대요. 그런데 제가 열심히 일하는 모습이 너무 보기 좋았대요. 마치 자기 젊었을 때를 보는 것 같았다고. 그래서 항상 일이 끝나면 저를 보러 왔었다고 하시더라고요."

미래에셋 증권에서 인턴사원으로 근무할 때는 '중년층 팬클럽'이 생겼을 정도였다. 기다리는 손님들에게 직접 커피도 타드리고 싹싹하게 대했다는 이상훈 씨. 그 결과 집으로 돌아가는 길에 그가 일하던 지점에 들러 귤 한 봉지를 주고 가는 손님, 여자친구 가져다주라며 머리핀을 선물해 주는 아주머니, 친구를 데려와 자신과 똑같은 금융 상품에 가입시키는 고객까지 생겼다.

이렇게 그는 돈을 벌면서 취업 준비를 했다. 그는 "대학교에 다니면서 부모님께 용돈 한번 받아 본 적이 없다"고 말했다.

알바 경험이 중요한 이유는 또 있다. 금융권을 사람들이 편하다고 하는데, 그건 명백히 오산이라고 이상훈 씨는 말한다. 면접 과정에서 면접관들이 은행원에게 필요한 영업력과 서비스 마인드를 중점적으로 보는 것을 느꼈다고 한다. 그는 그런 역량을 아르바이트를 하면서 차근차근 갖춰나갈 수 있었다.

"야간 식당이나 백화점 식품 매장에는 별의별 사람들이 다 오거든요. 그때의 경험이 밑바탕되었기에 면접에서 생각지도 못한 질문을 받았을 때 당황하거나 정적이 흐른다던가, 그런 적이 없었어요."

통학 시간에 신문 두 개씩
독파한 그들이 바로 취업 고수 | 이상훈 씨의 집은 경기도 남양주

시. 서울까지 통학하려면 왕복 네 시간이 걸린다. 하루에 네 시간을 왔다 갔다 하는 시간으로 제해야 하는 셈이다. 그런데 그는 한 번도 하숙이나 자취를 하지 않았다. 게을러질까봐 일부러 하지 않았다고 한다. 당연히 공부 시간을 확보하기 힘들었을 것이다. 그러나 그에겐 통학 시간이 곧 공부 시간이었다.

"뭐든 들고 다니면서 항상 읽으려고 했어요. 사실, 책 읽을 시간을 확보하는 게 힘들잖아요. 그래서 왔다 갔다 하는 이 시간을 허투루 보내지 말자 생각했죠. 저는 특히 신문을 좋아해서 일간지와 경제지는 비교적 꼼꼼히 읽었고요."

거의 모든 취업 고수들이 이동 시간에 신문을 끼고 살았다는 점을 명심하자.

"통학 시간이 오히려 도움이 되었어요. 4년 내내 하루에 두 개씩 종합 일간지, 경제지 하나씩을 읽었으니까요. 소설도 읽고, 하다못해 「대학내일」이나 「캠퍼스라이프」 같은 거라도 들고 다니면서 읽었어요. 지금은 피곤해서 하루에 한 개만 읽지만요."

취업을 준비하면서 누구나 겪는 불안감이 그에게는 없었을까.

"아는 형 얘기가 긍정적이고 성격 좋은 사람이 취업도 잘된대요. 저도 힘든 적이 있었고, 미래에 대한 불안감이나 초조함도 있었지요. 그런데 그 형 말대로 긍정적인 마음가짐이 중요해요. '괜한 자신감', '과도한 자신감'도 필요하고요. 서류전형, 필기에서 떨어져 좌절한 적도 있었지만 그냥 쉽게 잊었어요, '이곳이 아닌가 보다' 하면서요."

자기 소개서 쓸 땐 사보를 참고하라

'지피지기면 백전백승'이라 했다. 이상훈 씨는 "취업에 앞서 자신부터 파악했다"고 한다. 자기 자신의 처지를 정확히 아는 게 무엇보다 중요하다고 생각했기 때문이다.

"인터넷에 보면 건설회사는 주로 스펙을 보고, 정유회사나 제조 업계는 학점을 많이 본다고 해요. 이런 데는 제 무대가 아니라고 생각했어요. 그리고 일찌감치 취사선택을 했죠. 그랬더니 범위가 많이 좁혀졌어요. 지원서도 꼭 써야 하는 데만 썼고요."

선택과 집중이 바탕이 된 그의 전략은 적중했다.

"1차적으로는 전공이 전공이다 보니 금융권을 노렸고, 관심이 있었던 인터넷 포털사도 지원했지요. 은행은 6곳에 지원했는데 서류전형에서 한 곳만 빼고 다 됐어요. 은행 면접은 모두 합격했고요. 가고 싶은 분야를 일찌감치 정했으면 좋겠어요. 전자면 전자, 석유면 석유, 통신이면 통신 이렇게 정해 놓고 가는 것이 결과적으로 좋아요."

이상훈 씨가 자신 있게 추천하는 '팁'은 자기 소개서를 쓸 때 그 회사의 사보를 참고하라는 것이다. 이것은 나중에 면접을 볼 때도 유용하단다.

"중앙대학교 도서관 2층에는 기업별로 사보 1~2년치가 쌓여 있어요. 사보를 통해 각 그룹의 신년사, 목표, 좋아하는 말, 우수지점 사례 등을 미리 익혀두었죠. 신한은행은 영업력을 많이 보고 활동적인 것을 좋아하는구나, 이런 것을 캐치해서 제가 그런 성향이 있다는 걸 보여주기 위해서 많이 노력했어요. 이건 제가 자신 있게 말하는 팁이에요."

서류전형을 통과하면 필기시험을 치른다. 4지선다형인 신한은행 필기고사에는 국어 문제도 출제되었다. 높임말이나 띄어쓰기를 평가하는 문제가 20문제 정도 있었다고 한다. 영어 문제도 있었는데, 무역영어 등을 얼마나 알고 있는지 알아보기 위함이었다. 수학 원리를 이용한 계산 문제도 있었고, 경제 상식 문제도 많았다고 했다.

그렇다고 필기고사에 대해 지나치게 걱정할 필요는 없다. 필기고사를 치르면 자동으로 면접까지 가게 돼 있으니 말이다. 그러나 필기고사의 성적은 면접 때 임원들에게 자료로 넘어가므로 최선을 다해 치르는 게 좋다고 이상훈 씨는 권했다.

"솔직히 저도 많이 찍었는데, 그렇다고 무조건 떨어뜨리진 않았어요. 저희 때 처음 생긴 거라 그런지, 다른 동기들도 많이 찍었다고 해요. 합격에 반영되는 비율이 비교적 큰 편은 아닌데, 임원 면접을 볼 때 필기 성적에 관한 질문을 받은 사람이 있긴 해요. '필기 성적이 왜 이러냐', '경제학과인데 점수가 왜 이러냐'고요. 당락이 좌우되는 건 아닌데, 나중에 임원 면접 시에 참고 자료는 되는 거죠."

신한은행 토론 면접은 '태도'와 '논리력'이 좌우한다

이상훈 씨는 면접에서 말 그대로 백전백승했다. 서류전형에서 떨어진 일은 있어도 면접에서 실패하는 일은 없었다고 한다. 그 비결을 알아보자.

신한은행 1차 면접은 기흥에 있는 연수원에서 치러진다. 그곳에서 토론 면접에 이어 PT 면접이 치러졌다. 그리고 이어지는 '롤플레잉 테스트'. 이것을 통과하면 신한은행 본점에서 2차 최종 임원 면접의 순서가 기다리고 있다. 다른 은행 임원 면접과는 달리, 압박 면접으로 살벌하게 진행되는 곳이 신한은행 임원 면접이다.

첫 번째 면접은 1교시 토론 면접. 시사 문제를 토론하는 형식으로 '일제고사에 대한 찬반'이 주제였다.

"저는 따로 토론 준비를 안 했어요. 제가 '전국대학생 토론왕대회'에 나가서 입상한 적이 있거든요. 그때 대회를 준비하면서 익혔던 나름의 스킬이 있어 따로 준비하진 않았죠. 제가 말하고 싶은 건 토론 면접의 열쇠는 '태도와 논리력'이라는 거예요. 일제고사에 대해서는 생각을 안 해봐서 사실 처음에는 난감했어요. 저는 반대 입장이었는데 기업 입장에서는 찬성을 좋아할 것 같아서 찬성으로 논지를 밝혔고요. 그런데 나중에 알고 보니 찬반여부는 상관없었다고 하더라고요. 그 사람의 태도와 논리력을 많이 본 것 같아요. 금융권이다 보니 고객들을 설득해야 하는 것이 주 업무니까요."

토론 때 피해야 할 태도에는 어떤 것이 있을까.

"토론 면접 때는 면접관들에게 잘 보이려고 조금 과열되는 부분이 있어요. 그럴 때는 분위기에 휩싸이지 않고 차분하게 웃으면서 얘기하는 게 좋은 것 같아요. 또 그렇게 분위기가 달아올랐을 때 풀려는 노력도 필요해요. 전 너무 공격적으로 보이지 않으려고 노력했어요. 찬성이냐 반대냐 그 의미를 중요시하는 게 아니라 협상하는 과정을 중시한다고 생각했기 때문에 그런 면을 보이려고 노력했죠."

토론 면접에서 사회를 보는 건 어떨까.

"사람들 사이에 사회 보는 사람은 떨어진다는 풍문이 있어요. 저희 조에서도 사회를 봤던 형은 면접에서 떨어졌거든요. 그러나 딱히 사회 본다고 떨어지는 것은 아니겠죠. 이 말은 꼭 하고 싶은데, 같은 조 사람들과 하루 종일 면접을 같이 보잖아요. 모두가 경쟁자이긴 하지만, 그 사람들과 인사를 잘한다던가 사이좋은 모습을 보이는 것도 면접관들에게 어필하는 것 같아요. 저희 조가 9명이었는데 최종까지 올라간 사람이 총 6명이에요. 분위기가 좋았던 만큼, 합격률도 높았죠."

2교시는 PT 면접. 10분 정도 휴식시간을 갖고, 1교시와 같은 장소에서 바로 이어졌다. 그에게 주어진 주제는 '아파트 단지에 입점하는 신한은행 지점에서 일하게 됐을 때 고객 유치 전략'이었다.

15분에서 20분간 준비할 수 있는 시간이 주어지고, 4절지에 자신의 아이디어를 쓰게 한다. 은행 측은 먼저 발표하는 사람에게 가산점을 주겠다고 했다. 여러 명의 지원자들이 동시에 면접장에 들어가는 것이니 나중에 발표하는 사람은 다른 지원자들이 발표하는 것을 보면서 더 나은 생각을 할 수 있기 때문이다. 이상훈 씨는 맨 마지막에 발표를 했다. PT 시간은 5분 정도, 질문 두세 개까지 해서 10분 정도 걸렸다고 한다.

"신한은행은 전체적으로 '아자! 아자' 하는 분위기예요. 영업력, 활동력 있는 사람을 좋아하죠. 마케팅 용어 중에 인바운딩, 아웃바운딩이라는 말이 있는데 저는 밖에서 적극적으로 아웃바운딩을 하겠다고 했어요. 주말마다 조기 축구회를 열어 고객을 유치하겠다고도 했죠. 또 노인, 젊은층, 주부로 나눠 각 연령에 맞는 방안을 제안했어요. 노인들을 공략하기 위해 효도관광을 지원해서 지점에서 같이 가주겠다고도 했고. 주부들 공략 방안은 일주일에 한 번씩 띠 두르고 나가서 아파트 정화활동을 하겠다고 했지요. PT 면접을 마친 후 다른 조원들한테도 잘했다는 얘기를 들었어요."

ROLE PLAYING TEST
순발력이 중요한 억지 콘테스트

3교시 롤플레잉 테스트는 일명 지원자들 사이에서 '억지 콘테스트'로 불리던 시험이었다. 면접관들은 자동차 광고, 어학원 광고, 예쁜 여자 모델이 앉아 있는 사진 등을 준비해 놓고 면접자들에게 뽑도록 한다. 그러고는 생각할 기회도 주지 않은 채 1분 동안 자신의 포부나 연상되는 것을 얘기해야 한다.

그는 연필이 꽂힌 물컵에서 싹이 나는 그림이 그려져 있는 어학원 광고 전단지를 뽑았다. 광고 그림 자체가 너무 추상적이었던 터라 그는 처음에는 당황했다고 했다.

그보다 앞서 시험을 치른 사람들 가운데 '시계'가 제시된 면접자들은 "열심히 일해서 이런 시계를 갖고 싶다"는 식으로 말했다. 자동차가 제시된 면접자들도 마찬가지였다. 그렇다고 이상훈 씨가 "열심히 일해서 이런 연필을 갖고 싶다"고 말할 순 없는 노릇이었다. 민첩한 순발력이 필요한 위기 상황이었는데, 그는 그동안 갈고닦은 임기응변 능력으로 선방할 수 있었다.

"어학원 광고라서 '입사해서도 어학원을 다녀서 글로벌 신한은행의 인재가 되겠다'고 한 뒤 '연필에서 싹이 난 것을 보셨냐'고 묻고 '신한은행 로고 밑에 보면 싹이 있는데 이 로고에 있는 새싹처럼 저도 노력해서 싹을 틔우겠다'고 했죠."

다음은 '고객응대 테스트'. 연수원에 은행 창구를 꾸며놓고 면접자가 직접 신한은행 직원 역할을 연기하게 했다. 예기치 않게 발생한 5가지의 난처한 상황에서 면접자들이 어떻게 행동을 하는지를 관찰하기 위한 시험이었다.

구체적인 상황 설정은 이랬다. 점심시간에 한 여성 고객이 헐레벌떡 뛰어 들어온다. 그 고객은 자녀 이름으로 신규 통장을 개설하기를 원하지만, 대리인의 신분을 증명할 수 있는 주민등록등본을 떼오지 않았다. 그러나 평소 직원과 안면이 있던 것을 강조하는 고객이 급하다며 이른바 '진상'을 부린다. 몇 년째 단골인데 왜 안 해주냐며 떼를 쓰는 것이다.

자, 이 상황에는 어떻게 대처해야 할까. 일단 "예. 해드리겠습니다" 하고 인심을 쓰는 면접자가 있었다. 결과적으로 이것은 정답이 아니었다. 또 어떤 면접자는 옆 직원에게 "누구 씨, 여기 고객분 주민등록등본 하나 떼어와"하기도 했다. 얼핏 묘수로 보이지만 원칙을 지킨 것도 아니고, 급한 상황에는 맞지 않는 대처법이었다.

이 씨는 원칙대로 고객의 요구를 거절했다. 그랬더니 고객은 "내가 이 은행에 몇 년째 다닌 줄 아느냐"고 호통을 쳤다. 그래도 그는 웃는 얼굴로 거듭 "죄송하지만 안 된다"고 거절했다. 주민등록등본은 꼭 떼어 와야 한다는 원칙을 고수한 것이다. 그랬더니 고객이 "바쁘니까 나중에 오면 번호표 안 뽑고 해줄 수는 있냐"고 되물었다. 이에 그는 3시경에는 한가하니까 그때 오시면 번호표를 뽑지 않아도 바로 할 수 있을 것이라고 했다.

결과적으로 단 한 번도 원칙을 어기지 않은 이상훈 씨의 대처가 가장 상황에 적절했다.

"미래에셋 증권사에서 인턴을 했던 경험이 많이 도움이 됐어요. 증권사나 은행이나 업무는 비슷하거든요. 그때도 안 되는데 해달라고 하는 사람들이 꽤 있었던 걸 기억해서 대처 방법을 이야기했죠."

4교시는 신한 가치 면접. 주로 이 사람이 자신들의 조직에 맞는 사람인지를 물어보는 질문이 등장했다. 은행 측은 신한 가치 면접에서부터 자기 소개서를 활용한다. 3차 면접까지는 면접자의 이름만 알고 평가하다가 이때부터 면접자들의 자기 소개서가 제출되는 것이다. 어느 학교 출신인지 등을 면접관들이 알게 된다는 뜻이다. 면접관 두 명이 아홉 명의 면접자에게 순서대로 질문을 했다. '정직'이나 '열정' 등이 면접 키워드로 등장했다.

그는 자기 소개서에 여러 가지 활동을 적었지만 유난히 기자로 활동한 경험이 많았다. 자연히 "그쪽(언론사)을 가지 왜 여길 왔냐. 앞으로 여기 있다가 나가는 것 아니냐"는 식의 공격적인 질문들이 들어왔다. 그는 "신한은행 홍보대사를 했었다. 조직 문화를 잘 알고 왔기 때문에 적응하지 못해서 나가는 일은 없을 것이다"라고 답변하면서 적절하게 받아넘겼다.

면접자는 경쟁자가 아니라 협력자다

신한 가치 면접을 통과하고 나니 이제는 임원들이 기다리고 있었다. 이상훈 씨는 이 얘기를 꼭 하고 싶었다며 면접자는 경쟁자가 아니라 협력자라고 다시 한 번 강조했다.

그는 먼저 면접을 치른 같은 조원에게 도움을 받은 경험이 있다고 했다. 임원들이 지원자에게 한 번씩 돌아가며 질문을 하고는 다시 묻지 않는다는 '기밀'을 알려준 것이다. 결국 질문이 몰아칠 때 자신을 제대로 보여줘야 한다는 뜻이다. 실수하면 만회할 기회가 없다는 것을 알았기 때문에 충분히 마음의 준비를 할 수 있었다.

임원 면접에선 신한은행 부행장을 포함해 인사 부장, 인사 팀장 등 면접관 5명이 '심문조'로 나섰다. 면접자들은 한 번에 6명씩 들어갔다. 신한은행은 공격적인 임원 면접으로 그 명성이 자자하다. 가령 이런 식이다. 이 씨와 함께 면접을 치른 6명은 모두 학점이 좋았다. 그를 제외한 나머지 사람들 모두 4.0이 넘었을 정도다. 연세대학교 출신인 한 면접자는 4.3 만점에 4.1점이 넘었고, 다른 면접자의 학점도 상당히 높은 편이었다.

그중 한 면접자에게 "학점이 높은데 학교 다닐 때 공부만 한 것 아니냐"는 질문이 던져졌다. 학점이 높은 것은 그 사람의 성실성을 증명하고, 나아가 취업 준비생이 갖춰야 할 기본 스펙 중에 하나다. 그런데 학점이 너무 높은 것에까지 압박 공격이 들어오는 것이었다. 그 면접자는 "학생의 본분은 공부라고 생각한다"고 답변하며 위기 상황을 모면했다.

그의 학점은 4.5 만점에 3.57점. 당연히 "학점이 너무 낮다"는 지적이 나왔다.

"솔직히 저는 여기 계시는 분들보다 공부를 안 했다고 얘기했어요. 기업은 정직을 중요시하니까요. 대신 남들이 할 수 없는 취재 경험을 많이 했다고 PR을 했죠. 저는 해외여행도 취재로 갔다 왔거든요. 미국도 학보사활동을 통해 갔다 왔고, 중국도 그렇고요. LG 미래의 얼굴로 활동할 때는 인도네시아와 베트남을 다녀왔죠."

그러자 "기자하지, 왜 여기 왔냐?"는 후속 질문이 이어졌다.

"'기자는 독자들한테 정보를 전달하는 전달자의 역할을 한다. 설득할 수 있는 능력, 커뮤니케이션 능력을 기자생활을 통해 배웠다. 은행원도 금융 지식과 정보를 고객한테 알려주는 일이다. 그러니 기자생활을 한 내가 남들보다 더 잘할 수 있다'고 했죠. 기자와 은행원 역할을 접목시켜서 기자하면서 배운 것을 통해서 더 잘할 수 있다고 답변한 것이죠."

사실 "기자하지 왜?" 하는 질문은 전부터 많이 받아온 터라 미리 답변을 준비해 놓았고, 비교적 자신 있게 답할 수 있었다. 그러나 '백전노장'인 면접관들도 그리 녹록치 않았다.

"금융권에 오고 싶었다면서 자격증도 하나 없고 준비해 놓은 게 없네요"라며 계속 아픈 곳을 찔러왔다. 그는 "경제와 경영을 전공하면서 금융권 준비를 게을리하지 않았습니다. 은행에 관심이 있어서 홍보대사와 인턴사원도 한 것입니다"라고 받아넘겼다. 그러자 그의 경력 중 미래에셋 증권에서 인턴사원을 한 것이 도마에 올랐다.

"미래에셋에 가지, 왜 여기에 왔나요?"

"신한에 오고 싶어서 왔습니다."

"미래에셋의 강점은 뭔가요?"

"미래에셋의 가장 큰 강점은 단기간에 성장한 기업이라 그런지 직원들이 자신감이 넘친다는 점입니다. 그래서 큰 시너지를 내는 것 같습니다."

그에게 주어진 마지막 질문은 "나중에 본사 근무를 하고 싶으면 어느 부서에서 일하고 싶으냐?"였다.

"공보 담당에 자신 있습니다. 미래에셋 증권에서 인턴활동을 했을 때 퇴직 연금 시장을 선점하기 위해 많은 계획을 짜는 것을 옆에서 지켜봤습니다. 신한은행도 그 흐름에서 공격적으로 연금 시장을 선점하는 게 필요하다고 봅니다. 공보 담당이 아니면 퇴직연금 관련 부서에서 일하고 싶습니다."

면접관들은 고개를 끄덕끄덕했다.

정보전에서는 자신의 발품을 파는 것이 중요하다

이 씨는 앞서 사보를 통해 정보를 얻었다고 말했다. 분명 남들보다 한발 앞선 정보력을 가진 셈이다. 입사하려는 기업에 대한 정보를 얼마만큼, 정확히 알고 있느냐는 치열한 취업 현장에서 살아남을 무기가 되기도 한다. 한마디로 취업은 정보전이다. 정보에 흥하고 정보에 망한다는 말은 취업을 앞둔 사람이라면 누구나 공감할 것이다. 기자로서 맹활약한 그에게 취업 준비생들이 넘쳐나는 정보 홍수 속에서 어떤 것을 신뢰하는 게 좋을지 물었다.

"보통 과 선배, 풍문, 취업뽀개기 카페에서 정보를 구하죠. 그러나 전 주로 선배들에게서 정보를 얻었어요. 학교 선배들은 자신의 학교 수준이면 어디를 갈 수 있는지 알려줍니다. 그럼 선배들과 자신을 비교할 수 있죠. 학교와 과는 같으니까 선배들과 학점이나 토익, 어학연수 경험 등을 비교해 보면 내가 되겠다, 안 되겠다가 보이잖아요."

상당히 '실용적'인 사고다. 그렇다면 취업 준비생들이 많이 활용하는 '취뽀'는 어떻게 보고 있을까.

"지금 와서 보면 취뽀는 거짓 정보가 많아요. 이상한 글도 많고. 무엇보다 자기가 발품을 파는 게 중요해요. 저는 취업 준비 기간 동안은 사보 1년치를 갖다놓고 도서관에 앉아서 '오늘은 이 기업에 대한 분석을 끝내야지' 하면서 그 회사의 문화나 자주 쓰는 키워드, 좋은 문장을 적어놓곤 했죠. 사실 인사 담당자라고 해서 사보를 꼼꼼히 읽는 건 아니거든요. 사보를 보면 그 회사에서만 쓰는 단어가 있어요. 신한은행은 '파이팅 스피릿', 미래에셋은 '자신감'이 많이 등장하죠. 사보를 꾸준히 정독하는 습관을 가지길 바라요. 회사에서 만드는 것이니 거짓 정보도 없을뿐더러 미리 정보를 구해 준비할 수 있어 일석이조의 효과를 얻을 수 있죠. 결국 이것은 자기 소개서나 면접에도 도움이 되니까요. 보통 인터넷으로 기사 검색을 많이 하는데, 그러면 결국 다른 사람들과 차별성이 없어지거든요. 저는 사보의 취임사나 신년사를 주의 깊게 보면서 입사하고 싶은 기업의 방향을 엿볼 수 있었어요."

풍문은 맞는 게 많았는지 물었다.

"어느 은행은 토익을 많이 본다, 어떤 은행은 학점을 많이 본다 이런 풍문들은 거의 비슷했어요. 보이지 않는 벽이 아직은 있는 것 같아요. 특히 학교에 대해서는 더 그런 것 같고요."

특별히 기억나는 면접은 있는지 물어봤다.

"H카드사 면접이 특이했어요. 답이 없는 문제 있죠? 문제만 A4 용지 안에 가득할 정도로 길어요. 매 해마다 직원들한테 문제를 공모한다나요? 상황 판단 능력을 보는 것 같아요. 저는 멜라민 파동 문제가 나왔어요. 우유 소비가 원활하지 않는 상황에 대한 대안책을 생각해 보는 거였죠. 기업의 입장에서 우유 판매를 증가시키는 대안을 고안하는 문제였어요. 은행권은 다 비슷비슷했고요. W은행 같은 경우는 퍼즐 맞추는 문제도 있었어요. 600pcs 같은 거죠. 팀으로 구성해 서로 얼마나 합심하는지를 보는 것 같았어요."

경험이 모이면 학벌의 벽을 깰 무기가 된다

면접 때 그는 학점이 낮다고 '타박'을 받기도 했다. 물론 그의 학점이 많이 빠지는 편은 아니다. 다른 면접자들의 학점이 유난히 높아 손해를 본 것일 뿐. 내친김에 그와 스펙에 대해서 조목조목 얘기해 봤다.

"제대 후부터 토익 학원에 다녔죠. 2006년도 초에 토익 공부를 조금 하다가 잘 안 돼서 잠시 접기도 했어요. 마음을 다잡은 뒤 다음해 여름방학 때 학원에 다닌 거고요. 집중적으로 하기 시작한 건 휴학한 해 여름 방학부터였죠. 결국 토익 공부한 시간만 계산하면 두 달 정도밖에 안 돼요. 교환학생을 준비하면서 토플 공부도 같이 했었죠. 사람들이 '학점×토익'이 3,600이 안 되면 스펙 자랑은 하지 말라고 하더군요."

대신 취업 스터디는 하지 않았다.

"못 구한 건지 모르겠는데 안 구해져서 하나도 안 했어요. '해서 뭐 하냐' 하는 애들도 있는 것 같고요. 어떻게든 면접 기회를 많이 가져보려고 했고요. 외부활동하면서 면접을 봤던 것이 모의고사라고 생각했죠. 도전을 많이 해보는 편이 실질적으로 도움이 되는 것 같고요. 취업 아카데미에 다니려면 돈을 내야잖아요. 컨설팅도 그렇고. 그런데 인턴 면접 보는 것은 돈 드는 것도 아니고요."

외부활동이 많았는데 어떤 부분이 취업에 도움이 됐을까.

"회사 인간관계라는 게 좀 특별하잖아요. 외부에서 한 활동 덕에 사람 대하는 법을 많이 배웠죠. 현장에서 진정한 실무가 뭔지도 느낄 수 있었어요. 경제학, 경영학 수업에서는 실무에 대한 것을 모두 알기는 힘들어요. 하지만 외부활동을 하면서 실제로 판매 이익을 높이는 방법까지 익힐 수 있었죠. 롤플레잉 테스트를 잘할 수 있었던 이유도 눈으로 직접 어떻게 상담하는지 봤던 경험 덕이에요. LG 미래의 얼굴 활동을 통해 계열사들의 CEO나 임원급들을 인터뷰하기도 했고요. 이런 회사에서 이런 일도 하는구나, 했었죠.

정보도 많이 얻었고요. LG전자만 해도 여러 본부가 있잖아요. 이런 이런 분야가 있구나, 사회에 나가면 어떻구나 하고 간접적으로 경험할 수 있었어요. 이력서 한 줄을 채우기 위한 경험이 아닌, 현장을 직접 느낀 순간들이었죠. 이런 경험들이 취업할 때 고스란히 묻어나는 것 같아요. 그런 경험들이 한데 모여 학벌의 벽을 깰 수 있는 무기가 된다고 믿습니다."

그는 금융 관련 자격증은 하나도 갖추지 않았다. 그래서 면접 때 또 한 번 '핀잔'을 받기도 했다. 과연 자격증은 크게 필요 없는 걸까.

"금융 3종이란 말도 있는데, 현실에서는 많이 보는 것 같지는 않아요. 오히려 굵직굵직한 것들을 많이 보는 것 같아요. 회계사, 국제세무설계사^{CFP} 등이죠. 상경 출신이 아닌 사람들은 자격증을 통해 이쪽에 관심이 있었다는 것을 보여줄 수는 있겠죠. '묻지마 지원'은 아니라는 게 입증되는 거니까요. 제가 기자 쪽을 했으니까 홍보부하겠다고 하면 준비된 것이 눈에 보이잖아요. 자기가 만약에 준비한 것이 없다고 생각되면 기업체에서 좋아할 만한 것들을 끄집어내서 접목하는 게 중요해요. 기업에서도 자신을 써먹을 수 있게끔."

면접, 자기 소개서, 외부활동, 학점, 토익, 학벌, 공모전 같은 취업 준비 요소들 가운데 그는 우선순위를 어떻게 정할까.

"일단 학점, 토익이 1순위죠. 서류전형에 합격해야 기회가 생기는 거잖아요. 면접은 준비하면 되는 것 같아요. 면접관을 마주하는 건 보통 10분 정도거든요. 제가 학점, 토익에 콤플렉스가 있어서 그런지 모르겠지만, 학점과 토익은 높을수록 좋아요. 고고익선."

그렇다면 학점과 토익은 어느 정도까지 올려야 할지 물었다.

"제가 생각하기엔 기본 조건은 학점은 3.7점, 토익은 850점 정도인 것 같아요. 그런 사람은 우선 서류에서 잘 안 떨어져요. 기업체에도 필터링 조건이 있으니까요. 자기 소개서를 아무리 잘 써도 기본 조건을 만족하는 게 우선인 것 같고요. 봉사활동을 우선순위에 올리기는 무리가 있는 것 같고요. 그 다음은 아무래도 학벌이죠."

하지만 많은 기업들은 학벌이 중요하지 않다고 말하고 있다.

"글쎄, 그렇긴 한데……. SKY 대학 출신은 유리한 면이 많아요. 그것을 깰 수 있는 것은 남들과 차별화될 수 있는 활동이고요. 제가 그런 케이스죠. 다른 애들은 자기 소개서를 어떻게 채우는지를 두고 고민을 많이 했는데, 저는 자기 소개서의 분량이나 면접 때 할 얘기를 고민한 적이 없었어요."

우리는 매일 다른
꿈을 꾸고 있다 　금융권 5군데에 합격한 그가 특별히 신한은행을 선택한 이유는 뭘까?

"우선 회사의 발전 가능성을 봤어요. 제가 클 수 있는 곳이냐를 본 거죠. 신한금융그룹 안에는 카드, 증권사, 은행이 있어서 다른 계열사들이 받쳐주면 시너지를 낼 수가 있어요. 신입사원들은 누구나 나중에 뭐가 되고 싶다고 꿈을 꾸잖아요. 그런데 사람을 키워주는 문화가 아니라, 영입해 들어오는 문화라면 밑에서 일하는 사람은 발전하기 어렵고, 좌절하기 쉽죠. '내가 아무리 해도 올라갈 수가 없구나.' 이런 생각을 가질 수 있는데 신한은행 행장님들은 모두 아래에서부터 올라간 분들이거든요."

신한은행에서의 이상훈 씨의 꿈도 바로 그것일까. 아래에서부터 끝까지 올라가는 것?

"감히 말하고 싶은 것이 있다면, 최종적으로 신한은행의 은행장이 되고 싶어요. 역대 신한은행의 행장님들은 다른 은행장들과 큰 차이점이 있어요. 지금의 저처럼 신입사원으로 시작해서 차근차근 올라가셨다는 점이에요. 조만간 해외 지점에서 일해 보고 싶어요. 특히 일본에서 근무해 보고 싶어요. 고등학교 때 처음 일본에 관심을 가졌고, 일본어 공부도 열심히 해 2학년 때 일본어능력시험 3급에 합격했거든요. 그 뒤로도 일본어 공부를 계속 놓지 않고 있어요. 또 얼마 전, 신한은행이 일본에서 외국 은행으로는 두 번째로 현지법인 예비인가를 받았어요. 저는 앞으로 일본에서 신한은행을 널리 알리는 일을 하고 싶어요."

이런 그에게서 '플랜 A' 대신 '플랜 B'를 선택한 후회 따위는 엿보이지 않았다. 꿈이 꼭 하나일 필요는 없다. 어차피 우리는 매일 꿈에서 깨어나고 또 새로운 꿈을 꾸기에.

1_ 항상 외길만이 정답은 아니다

누구나 하고 싶은 일을 직업으로 삼고 싶어하지만 마음대로 되는 일은 아니잖아요. 그래서 저는 보험을 들어두는 게 합리적이라고 봐요. 하나만 보거나 1지망만 생각하다 보면 한순간에 무너지기가 쉬워요. 얼마 전 신문에도 나왔지만, 기업이 나이 제한을 없앴다고 하면서도 보이지 않게 그 선이 있잖아요. 항상 차선책을 염두에 둬야 하는 게 아닌가 싶어요.

2_ 플랜 B까지 챙기려면 자기 희생이 있어야 한다

이제 '젊었을 때 하고 싶은 거 다 해봐라', '젊었을 때는 마음껏 놀아라' 이런 시대는 지난 것 같아요. 요즘 취업 준비는 1학년 때부터 하는 게 맞고요. 저도 1학년 때 시작했죠. 여러 가지 대외활동을 했어요. 미래에셋 증권 인턴사원으로 활동할 때는 큰 프로젝트에 참여해서 상도 받았고요. 「조선일보」 인턴, 농림부 학생 기자로 활동하면서도 여러 상을 받았어요. 남들이 하는 기본 조건은 갖추는 동시에 플러스알파, 자기 희생의 시간이 필요하다고 생각해요.

주변에서는 저한테 집에서 학교까지 왕복 4시간을 어떻게 매일 다녔냐고 하는데 저는 잠을 줄이면 된다고 생각했어요. 어려운 시기일수록 되는 사람들은 남보다 부단한 노력을 했고, 고통의 시간을 가졌기에 그만큼 보상을 받은 거죠. 저는 취업으로 보상을 받았지만요.

3_ 원하는 회사의 1년치 사보를 읽어라

저는 면접을 보거나 자기 소개서를 쓸 때의 팁은 사보에서 찾았어요. 하루씩 날을 잡아서 사보를 쌓아 놓고 봤지요. 올해 그 그룹의 신년사, 목표, 좋아하는 말, 우수 지점 사례 등을 읽었어요. 그래서 신한은행이 영업력을 보고 활동적인 것을 좋아하는 문화를 가지고 있다는 것은 미리 캐치하고 있었죠.

예컨대 신한은행 같은 경우는 올해 부임한 이백순 은행장님이 '토참 문화'를 강조해요. 여기서 '토참'이란 토론과 참여의 줄임말이에요. 이것이 올해 신한은행에 지원하는 사람들에겐 팁이 될 수 있겠죠. 자기 소개서에 그런 내용이 들어가면 회사에서도 '우리 회사에 관심을 가지고 있구나' 하고 생각하지 않을까요.

어떤 회사는 요청하면 사보를 보내주기도 한다더라고요. 또 요즘에는 온라인 사보도 있고요. 이건 제가 자신 있게 권하는 팁이에요.

제일기획에 입성한 공대 출신 **최중식 씨**

한림대학교 광고홍보학과 졸업. 경비교도대에서 군 복무. 언론정보학부로 전과.
'에드뷕'이라는 팀으로 공모전 도전 시작. A광고회사에서 인턴생활, 마이크로소프트
사 스튜던트 파트너로 인턴생활. 한국방송광고공사 주최 광고대회 대상 수상. 2008년
칸 국제광고제 한국 대표로 출전, 2위 수상. 제일기획 인턴사원 생활. 홍콩 광고회사
에서 스카우트 제의. 현재 삼성그룹 제일기획 근무.

'오타쿠'가 되어라.
중독은 열정을 낳고,
열정이 실천을 부른다

"이것저것 바쁘기만 하고 여기저기 왔다 갔다 하는 사람은 많은데
진짜 열정을 가진 사람은 드물죠. 좋아하는 분야를 '오타쿠'처럼 찾고자 하는 의지만 있다면
길은 언젠가 꼭 열리게 될 거예요."

미운오리 콤플렉스를 이겨내고,
백조가 되었던 힘은 바로 공모전

광고업계 부동의 1위 제일기획에는 올해 22명의 신입사원이 입사했다. 대부분 명문 대학교 출신이고, 박사학위 소지자도 여럿이다. 그중 지방대학교 출신은 딱 한 명이다. 한림대학교 광고홍보학과를 졸업한 최중식 씨(27)가 그 주인공이다.

그렇다면, 최중식 씨의 '필살기'는 무엇이었을까.

그는 공모전 13관왕이다. 13이란 숫자보다 더 의미 있었던 건 공모전의 질이다. 그는 한국 최초의 '대학생 국가대표 광고 선수' 출신이다. 한국 대표로 칸 국제광고제에 출전해 은상을 수상한 경력을 가지고

있다. 칸 국제광고제는 세계적인 대회로, 광고계의 올림픽이나 다름없다. 제일기획 입사 전에는 홍콩의 국제적인 광고회사의 스카우트 제의를 받기도 했다. 아마도 일찍부터 광고에 천부적인 소질이 있었거나, 굉장히 순탄한 길을 걸어 왔으리라고 생각하기 쉽다.

천만의 말씀이다. 그는 제대 이전에는 광고廣告의 광廣자도 몰랐고, 지방대학교 학생이 가지는 설움 또한 남부럽지 않을 만큼 겪었다.

그런 그가 공모전의 달인, 광고계의 무서운 신예가 된 비결은 딱 한 가지다. 바로 광고에 '중독' 됐기 때문이다. 공모전이 취업의 왕도는 아니다. 그러나 광고에 중독된 그는 공모전으로 자신만의 길을 차례차례 열어나갔다.

하고 싶은 것이 없어 그저 시간가는 대로 나를 두었다

고등학교를 졸업할 당시만 해도 학교 성적이 신통치 않았던 그는 스스로의 표현에 의하면 한마디로 '문제아' 였다.

"성적표를 받으면 큰 누나, 작은 누나는 칭찬만 받았고, 셋째 누나는 그냥 넘어갔죠. 저는 늘 혼났고요."

학창 시절의 그는 야간자율 학습이 무엇보다 싫었고, 당연히 공부에는 흥미를 느끼지 못 했으며, 컴퓨터 게임만 좋아했던 학생이었다.

"수능 점수는 오를 생각을 하지 않고, 야자 하기는 싫고, 그런 상황에서 한림대학교 수시전형 공고가 뜬 거예요. 한림대학교면 의대도 있어 지방에 있어도 나쁘지 않을 것 같다고 생각해서 지원했지요. 그런데 덜컥 합격이 되어버렸어요. 그래서 감사한 마음으로 학교를 다녔어요."

전공은 정보통신 공학부를 선택했다. 고등학교 때부터 게임을 즐기다 보니 컴퓨터에 대해서만큼은 자신이 있었기 때문이다. 그렇게 입학한 캠퍼스 생활의 첫 학기는 술독에 푹 빠져 다소 방탕하게 보냈다. '최중식'이라기보단 '취醉중식'이라 부르는 게 어울릴 정도였다. 성격이 내성적인 편이라 사람들과 쉽게 친해지지 못했던 그는 술이라는 매개체를 통해 친구를 만들 수 있었다고 그 이유를 설명한다.

"한 달에 하루를 제외하고 매일 마셨던 것 같아요. 아침부터 술을 마시다 응급실에 실려간 적도 있었죠."

그렇게 시간을 보내던 무렵, 같은 기숙사 선배가 "공모전 한 번 해볼래?"라고 제안을 해왔다. 강원체신청이 주최하는 대학생 소프트웨어 경진대회였다. 선배는 그중 홈페이지 분야에 나가보자고 얘기한 것이다. 얼떨결에 참가한 대회에서 그는 동상을 받게 된다.

그런데 그가 공모전 출품에 응하게 된 이유가 걸작이다.

"술값이 모자랐었는데, 상금 타면 폼도 나고 술값도 당분간 걱정하지 않아도 됐으니까요."

상금은 결국 술 마시고 친구들과 여행가는 데 써버렸다. 마음만 먹으면 무엇이든 해낼 수 있을 것 같은 정체 모를 낙관성이 자리 잡게 된 것도 이쯤이었다.

알기만 하는 사람은 좋아하는 사람만 못하고, 좋아하는 사람은 즐기는 사람보다 못하다

잠시 공모전 수상의 기쁨을 맛보긴 했지만, 그의 성적표는 한마디로 참혹했다. 4.5점 만점에 2.8점. 학고를 겨우 면한 그는 한 학기를 마치고 바로 휴학을 해버렸다. 그 해 집안에 대학생이 네 명이나 됐기 때문이다.

"누나 세 명에 저까지 대학을 다니다간 집안이 거덜 날 것 같았어요."

대개 휴학을 하면 아르바이트를 열심히 하거나 영어 공부를 하거나 부족한 것을 채우는 게 보통인데, 그는 꼬박 열 달을 놀았다고 한다.

"집에서만 뒹굴어 다녔어요. 하루 종일 놀고 게임하고 술 먹고 그랬죠."

누구에게나 크든 작든 인생 전체를 흔들 만한 의미 있는 사건이 있게 마련이다. 그에겐 사소해 보이기만 한 '아르바이트'가 그것이었다. 복학 후 그는 새로운 비디오게임이 나오면, '루리웹'이라는 인터넷 커뮤니티에 그것에 대한 장단점 및 여러 감상을 적어 올리는 아르바이트를 했다. 이른바 리뷰를 올리는 아르바이트였다. 좋아하는 게임을 하면서 수입도 생기는 일석이조의 일이었다. 이렇게 일하다 보니 "내가 좋아하는 것을 직업으로 삼아야겠구나"라는 생각을 하게 됐다.

"사회에 나가서 직업을 고를 때도 좋아하는 일을 선택해야겠구나 생각했죠. 그렇게 생각하니까 계속 내가 좋아하는 것이 뭔지 찾게 되더라고요."

거창하지도 대단하지도 않은 아주 작은 깨달음은 훗날 큰 변화의 밑바탕이 됐다. 이어 학교 학술제에 나가 홈페이지 부분에서 2등을 차지한 것을 계기로 여름 방학 때는 학교 홈페이지를 관리하는 알바를 했다. 이렇게 '일'과 친하게 되면서 그는 조금씩 술독에서 빠져나오게 되었다. 그리고 군 시절은 그의 인생에 없어서는 안 될 터닝포인트가 된다.

마음속에 떠오른 생각은 곧 실천으로, 결과는 실천을 배신하지 않았다

대한민국 성인 남자치고 군대 얘기 나오면 입에 거품 물지 않는 사람이 드물다. 하지만 최 씨의 군 복무지는 정말이지 남다르다. 국내에도 많은 팬을 거느리고 있는 미국 드라마 「프리즌 브레이크PRISON BREAK」의 주 무대였던 교도소가 바로 그의 복무지였다. 논산훈련소에서 차출된 곳은 경남 통영에 있는 경비 교도대. 교도소와 구치소를 지키면서 재소자들이 문제를 일으키지 않도록 경비를 서는 것이 그의 임무였다.

"처음에는 '이게 뭐야'란 생각이 들었어요. 이상한 나라에 온 것 같기도 했고. 그런데 지내다보니 좋은 점도 있더라고요."

교도소에서 그가 만난 것은 '막장 인생'을 살고 있는 사람들이었다. 그것도 영화나 드라마가 아닌 '리얼'로 말이다.

"굉장히 착한 모범수가 있었는데, 알고 보니 자신의 아내와 딸을 살해했던 사람이더라고요. 10년 동안 복역하다가 모범수로 출소했어요. 그런데 그런 사람도 옆집에 사는 아저씨 같았어요."

그런 사람들을 보면서 자연스레 '인생이란 자기 마음대로 되는 것이 아니구나. 나는 어떻게 살아야 될까?'라는 고민을 하게 됐다고 한다. 덕분에 인생에 대해 좀 더 신중한 태도를 가지게 됐다.

　말년에 외박 나왔을 때의 일이다. 오랜만에 컴퓨터를 하던 그는 갑자기 무엇엔가 '필'이 꽂히게 되었다. 그것은 다름아닌, 네이버 메인 화면에 뜬 칸 국제광고제 수상작들이었다.

　"작품들이 하나같이 너무 재미있었어요. 제가 대회에 나간 경험이 있잖아요? 그래서 광고 아이디어를 다루는 공모전이 있나 찾아봤는데 있더라고요. 보자마자 혼자 웹 광고를 만들고는 용감하게 대회에 출전했죠."

　사람들의 마음에는 세상에 내놓지 못하고 묻어둔 생각들이 얼마나 많은가. 그러나 그는 생각을 바로 행동에 옮겼다. 그리고 결과는 실천을 실망시키지 않았다. 휴가를 마치고 군대로 돌아왔는데, 예선 합격자 명단에 '2540'이란 이름이 올라 있는 게 아닌가. 소속 부대의 이름을 따 이름을 2540이라 붙였는데, 합격을 한 것이었다. 그때의 기분을 두고 하늘에 맞닿을 것만 같았다고 그는 전한다.

　그런데 문제가 생겼다. 합격자 명단 옆에는 본선 캠프 참가가 가능한지를 주최 측에 알려주는 '사전 연락기간'이라는 게 있었는데 확인했을 때는 그 기간이 지나버린 것이다. 군대에 있다 보니 합격자 발표 확인이 늦었던 탓이다. 급하게 중대본부에 사정을 애기해 주최 측 연락처를 알아냈다.

　"본선 캠프에 휴가를 내고 갈 수 있다고 아무리 사정해도 봐주질 않더군요. 결국 합격 취소가 됐어요. 억울했지요."

그 억울함은 곧 오기로 바뀌었다. '내가 꼭 광고계를 정복하고 말리라' 는 당찬 오기로 말이다.

공학도에서 광고학도로, 하고 싶은 것을 하기 위해 찾아나서다

2006년 봄에 제대한 그는 마음먹은 것을 또 한 번 행동에 옮긴다. 그 해 가을, 복학함과 동시에 전과를 해버린 것이다. 광고를 해야겠다고 독하게 마음먹은 그는 광고홍보학과가 있는 언론정보학부로 자리를 옮겼다.

당시 그의 머릿속엔 온통 '광고를 하면서 먹고 살아야겠다' 는 생각밖에 없었다고 한다. 그러나 갓 군에서 제대한 복학생이 새 출발을 하기란 쉬운 일이 아니었다.

"생판 모르는 사람들뿐이었어요. 1학년 때부터 함께 생활한 애들은 자기들끼리 뭉쳐 다니니 같이 공부할 친구가 없었죠. 그때 저는 광고의 광자도 몰랐고, 여러 모로 주눅이 많이 들어 있었어요."

그러나 다행히 공부는 적성에 맞았다. '역시 재밌는 걸 해야지 잘하겠구나' 싶었다.

그는 바뀐 생활에 적응하기 위해 피나는 노력을 했다. 예전 같으면 사람들과 친해지기 위해 술잔을 기울였을 테지만 그때는 달랐다. 수업이 끝나기가 무섭게 공모전 준비를 시작했다. 한 달에 무려 세 개씩 준비하는 강행군이었다.

"다작多作을 준비하긴 했는데, 중요한 건 다 떨어졌다는 거죠."

왜 그랬을까? 광고 공모전에서 상을 받는 사람들은 그와 같이 혼자 공모전을 준비하고 출품하는 경우가 드물었던 것이다. 그걸 몰랐던 그가 탈락했던 것은 어찌 보면 당연한 일이었다.

결국 그는 공모전 팀을 꾸리기 위해 직접 나섰다. 과에는 아는 사람이 없었던 탓에 네이버의 공모전 커뮤니티 게시판에 글을 올렸고, 이를 통해 팀이 구성되었다. 4명으로 시작했던 팀은, 나중에는 10명이 넘었다. 함께 하고 싶다는 사람은 모두 받았기 때문이다. 팀원들이 모두 서울에 거주한다는 점은 앞으로 그의 인생에 '강행군'이라는 세 글자를 새겨놓는 포석이 되었다.

"롯데백화점 환경 공모전부터 시작했는데 첫 대회에서 장려상을 받았어요. 뭐랄까, 공모전에 대한 자신감이 붙었죠."

그의 공모전 수상 비결은 이렇다.

"보통 공모전 브리핑을 보고 심사위원이나 주최자의 의도가 뭘까 생각하면서 아이디어를 출발시키죠. 하지만 저희 팀은 서로의 아이디어를 비판만 하고 버리는 게 아니라 한 마디 한 마디를 살리는 데 중점적으로 노력했어요. 아이디어다 싶은 것을 되도록 많이 만들었죠. 같이 하니까 더 많은 출품작을 낼 수 있었고요. 당시 10개를 출품하면 6개 정도 수상했고요."

광고 중독자들의 모임, 그 이름은 에드뷁

하지만 서울에 사는 학생들과 한 팀이 되어 작업하는 것은 생각처럼 쉽지 않았다. 보통 저녁 8시께 모임이 있었는데, 수업이 끝나자마자 기차를 타고 올라가야 겨우 팀원들을 만날 수 있었다. 작업은 새벽까지 진행되었고, 아침 수업을 듣기 위해 다시 첫차를 타야 하는 강행군의 연속이었다. 기차 안에서 두어 시간 정도 쪽잠을 자는 걸로 피로를 풀어야 했다.

점점 공모전 참여가 늘어나면서 이런 생활이 일주일에 서너 번씩, 일 년 내내 계속됐다. 공모전에서 탄 상금은 나눠 갖는 것보다 MT 비용 혹은 회식을 하는데 쓰곤 했다. 상금이나 취업 때문에 공모전을 하는 게 아니라 광고가 좋아서, 광고 자체가 목적이었던 사람들이라 마음이 잘 맞았다. 광고에 대한 열정만큼은 그 누구보다 컸다고 자부하는 사람들이었다.

"팀원은 10여 명 정도 됐는데 한 작품당 4명밖에 못 들어가니까 각자 마음에 드는 아이디어 팀에 자율적으로 들어가곤 했어요. 팀 이름은 '에드뷁'. 영어로 할 때는 폼 나게 adbreak. 어느 누가 출전해도 모두 같은 이름을 썼죠."

여러 팀원이 계속 '에드뷁'이란 이름으로 출품하다 보니 같은 이름으로 굉장히 많은 작품을 당선시킬 수 있었다.

그러는 한편, 최중식 씨는 에드뷁 출품작들을 네이버 공모전 커뮤니티에 올리는 일을 계속했다. 아이디어에 대한 사람들의 피드백을 받기 위해서였다.

"공모전 한다 싶은 애들은 우리 팀을 모르는 사람이 없을 정도가 됐죠. 언제든 수상자 명단에 에드뷁의 이름이 올랐으니까요."

첫 번째 시련은 「조선일보」에서 시작되었다

그러나 잘나가던 에드뷁의 멤버들에게 2007년 말, 굴욕적인 사건이 터졌다. 그 해 10월께 「조선일보」 광고 대전에 참가한 것이 시작이었다. 언론사의 광고 공모전은 많은 공모전 중에도 메이저 대회에 속한다. 당연히 에드뷁의 멤버들은 한 해를 멋지게 마무리하기 위해 「조선일보」 공모전에 출전하기로 뜻을 모았다. '이런 대회에서 수상해야 진정한 프로'라는 데 공감대가 모아졌다. 꽤 큰 대회라 반드시 수상을 하겠다는 의욕으로 넘쳐났다.

당시 최 씨도 거의 매일 서울과 춘천을 오가며 준비에 박차를 가했고 그 결과, 에드뷁의 작품은 당당히 공모전 금상작으로 뽑혔다.

"「조선일보」 같은 경우에는 수상작을 신문에도 실어줘요. 너무 좋았어요. 어머니한테도 자랑했고요. 학교에도 상을 받았다고 얘기했죠."

그런데 전격적으로 수상 취소가 돼버렸다. '표절' 시비가 붙었다는 것이 이유였다. 그는 여느 때처럼 수상작을 광고 커뮤니티에 올렸다. 그런데 수상작이 우연찮게 외국의 한 광고와 비슷했던 것이다. 그걸 본 한 네티즌이 「조선일보」 측에 표절 의혹을 제기하면서 결국 수상 취소가 결정되었다.

"우리의 노력과 아이디어로 밤을 새가며 고생해 만든 작품인데, 사람들이 인정을 안 해주니 방법이 없더라고요."

멤버들의 활동이 뜸해진 것은 이때부터였다. 그는 처음으로 광고를 하기 싫다는 생각을 했다고 한다. 큰 충격을 받은 그는 광고 자체에 대해 회의를 느꼈다. '내가 뭘 할 수 있겠어' 하는 생각이 들 정도였다. 자포자기한 그는 일주일 동안 학교를 가지 않은 채 혼자 부산으로 여행을 떠났다.

홀로 한 여행은 탁월한 선택이었다. 자기가 하고 싶은 일의 소중함을 깨달았기 때문이다. 혼자 여행을 하다보니 '내가' 먹고 싶은 음식이 뭔지, 가고 싶은 곳이 어딘지 계속 '나'에 집중하게 되었다. 그는 여기서 더 나아가 자신이 어떤 걸 좋아하는지 스스로에게 계속해서 물었다. 답은 역시 광고였다.

"넌 지방대학교 출신이라 광고회사에는 입사할 수 없어"

마음을 다시금 다잡은 그는 2008년 1월, 교수님의 추천으로 A광고회사에서 인턴생활을 시작했다. 비록 인턴사원이었지만, 꿈에 그리던 광고회사에 다니게 된 것이다. 다시 광고를 하겠다고 마음먹었던 만큼 결사적으로 일했다. 동료 인턴들은 모두 저녁 6시가 되면 퇴근하기에 급급했지만, 그는 밤 10시까지고 일하는 것을 게을리하지 않았다.

그는 진심으로 그 회사의 일원이라고 생각했다. 그가 소속된 팀에서는 처음엔 별로 기대를 하지 않았다가 그의 일하는 태도를 보고는 점차

대하는 태도가 바뀌기 시작했다.

"잠깐 있다가 가는 인턴이니 '뭐 잘 하겠어?' 그랬던 거죠. 그런데 어느 정도 기획력, 디자인 능력을 보여주고, 아이디어도 내고 하니까 조금씩 대접이 변하더라고요."

일조차 시키지 않았던 처음과 달리, '이거 해라, 저거 해라' 하는 횟수가 늘어났다. 그때부터는 매일 11시가 넘어서야 집에 들어갔는데, 몸은 피곤할지언정 마음만은 즐거웠다고 그는 당시를 회상한다.

그렇게 일에 푹 빠져 지내던 어느 날이었다. 대리로 일하던 B씨와 아침식사를 할 기회가 생겼다. 그런데 B대리가 밥을 먹으면서 건넨 말은 충격 그 자체였다.

"넌 내가 지금까지 봤던 그 어떤 인턴보다도 일을 잘하는 것 같아. 아는 사람이 운영하는 광고회사에 추천해 주고 싶을 정도야. 그런데 말이야, 내가 보기에 넌 광고회사에는 못 들어갈 것 같다."

깜짝 놀라 "왜요?"라고 묻는 최 씨의 가슴에 그는 대못을 박았다.

"학교가 지방대잖아. 광고회사는 박사 출신 사람들도 많이 들어오는 곳이야. 가방끈이 길어야 돼. 클라이언트에게 신뢰를 주기 위해서라도 검증돼 있는 배경이 중요하지. 그러니 인턴이나 공모전에 연연하지 말고 차라리 편입 공부에 신경 쓰는 편이 나아."

선의로 한 말이었겠지만, 그는 마지막 '확인 사살' 까지 했다.

"인사 업무를 해본 적이 있어서 알아. 그때도 성균관대학교 이상이 아니면 지원서를 다 버렸을 정도라고."

굉장한 충격이었다. 「조선일보」 공모전 때의 그 기분이 다시금 고개를 내밀었다.

'내가 아무리 노력해도 대한민국 사회는 나에게 광고할 기회를 주지 않는구나.'

온몸에서 힘이 쭉 빠졌다. 그렇게 인턴생활은 끝났고, 생활은 다시 엉망으로 돌아갔다.

"밥도 잘 안 먹고, 매일같이 사람들을 만나 술만 마셔댔죠. 열심히 했으니까 졸업만 하면 광고를 할 수 있을 거라고 생각했는데, 면전에 대고 그런 얘기를 하니까 좌절이 컸어요."

처음으로 한림대학교에 들어간 것을 후회하기도 했다.

무의식이 하자는 대로 몸을 내맡겼을 뿐이다

그러나 방황도 시간 있을 때 하는 것이다. 그에겐 시간이 없었다. 그는 재빨리 냉정을 되찾았다. 우리나라가 나에게 광고할 기회를 줄 수 없는 사회라면 지금이라도 빨리 다른, 내가 잘할 수 있는 분야를 찾는 게 급선무라고 생각했다.

2008년 3월, 그에게 마이크로소프트사^{MS}에서 인턴을 할 기회가 찾아왔다. 학교에는 5월까지 복귀하기로 약속하고 3월 중순부터 인턴생활을 시작했다. 이제 그는 광고에서 마케팅 쪽으로 진로를 바꿔 승부를 걸어보려고 했다. 그러고는 스스로에게 최면을 걸었다. '난 마케터야' 라고.

마이크로소프트사는 비교적 자유로운 분위기였다. 직원 한 명 한 명의 프로의식이 강했고 인턴사원에게도 직원처럼 책임을 부여했다. 다행히 일도 재미있었다. 아니, 재미있게 느끼려고 노력했다.

마이크로소프트사 간부들은 이력서를 통해 그가 광고 관련 활동을 한 것을 알고 있었다. "이 회사에 있어보니 어떠니?"라고 묻는 임원진에게 "마케팅에 관심을 갖기 시작했어요"라고 말했다는 그.

"광고에 대한 미련을 버리진 못 했지만, 광고를 잊기 위해선 거짓말을 할 수밖에 없었어요."

카피라이터로서의 인생은 끝이라고 생각했던 그때, 새로운 기회가 그를 찾아왔다. 그해 봄, 한국방송광고공사KOBACO가 광고 대회를 연 것이다. 대회 우승자에게는 칸 국제광고제 출전 자격이 주어진다고 했다. 그동안 칸 국제광고제 한국 대표는 대회를 통해 선발하는 것이 아닌, 광고회사의 추천을 통해 뽑는 것이 관례였다. 그런데 2008년부터 공모전을 통해 한 명을 뽑고, 나머지 한 명만 추천을 받아 뽑기로 한 것이다.

가슴이 마구 뛰었다. 대회에 입상하기 위해서라기보다 광고를 할 수 있다는 가능성이 눈앞에 놓인 사실에 흥분되기 시작했다. 광고 공모전에는 더 이상 출전하지 않겠다던 결심을 잠시 잊고서 예선 캠프에 덜컥 지원하고 말았다.

"뭐가 되겠다기보다 그냥 무의식적으로 지원했어요."

예선을 무난히 통과한 그는 본선에 진출하게 됐다. 그런데 정작 본선 캠프를 앞두고는 갈까 말까 망설여졌다. 일단 마음이 원하는 대로 몸을 내맡겼다. 사실 본선에는 자신이 없었지만, 하고 싶은 마음에 무작정 발걸음을 옮겼다.

본선 캠프는 28세 미만이 참가 자격이었는데, 그 속에는 광고회사 신입사원도 더러 있었고 직장인들도 꽤 있었다. 그는 그들을 보며 부러움을 감출 수 없었다.

"광고가 너무 좋아 열의를 품고 얘기를 하는 모습이 보기 좋았어요. 내가 잃어버린 게 바로 저거구나 생각했죠. 여기까지 온 이상 최선을 다해야겠다고 마음먹었지요."

이때 사회자가 예선전 1등 작품을 소개했다.

"여기 현업 광고인들도 계신데 놀랍게도 학생 작품이 1등입니다. 인터넷 광고의 특성을 아주 잘 보여주는 광고였습니다."

그러면서 1등 작품을 보여주었다. 보는 순간, 깜짝 놀랐다. '대학생이 만든 1등 작품'은 바로 최중식 씨의 것이었다.

대한민국을 대표하는 광고 국가대표가 되다

하나의 주제를 받아 24시간 동안 광고를 만들어내는 본선의 막이 올랐다. 예선에서 1등을 차지했다는 사실을 알게 된 그는 다시 에드뵑 시절로 되돌아가 있었다. 이번 대회도 에드뵑의 이름으로 출전했다. 한 해 동안 동고동락하며 세수 안 한 얼굴을 보여주던 멤버들. 비록 마지막에는 좌절을 겪었지만, 에드뵑은 그의 정체성이나 다름없는 이름이었고, 멤버들은 그의 분신이었다. 그래서 그는 혼자 출전해도 늘 그 이름으로 나갔던 것이다.

본선의 주제는 '젊음'이었다. 일단 쓸데없는 생각은 접어둔 채 대회에만 최선을 다하자고 마음을 다잡았다. 젊음은 상품의 개념이 아니었기 때문에 광고로 다루기에는 꽤 까다로운 주제였다.

"사람들과 소통할 수 있는 것, 마우스 클릭 등에 반응을 보일 수 있는 것을 염두에 두고 광고를 만들었어요."

그렇게 2박 3일의 본선 캠프가 끝이 났다. 대회 마지막 날 수상자 발표 때는 덤덤히 결과를 기다렸다. 동상, 은상, 금상이 한 명씩 발표되었으나 그의 이름은 막바지까지 호명되지 않았다.

"솔직히 내심 기대를 했어요. 예심 때도 1등을 했으니까요. '혹시, 설마' 했지요. 그런데 금상까지 그냥 지나가니 맥이 풀려가고 있었어요. 그 순간 '대상 에드뷁'이라고 부르는 거예요. 그땐 아무 소리도 안 들렸어요. 뭔가에 머리를 '딱' 맞은 것 같은 느낌이었어요."

단상에 올라가니 사회자가 '2008년 칸 국제광고제 한국 대표'라고 씌어진 상패를 읽어줬다. 가슴이 쿵쾅쿵쾅 뛰기 시작했고, 온몸에는 소름이 찌릿찌릿 돋았다.

그 순간 그는 누구를 가장 먼저 떠올렸을까?

"어머니가 제일 먼저 생각나야겠지만 '학벌 때문에 너는 인턴밖에 못 하겠다'고 한 그 사람이 생각났어요. 그리고 '다시 광고해야겠어'라고 다짐했죠."

그를 광고판으로 끌어들인 것은 군대 말년 인터넷에서 우연히 본 칸 국제광고제 수상작이었다. 그런데 자신이 그 광고제에 한국 대표로 나가게 된 것이다. 운명적이란 표현이 과하지 않을 것 같다.

그가 인턴으로 일하던 마이크로소프트사 직원들은 처음에는 그의 수상 소식을 믿지 않았다. 그런데 MBC 방송국에서 인터뷰 요청이 들어오자 그제야 놀라운 눈으로 그를 쳐다보기 시작했다.

시련도 연달아 찾아오지만 경사도 늘 겹으로 찾아오는 것 같다. 에드뵈 멤버 중 4명이 2008년 초에 광고 에이전시를 차린 것이다. '크리에티비아'란 회사였다. 당시 한국에는 태안사태가 발생했고, 뉴스에는 그에 관해 연일 기사가 오르내렸다. 이들은 태안사태의 중요성을 알려야겠다고 생각하고 공익 광고 기획서를 만들었다. 최 씨도 이 작업에 참여했다. 오랜만에 멤버들이 다시 모인 것이다.

그들은 다시 힘을 합쳐 만든 기획서를 기업체 100여 곳에 보냈다. 그러나 단 한 곳에서도 도움을 주지 않았다. 하지만 그들은 좌절하지 않았고, 도리어 더 큰 무대를 노크했다. 그 작품을 뉴욕페스티벌에 출품한 것이다. 뉴욕페스티벌은 칸 국제광고제와 함께 세계 3대 광고제 중 하나로 꼽힐 정도로 그 규모나 영향력 면에서 어마어마하다.

결과는 몇 달 뒤인 5월에 발표되었다. 그런데 '파이널리스트 5팀'에 당당히 '코리아'가 끼어 있는 게 아닌가. 「조선일보」 사건으로 패배의 식에 젖어 있던 멤버들에게는 큰 선물이나 다름없었다. 최중식 씨에게는

칸에 가기 전에 해외 광고제에 대해 어느 정도 자신감을 갖게 한 계기가
됐다.

칸 국제대회에서의 2위,
한국 광고계의 쾌거를 거두다

칸 진출을 앞둔 그에게 5월 말경
낯선 이름의 문자메시지가 도착했다.

"제일기획 아트디렉터인데, 이번에 같은 팀이 됐다고 연락받았습니
다."

칸에 함께 가도록 선발된 제일기획의 신석진 씨였다. 대형 기획사
직원을 만날 것을 생각하니 마음이 복잡했다. 순간 A사의 B대리가 떠
올랐다.

"광고계 상위 1퍼센트만 모여 있다는 제일기획. A사 인턴 때처럼 절
무시하지나 않을까 걱정이 앞섰죠."

하지만 그것은 기우였다. 둘은 공동의 목표를 위해 굳게 손을 맞잡
았다. 칸의 광고 주제는 무엇일까, 상을 타려면 어떤 아이디어가 필요
할까를 놓고 함께 머리를 짜내기 시작했다. 제일기획에 찾아가 밤 11
시까지고 회의를 하면서 최 씨는 '이 회사에 꼭 다니고 싶다'는 생각을
하게 됐다.

6월 중순. 둘은 드디어 칸에 입성했다. 최중식 씨에게는 난생처음
한 해외 나들이였다. 그것도 정부 지원금 800만 원을 손에 쥐고서.

"칸에 오기 전부터 '심플, 파워풀, 솔루션' 이 세 단어를 키워드로

정리하고 갔어요. 아이디어를 낼 때마다 자문했어요. '이 아이디어가 심플해? 파워풀해? 솔루션은 있어?' 하고요."

드디어 칸 국제광고제의 뚜껑이 열리고, 주제가 제시됐다. 유니세프Unicef, 국제연합아동기금에서 진행하는 '탭Tap 프로젝트'가 바로 그것. 우리나라는 어디를 가나 물이 공짜지만 외국에서는 병에 담긴 생수를 따로 시키는 경우가 많은데 그렇지 않을 때는 그냥 수돗물을 따라다 준다. 물론 수돗물은 공짜다. 그런데 이 수돗물을 1달러를 내고 사 먹자는 이야기다. 그 1달러를 모아서 물이 부족한 나라의 어린이들을 위해 쓰자는 것이 이 프로젝트의 취지다. 이 프로젝트에 사람들의 관심을 끌고 기부를 유도하기 위해 광고를 만드는 것이 그들이 해야 할 일이었다.

"유니세프가 주제로 나올 거라고는 이미 예상했었어요. 그래서 브리핑 때 유니세프라는 소리를 들었을 때는 좋아하다가 수돗물 프로젝트라기에 '앗, 쉽지 않겠다'라고 당황했었죠."

머릿속이 캄캄했다. 주어진 시간은 24시간이 전부였다. 둘은 숙소로 돌아와 아이디어 회의를 하다가 저녁 8시에 잠깐 눈을 붙이기로 했다. 그런데 일어나보니 시곗바늘이 새벽 1시를 가리키고 있는 게 아닌가. 허걱, 놀란 그는 로비로 나와 찬바람을 맞으며 아이디어를 짜내기 시작했다.

새벽 3시쯤, 술에 취한 어떤 브라질 사람이 로비를 돌아다니면서 그에게 "광고 준비는 잘 하고 있냐?"고 물었다. 그는 바로 전년도 금상 수상자였다.

반가운 마음에 "당신의 노하우를 가르쳐달라"고 했는데, 그는 답을 주지도 않고는 어디론가 휭하니 사라졌다. 여러 가지 궁리 끝에 두 사람은 결국 '심플하고도 파워풀한 솔루션'으로 1달러가 할 수 있는 일을 보여주기로 했다. 비주얼은 물을 마시고 있는 여자의 모습과 '1$ Drink'라는 카피가 보이는 것으로 정했다. 스크롤이 밑으로 내려가면 여자의 모습이 아이들이 물을 마시는 장면으로 바뀐다. 이때 카피도 '40 Children Drink'로 대체된다. 이들은 스크롤이 맨 밑에 내려갔을 때 물 컵에 빠지는 것으로 연출하는 등 사람들이 유심히 보지 않을 것 같은 디테일에도 세심하게 신경을 썼다. 하지만 만들고 난 후 아쉬움은 남았다. '너무 심플한 것 아닐까, 파워풀한 면은 좀 약한 게 아닐까' 하는 생각이 들었다.

운명의 발표 시간. 결과는 다음과 같았다.

3위 라트비아, 2위 코리아, 1위 브라질. 술 마시고 로비를 돌아다니던 그 사람에 이어 브라질 팀은 2연패를 한 것이다. 한국 팀보다 더 심플한 광고였다.

간발의 차로 1등을 놓쳤지만 한국 광고계의 쾌거였다. 광고의 광자도 모르던 공대생, 한때 광고를 포기했던 그가 한국 광고계에 경사를 안긴 주역이 된 것이다. 칸 국제광고제에는 여러 분야가 있지만 이 분야에선 10년 만에 첫 수상이었다.

홍콩 광고회사에서
스카우트 제의를 받다 | 귀국 후 최 씨는 이전부터 힘들 때마다 힘

이 되어주시던 교수님을 찾아갔다.

"교수님은 제가 A사 인턴을 하면서 학벌 때문에 고민하고 편입 문제 때문에 찾아갔을 때 위로하시면서 이렇게 말씀하셨어요. '편입하는 것도 나쁘지는 않지만 네가 성공한 모습을 보여주면 너만큼 좌절할 후배들한테 힘을 줄 수 있는 케이스가 될 거다.' 그 말을 듣고 힘을 많이 얻었죠."

그러나 칸에서 입상하는 순간 그는 '어느 정도'만 성공한 게 아니었다. 한림대학교에서 그는 이미 유명 인사였다. 여름 방학 때는 세미나를 열어 자신의 경험을 선후배들과 공유할 정도였다. 이제 그는 성공 신화를 나누는 입장이 된 것이다.

졸업과 취업이 눈앞에 다가오자 보다 구체적인 진로에 대해 고민하기 시작했다. 일단 '짝사랑' 하던 제일기획에서 인턴을 해보기로 했다. A사에서 인턴을 하면서 상처를 받은 적이 있었지만 이미 그것쯤은 극복한 상태였다.

"KOBACO 광고대회에 참여할 때부터 '학벌' 이라든지 A사 사건은 극복한 상태였어요. 그때 그런 말을 해준 대리님도 더 이상 원망하지 않아요. 어떻게 보면 저를 생각해서 현실적으로 냉정하게 해준 충고였거든요. 소심했던 제가 혼자 갈팡질팡했던 거죠."

제일기획은 생각보다 겸손한 조직이었다. 가장 마음에 들었던 것은 바로 호칭이었다.

"최 프로. 밥 먹으러 가지."

제일기획은 직원들끼리 이름 뒤에 '프로' 라는 말을 붙여서 부른다.

그 조직에선 누구나 전문가임을 인정해 주고 배려하는 태도였다. 그렇게 인턴 근무를 하던 중 인사팀에서 제안이 왔다. 9월에 공채가 있는데 포스터를 만들어 달라는 거였다.

9월 공채시험? 그의 심장이 다시금 뛰었다. 때마침 홍콩의 광고회사에서도 깜짝 놀랄 만한 연락이 왔다. 그를 스카우트하겠다는 것이었다. 스카우트 제의는 프로야구 선수들에게나 있는 줄 알았는데, 취업 준비생인 자신에게도 그같은 일이 일어나다니……. 꿈을 꾸고 있는 게 아닐까 하는 착각이 들 정도였다.

칸에서의 수상은 그만큼 엄청난 메리트였던 것이다. 실제로 칸 국제광고제 수상자는 다른 대회의 심사위원이 되기도 하고, 대회 도중 굴지의 광고회사에 스카우트되기도 한다. '한번 국위선양을 해봐? 장래를 위해선 가는 것도 나쁘지 않겠는데?' 하는 생각도 들었다.

하지만 그는 곧 마음을 접었다.

"우선 어머니를 돌봐야겠다는 생각이 들었고, 대한민국 광고가 지금까진 국제광고제에서 소외되어 왔는데 2008년에 좋은 성적을 냈으니 한 10년 후엔 더욱 발전해 있을 거 아니에요? 그 과정에 저도 함께 하고 싶었습니다."

꿈에 그리던 제일기획에 도전장을 내밀다

결국 그는 제일기획에 도전하기로 마음을 정했다. 서류전형 – SSAT직무적성검사 – 5번의 면접 등 총 7개의 관문을 통과해야 했다.

물론 칸 국제광고제 입상 경력을 포함해 공모전 13관왕은 자격증 이상으로 가치 있는 경력이었다. 만만치 않았던 서류전형을 통과한 후 SSAT를 치른 소감은 한 마디로 '불안'. 지원자가 너무 많았던 것이다. 마치 수능시험을 보듯이 학교를 통째로 빌려서 시험을 보는데 '이 많은 사람들 중 과연 내가 붙을 수 있을까' 라는 생각이 들었다. 광고직 SSAT의 기본 유형은 상식 시험이지만, 창의력 평가 문제도 포함되어 있다.

가령 오리, 콜라, 책상 같은 것을 제시하고 연상되는 그림을 그리라는 문제들이 그것이다. 그러나 재미를 느껴서인지 시험은 만족스럽게 치를 수 있었고, 마침내 면접을 보러 오라는 연락을 받았다. 세 번째는 4~5명씩 팀을 짜 주제를 받은 뒤 3시간 만에 파워포인트로 광고기획안을 만들어 발표하는 면접이다. 이른바 P&I^{Passion & Idea} 면접이라 부르는데, 삼성그룹 내에서도 아이디어 컴퍼니인 제일기획에만 있는 독특한 면접이다.

BMW, 애플, 코카콜라 같은 브랜드 등 여러 가지를 제시하고 그중 광고기획안을 만들라고 했다. 이 면접은 매 순간이 당황의 연속이었다. 발표는 5~10분 내로 해야 하고, 시간이 초과되면 감점. 발표를 하고 나니 "카피가 말도 안 된다", "광고 봤을 때 첫인상이 어렵다", "앞에서 분석한 것은 좋았는데 아웃풋이 맞지 않는 것 같다" 등 공격이 거세져 방어만 하다가 끝나버렸다. 나오는 팀마다 표정이 좋지 않았다.

최 씨가 속한 팀도 마찬가지였지만 팀원으로 구성된 사람들과의 협업은 재미있었다.

네 번째 프레젠테이션 면접. P&I 면접과 달리, 혼자 주제를 받아 발표하는 형식이다. 형태를 마음대로 만들 수 있는 옷과 발로 작동할 수 있는 청소기 중 하나를 선택해 대중에게 확산시키기 위한 광고 전략을 짜는 것이 문제였다. 그는 자신이 원하는 몸매를 만들어줄 수 있는 옷을 선택해 관련 슬라이드를 몇 개 만들었다.

'나이키의 적은 닌텐도다' 라는 말을 먼저 보여주고 '닌텐도는 계속 집에서 오락을 하게 만들고 나이키는 계속 나가라고 커뮤니케이션을 하니 결국 21세기는 나이키의 적은 아디다스가 아니라 닌텐도로 봐야 하는 시대다. 그러므로 이런 옷은 패션 카테고리와만 경쟁하는 것이 아니라 헬스클럽이나 다이어트 상품과도 경쟁 구도를 만들어야 된다' 고 말하면서 스타트를 끊었다. 참가자들에게서 '굉장히 인상적'이란 반응이 나왔다.

다섯 번째는 토론 면접. 초등학교 필수 교과목에 한자를 포함시켜야 할지에 대한 토론이었다. 지원자 6~7명이 같이 들어갔는데 그는 찬성의 입장에 섰다. '글로벌 시대에 영어가 필요하지만 한자는 한글과 밀접한 관련이 있고, 외래문화가 무분별하게 들어와 우리나라 문화가 모호해진 지금, 정체성을 확립하기 위해서라도 한자가 필요하다' 는 것이 논지였다.

토론 면접은 사실 정답을 요구하는 것이 아니라, 의사소통 능력과 조정 능력을 살피는 데 역점을 둔다. 따라서 다른 사람의 의견을 배려하면서도 자신의 주장을 조리 있게 발표하는 능력이 관건이다. 최중식 씨의 토론 면접은 비교적 무난하게 진행되었다.

"사장님은 어떻게 제일기획에 입사하셨는지 궁금합니다"

여섯 번째는 임원 면접. 사장을 포함한 8명의 임원이 병풍처럼 늘어서 있었다. 면접 가운데 단연 제일 어려웠던 자리였다. 하지만 그는 임원들이 '툭툭' 던지는 질문을 비교적 재치 있게 받아넘겼다.

"칸 국제광고제에 우리 회사 신석진 사원과 나가서 상을 탔죠?"

"네."

"그곳에서 얻은 것은 뭔가요?"

"광고를 할 수 있다는 자신감이 많이 생겼습니다. 저는 광고를 시작했을 때부터 난관이 많았습니다. 공대생이었던 것, 학벌에 대한 벽까지. 그래서 주변에서 너는 광고를 할 수 없겠다는 얘기를 많이 들었습니다. 그런데 칸에 다녀온 후 할 수 있겠다는 자신감이 생겼습니다."

"꿈이 뭐예요?"

"뉴욕페스티벌에서 국내 최초로 뉴 파이널 상도 받았고, 칸 국제광고제에 출전해 한국을 알리기도 했습니다. 이제 남은 세계 3대 광고제인 클리오에 30대가 되기 전에 이름을 올리는 게 꿈입니다."

"다른 데서 오퍼 들어온 데 있어요?"

"홍콩에서 들어왔지만 한국 광고계에서 일하고 싶어서 제일기획을 선택했습니다."

"성공하는 사람과 실패하는 사람의 차이를 뭐라고 생각하나요?"

"사람은 누구나 실수나 좌절을 하지만 그것을 긍정적으로 수용하는 사람은 성공하고, 실패로만 보고 자신은 안 된다고 생각하고 좌절하는 사람은 끝내 실패한다고 생각합니다."

여기까진 일사천리였다. 그런데 다음 장면에서 잠깐 스텝이 꼬이기 시작했다.

"존경하는 인물은 누구입니까?"

"포스트 비주얼사의 설은아 대표입니다. 인터랙티브^{기존 미디어를 벗어나 소비자와 제공자 간의 쌍방향적인 커뮤니케이션이 가능한 광고}라는 개념을 우리나라에 발전시키고 알리는 데 공헌한 사람이라고 생각합니다."

설 씨는 영화 「엽기적인 그녀」, 「4인용 식탁」 등의 홈페이지를 제작한 유명한 멀티미디어 디자이너이다.

"설은아 씨를 만나려고 노력한 적은 없나요?"

"만나고 싶은 데 계기가 없어 고민하다 학생 때 학교 과제를 핑계로 인터뷰하려고 메일을 보냈으나 정중히 거절당했습니다."

"최중식 씨는 설은아 씨가 있는 회사에 가는 게 더 어울리는 거 같은데?"

그제야 덜컥했다. 본능적으로 입이 움직였다.

"설은아 씨 회사에 들어가서 같이 작업하는 것도 좋겠지만, 저는 누구와 작업하는가보다 제가 어떤 일을 하느냐에 더 집중하고 싶습니다. 제일기획에서 인터랙티브의 개념을 크게 키우고 싶습니다. 제 꿈을 실현하는 데는 제일기획이 더 적합하다고 생각합니다."

이 대목에서 사장이 씨익 웃는 모습이 보였다. 최중식 씨는 속으로 '앗싸' 라고 외치고 있었다.

"마지막으로 할 말 있어요?"

"잡지 같은 데서 봤던 분들을 직접 뵙게 되어 긴장이 많이 됩니다. 사장님께 질문 있습니다."

면접 보러 온 사람이 면접관을 면접하는 웃지 못할 일이 벌어지게 됐다. 그는 "지금 생각해도 내가 좀 골 때렸던 것 같다"며 웃었다.

"무슨 질문인데요?"

"사장님은 어떻게 광고를 좋아하게 됐고, 제일기획에 어떻게 들어오셨는지 궁금합니다."

면접장이 웃음바다가 되었다.

"나중에 혹시 만날 기회가 되면 봅시다. 지금은 면접 대기자가 많아 시간이 없으니."

'나중에 보자' 는 이 말은 결과적으로 입사를 약속하는 언질이 되고 말았다.

모두가 최중식 씨 스타트라인에 서 있다 | 에드뷁 사람들은 이후에 어떻게 됐을까.

"회사를 차린 형들이 5~6명으로 늘었고, 나머지는 아직 학생이죠. 얼마 전, 세계 심장협회 광고 수주를 따냈다고 들었어요. 에드뷁 사람들 때문에 제가 이렇게 큰 거라 생각합니다."

집에서의 대접도 달라졌다.

"엄마 말씀이 자식 중에 아들이 가장 걱정이 됐다고……. 누나들은 다 전교 1등을 하는데 저만 못해서 그냥 포기하고 살았다고 하셨어요. 제가 칸에서 은상을 받았을 때도 믿지 못하겠다는 눈치였죠. 방송 인터뷰 요청이 들어왔을 때도 원래부터 잘했다고 얘기해 주길 바랐는데 '게임만 너무 좋아해서 포기하고 살았죠'라고 하시더라고요. 그러시던 우리 엄마가 요즘 살맛 난다고 하세요."

'칸 은메달리스트 최중식'의 제일기획 입사는 그리 놀라운 일이 아니다. 그러나 한림대학교에 입학했을 무렵과 지금을 비교해 보면 최중식 씨는 어느 누구보다 스타트라인에서 앞서 나가 있는 사람이다.

지금 수많은 '최중식 씨들'이 스타트라인에 서 있다. 또한 그들이 최중식 씨처럼 되지 말란 법은 어디에도 없다.

최중식 씨만의 취업 포트폴리오

Live
Interview

1_ '행동하는 열정' 으로 움직여라

주위에 보면 바쁜 사람들은 많아요. 그런데 그들을 잘 살펴보면 이것저것 하느라 시간만 허비하고 결실을 얻지 못하는 경우가 대부분이죠. 선택과 집중이 제대로 안 되고 있어서예요. 쉽게 올랐다가 쉽게 식는 열정이 아니라, 하고 싶은 일을 실행에 옮기는 진짜 열정이 필요해요. 처음에는 열의 있게 공모전 하겠다고 달려들었다가 다시 학점 관리한다, 봉사활동 한다 이러면서 이도저도 제대로 못 하는 사람들이 많아요.

저는 학교 과제처럼 기한에 맞춰 당장 해야 하는 일부터 먼저 하고 남는 시간에 공모전을 준비했죠. 공모전은 단지 취업 때문에 하는 게 아니라, 광고가 좋아서 했어요. 자신이 하고 있는 프로젝트에 얼마나 애정을 가지고 임하고 있는지가 중요해요. 자신이 좋아하는 분야를 오타쿠처럼 하다보면 길은 열리게 되어 있어요. 저도 광고 못 하겠다는 소리도 많이 들었지만, 미련을 못 버리고 오다보니 결국 이쪽으로 왔잖아요.

2_ 공모전 아이디어는 하나도 버리지 마라

공모전을 준비할 때는 다른 사람 애기를 잘 들어야 돼요. 자신의 아이디어를 굽히지 않는 것도 중요하지만 남의 애기를 듣는데도 소홀히 하면 안 돼죠. 누구나 완벽하진 않거든요. 그걸 보강하기 위해서 팀을 만드는 거고요. 우리 팀은 아이디어를 모을 때도 서로 비판만 하고 버리는 게 아

'오타쿠' 가 되어라. 중독은 열정을 낳고, 열정이 실천을 부른다 | 119

니라 한 마디 한 마디를 살리려고 했어요. 각자 개성이 있으니까 아이디어가 다양하게 나오죠. 물론 출품작의 핵심이 되는 아이디어를 내는 사람도 있고, 그렇지 않은 사람도 있죠. 하지만 광고는 혼자 할 수 없는 거라 아무리 좋은 아이디어라도 부족한 부분이 있어요. 그걸 다른 사람이 채워주고, 그렇게 아이디어에 계속 살을 붙여 나가는 거죠.

3_ 공모전을 잘하려면 '피드백'이 필요하다

저는 공모전 출품 전에 작품을 꼭 학과 교수님께 보여드렸어요. 교수님들은 박사 과정을 거친 검증된 인력이잖아요. 그들이 주는 의견들은 하나하나 뼈가 되고 살이 되는 거였죠. 또 늘 공모전 커뮤니티에 저희 출품작을 올려서 피드백을 받았고요.

아이디어라는 게 자칫 갇힐 수 있거든요. 「조선일보」 광고 대상이 취소된 건 굴욕적인 사건이었지만, 그때야 비로소 하늘 아래 자신만의 아이디어가 없다는 걸 깨달았어요. 스스로를 계속 귀찮게 해야 돼요. 그러려면 우선 광고를 많이 봐야죠. 저도 블로그 포스팅에서 다른 사람들의 기발한 광고를 보면서 '내 머리에는 왜 저런 아이디어가 안 나오는 걸까' 생각했어요. 수상작이나 광고 분석도 게을리하지 말아야 하는 것 같아요.

4_ 공모전은 깨지는 동시에 노하우를 축적해 나가는 것

사실, 공모전도 입상하는 것보다 떨어지는 경우가 더 많아요. 이를테면 토익과 비슷해요. 공모전이라는 게 부딪히면서 실력이 느는 거거든요. '난 이래서 안 돼.' 이렇게 생각하는 순간 실패의 길로 들어서는 거예요. 광고업계가 들어가기 힘든 건 사실이에요. 제일기획이 매년 신입사원을 많이 뽑는 편인데도 현실은 어쩔 수 없죠. 그럴 때일수록 포기하기보다는 '광고 하고 싶다'고 마음먹었던 처음의 마음을 잊지 않았으면 좋겠어요. 저도 그랬거든요. 몸이 안 되면 마음이라도 그렇게 먹어야죠. 그래야

몸도 따라와요. 무엇보다 자기 자신을 믿는 게 중요하고요.

5_ 컴퓨터로 아이디어 표현하는 습관을 길러라

컴퓨터와 친해지려고 노력하는 것도 필요해요. 공모전이나 학교 과제를 팀으로 할 때 엑셀도, 워드마저도 못 한다고 말하는 사람이 있더라고요. 요즘에는 컴퓨터로 모든 작업을 하는 게 현실인데 말예요. 저 같은 경우는 아이디어를 발제할 때도 컴퓨터로 표현했어요. 컴퓨터 툴로 아이디어를 표현하니까 회의에서도 경쟁력을 가지게 되더라고요. 머릿속에 있는 것을 도표나 그림으로 설명하니까 말로만 하는 것보다 설득력, 이해력이 높았고요.

How to
Get Hired
at Top
Companies

브레이크 없는 질주 에너지는
누구도 막을 수 없었다

_전진할 수밖에 없는 이유

참된 정열이란, 높은 이상을 가지고 자신을 조절할 줄 아는 역동적인 힘을 말한다.
정열이 위험한 것은 오직 초라한 목적에 그 힘을 쏟아붓기 때문이다.

-익냐스 렙

Who
?

6개월 만에 대기업 5곳에 합격한 불도저형 **조진호 씨**

한국외국어대학교 영어통번역학과 졸업. ROTC로 군 복무. 군 복무 중 취업 스터디활동 시작. 토익 955점, 한자 2급 자격증, 태권도 1단. 현재 대림산업 해외영업팀 근무.

뒤로 물러날 길을
막아놓아라

"지금까지 '할 수 있느냐'는 질문을 받았을 때 한 번도 못한다고 말해 본 적이 없어요. 두드릴 생각을
하지 않아서 문을 열 수 없는 거라고 생각해요. 문 두드리고 들어간 뒤 밖에서 잠가 버리면
누구든 무엇이든 다 하게 됩니다."

"자네, 다른 회사 가면
안 되네"

1시간 동안 꼬치꼬치 캐묻던 면접관이 '심문' 끝에 던진 말이다.

"자네, 다른 회사 가면 안 되네."

순간, 그의 귀가 번쩍 뜨였다.

"자네, 우리가 꼭 뽑을 건데, 중간에 나가버리면 다른 사람의 기회를 뺏는 거야."

그러면서 면접관은 한 번 더 쐐기를 박았다.

"명심하게. 우리 회사 좋은 곳이니까 꼭 들어오게."

면접장에서 면접관이 자신의 회사에 꼭 입사해야 한다고 신신당부한 사람이 몇이나 될까. 한국외국어대학교 영어통역번역학과를 나온 조진호 씨(28)는 주요 대기업 5군데에 합격했다. 1차 면접에 붙은 곳만 20개 정도다. 특히 모든 게 제대 말년에 이룬 승전보였다는 점이 놀랍다. 현역 장교 신분으로 줄줄이 합격을 꿰찬 그는 전역한 바로 다음날부터 출근을 해야 했다. 일반 취업 준비생보다 공부할 시간도 절대적으로 부족하고, 정보력도 떨어진 현역 장교가 어떻게 그 어렵다는 취업문을 돌파했을까. 대기업들은 왜 그렇게 그를 뽑고 싶어 했을까?

군 복무 중에도 주말에 3개씩 취업 스터디를 하다

조진호 씨가 취업 준비를 시작한 것은 제대 무렵인 2008년 1월부터다. 그 해 6월에 제대했으니 모든 진로가 반년 만에 결정된 셈이다.

"제가 장교ROTC로 군대를 간데다 군대에서 취업까지 했다고 하니 친구들은 '야, 너는 군대생활 엄청 널널했겠다' 라고들 하는데 실제로는 그러지 않았어요. 군생활 2년 4개월 중 2년 가까이는 군대에 매진했습니다. 문과생이 건축 토목을 전공한 장교들이 지원하는 공병 장교로서 일하는 데는 남모르는 고충도 있었고요. 혹시 남들에게 뒤처지지는 않을까 발버둥쳤습니다."

제대 말년부터 6개월 정도 취업 준비한 것치고는 그 성과가 너무나 눈부시다. 군 복무를 하면서 취업 준비를 했다면 자투리 시간에 하는 수밖에 없었을 것이다. 일반 대학생들이 취업 준비에 투자하는 시간과 그의 것을 비교하면, 채 10퍼센트가 안 될 것이다. 그렇지만 그는 단기간에 효율적으로 취업 준비를 할 수 있었고, 그 배경에는 바로 스터디가 있었다.

"주말마다 취업 스터디를 한 게 큰 도움이 됐어요. 스터디는 대학 동기가 소개해 주거나 취업뽀개기에서 찾았고요. 다른 사람들은 일주일에 서너 번씩 하는 스터디를 저는 주말밖에 참여할 수 없잖아요. 장교나 부사관들은 당직을 서야 되거든요. 밤을 새워 당직을 서고 난 다음날에 스터디를 하러 가기도 했죠. 때로 주말 근무가 잡히면 사정을 이야기해서 주중에 근무를 서기도 했습니다."

주말에 스터디를 3개씩 몰아서 하려면 남들보다 몇 배는 바빴을 것 같다.

"스터디 일정은 보통 토요일 오후 1시부터 4시까지 한 개, 저녁 7시부터 9시까지, 다음날 일요일 오후에 남은 한 개를 더해 총 세 개로 스케줄을 짰습니다. 부대에서 차를 타고 첫 번째 스터디를 하러 갔다가 끝나면 서점에서 책 좀 보고는 곧바로 저녁 스터디를 하러 갔고, 일요일 오후에 한 번 더 하고 귀대했죠."

사실 군인 신분인 그에게는 스터디가 매우 효율적인 방법이었을 것이다. 잘만 하면 단기간에 자신이 부족한 부분을 보완할 수 있는 것이 스터디이기 때문이다. 또 불안한 마음 때문에 스터디를 몰아서 한 측면도 있었다. 사회에 있는 학생들은 '취업 3종'이다 '5종'이다 해서 '세트'로 자격을 갖춰 나가는데 그는 군대에서 '부업'으로 취업 준비를 해야 했으니 말이다.

"당시에 겁이 났던 게 사실이에요. 밖에 있는 학생들은 어학연수, 인 턴사원, 금융 자격증, 한자 자격증 등 눈에 불을 켜고 하나라도 더 하기 위해 열심이잖아요. 하지만 저는 할 수 있는 게 별로 없었으니 당연히 두려웠죠."

그래서 스터디를 최대한 '실전처럼', 군인답게 '전투적'으로 임했다.

"'내가 이렇게까지 하는데 얻는 게 없으면 진짜 헛고생하는 거다, 그 시간에 차라리 다른 것을 준비하는 편이 낫다'고 생각했어요. 스터디에 임할 때는 '무조건 진짜 면접이다'라고 되뇌며 독하게 했죠."

준비에 휘둘리는 노예가 되지는 말자

스터디는 다음과 같이 진행되었다. 멤버들 간 의 영어 인터뷰, 테마를 뽑아 관심이 있었던 기사를 발표하고 질의 응답 하기, 그에 관한 찬반 토론, 마지막은 압박 면접 훈련으로 마무리했다.

"압박 면접 훈련 때는 한 사람을 두고 대여섯 명이 면접관이 되어 마 구 압박을 했어요. 현실감 있게 몰아가기 위해서 진짜 험하게 했지요. 일부러 인격적으로 모욕을 주기도 했고요. 심지어 운 멤버도 있었어요. 사실 발표할 때는 저도 벌벌 떨었어요. 멤버들이 꼿꼿하게 바라보면서 정곡을 찌를 때는 당황스러웠죠."

그래서 조진호 씨는 말한다. "스터디를 하려면 현실감 있게 하라. 스 터디는 곧 실전"이라고 말이다. 지금도 스터디의 효율성 내지는 효과에

대해 고민하는 취업 준비생들이 많다. 결국 정답은 '자신이 하기 나름'
이다. 시간만 때우는 스터디라면 과감히 버리는 것이 좋다.

반대로, 제대로만 하면 엄청난 시너지를 낼 수 있는 게 스터디이기도
하다. 그의 경우 후자 쪽이었다. 그와 스터디를 같이 했던 멤버들 모두
취업에 성공했다고 하니 얼마나 알찬 스터디 그룹이었는지 짐작할 수
있다. 군부대에서는 접할 수 없었던 정보와 지식을 다른 멤버들에게서
얻을 수 있었던 그는 단기간에 취업 준비를 시작할 수 있었다.

부대에서 스터디 장소까지 이동하는 시간도 소중한 시간이었다.

"면접장에서 주어지는 문제가 모두 자기가 생각했던 것은 아니잖아
요. 생각지 못 했던 주제를 짧은 시간 안에 내 것으로 만들어서 발표해
야 되는 거고요. 저 같은 경우는 오고가는 시간이 그걸 연습하는 시간이
었어요. 다른 멤버보다 연구나 준비할 시간이 절대적으로 부족했으니
어쩔 수 없었죠. 이동하는 짧은 시간에 어떻게 하면 효과적으로 발표할
지를 연습했어요. 자연스레 임기응변 능력이 몸에 배더라고요. 취업에
는 임기응변 능력이 무엇보다 중요한 것 같아요."

이 부분은 취업 준비생 모두 명심해야 할 대목이다. 취업 준비에 완벽
이란 없다. 설령 완벽에 가까이 준비한 사람이 있다고 가정하자. 완벽한
준비를 한 사람은 자기가 준비한 문제가 나왔을 때는 완벽한 답을 할 수
있겠지만, 거기서 조금만 벗어나도 당황하게 되고 아무 말도 못하게 된다.

준비를 위한 형식적인 준비는 하지 말자. 실질적으로 도움이 될 수 있
는지가 중요하다. 준비 자체의 노예가 되어선 안 된다. 군인인 조진호
씨가 다른 취업 준비생보다 부족한 건 '절대적인 시간'이었다. 사실 많

은 이들이 도전을 앞두고 '시간이 부족했던 건 아닌지' 자문하고, 고심한다.

그러나 시간이 많다고 '완벽한 준비'란 걸 할 수 있을까. 오히려 주어진 시간이 많으면 그만큼 낭비하는 시간이 늘어나지 않을까.

고생은 결코 거짓말을 하지 않는다

스터디에 참여하기 위해 주말마다 이어졌던 강행군의 생활, 영어를 전공한 학군단 출신 장교. 이 두 가지를 밑천으로 조진호 씨는 취업 레이스에 뛰어들었다. 일은 일대로 하고, 훈련은 훈련대로 다 시켜야 하는 상황에서 자기 소개서를 쓰려니 한 시간밖에 눈을 붙이지 못하는 날도 허다했다. 꼬박 뜬눈으로 밤을 지새우며 그는 굴지의 대기업에서부터 인형 만드는 회사까지 상반기에 사원을 채용하는 거의 모든 회사에 지원서를 제출했다.

완벽한 인간임을 강조하기보다는 단점도 과감히 드러내면서 약점이 강점이 될 수 있다는 것을 보여주는 데 중점을 두고 자기 소개서를 작성했다. 더불어 스터디에서 훈련했던 질문과 답변도 십분 활용했다.

고생은 결코 거짓말을 하지 않는다. 약 20개의 기업에서 그에게 면접을 보러 오라고 연락이 왔다. 하루에 4개 회사의 면접을 본 적도 있다. 그는 면접 4개를 치르고 나면 '정말이지 머리가 녹는 느낌'이라고 말한다. 그 결과 20곳의 면접에서 모두 합격 통지서를 거머쥐었고, 최종 합격한 곳은 5곳의 대기업이었다.

조진호 씨가 둥지를 튼 대림산업의 입사 과정을 한번 살펴보자. 대림산업에 입사한 여정인 씨와 마찬가지로 그 또한 '영어 인터뷰-PT 면접-인성 면접-임원 면접'의 과정을 거쳤다. PT 면접 때 그에게 주어진 문제는 "CEO들도 운전을 할 줄 아는데, 왜 운전기사를 써야 하는가"였다. 다음은 그의 답변을 요약한 것이다.

"서로의 강점을 기회비용으로 환산할 필요가 있습니다. 만약 CEO가 중요한 미팅에 가야 한다고 가정했을 때 운전은 기사에게 맡기고, 가는 시간 동안 휴식을 취하거나 자신만의 생각을 정리한다면 좀 더 많은 전략을 짜낼 수 있을 것입니다. 기사 입장에서도 자신의 강점인 운전 능력을 통해 경제적 이득도 얻고 업무적 능력을 인정받을 수 있습니다. 하나를 선택함으로써 다른 하나를 잃게 되는 상황이라면, 그것은 자기가 더 잘할 수 있는 게 아니라 관심을 덜 가져도 되는 것이어야 합니다. CEO가 더 잘하는 게 운전은 아닐 것입니다. 자기의 장점이 아닌 것을 다른 사람에게 맡기고 자기는 강점을 살려나가는 것이 서로에게 이익이 되는 길이라고 생각합니다. 결론적으로 CEO는 핸들을 잡지 말아야 합니다."

영어 인터뷰는 대체로 평이했다. "회사에 대해서 어떻게 생각하느냐. 오너의 이름을 아느냐. 회사에 대해서 들어본 적이 있느냐" 등의 질문이 이어졌다. 가끔 준비를 못한 내용이 나와 당혹스러웠으나 모르는 것은 솔직하게 잘 모른다고 해서 빨리 다른 질문으로 넘어가도록 했다.

가장 힘들었던 것이 1시간 동안 이것저것 물었던 인성 면접이었다. 그 사람이 어떻게 살아왔는지를 알아내기 위해 중고등학교 때는 어떻게 생활했으며, 가족관계는 어떻고, 대학교에 다닐 때는 무슨 활동을 했고,

조직생활 중 난처한 상황에 처했을 때는 어떻게 헤쳐나갈 것이며, 장단점은 무엇이고, 인생에서 가장 힘들었던 때는 언제인지, 위기를 어떻게 극복했는지 등을 미주알고주알 물었다.

가장 기억나는 질문은 바로 이것이다.

"직장상사와 관계가 좋지 않은 상황입니다. 오늘도 그 상사는 당신에 야근을 시켰습니다. 그런데 오늘은 결혼을 앞두고 프러포즈를 해야 하는 날입니다. 당신이라면 어떻게 하겠습니까?"

그의 대답은 이랬다.

"일도 중요하지만 인간관계는 보다 더 중요한 것입니다. 직장 상사는 하루의 대부분을 같이 보내는 사람이죠. 그런 직장 상사와 관계가 안 좋다는 것은 저로서는 이해할 수 없는 일입니다. 인간적인 모습으로 다가갔을 때 풀지 못할 일은 없다고 생각합니다. 다만 오늘 제가 해야 하는 일이 오늘 아니면 할 수 없는 일이라면 상사에게 욕을 먹더라도 프러포즈하러 가겠습니다. 대신 프러포즈를 한 다음에 돌아와서 상사와 대화로 풀고 그만큼 더 열심히 일하겠습니다."

사실 평범한 답변일 수 있다. 그러나 건설회사에선 업무 특성상 인간관계가 중요하다. 면접 내내, 그리고 자기 소개서에 조진호 씨가 강조한 것이 바로 리더십과 인간관계다.

앞서 면접관으로부터 꼭 자신의 회사에 와야 한다는 말을 들은 것이 바로 이 인성 면접이었다. 입사 후 들어보니, 그의 면접 점수는 만점이었다고 한다. 업종의 특성을 꿰뚫어보고 임했던 것이 만점이라는 결과로 이어진 것이다.

토론 면접 때는 굳이 많은 말을 하지 않았다. 대신 다른 사람 얘기를 경청하고 정리하는 역할을 했다.

"대부분의 사람들이 자기 말만 내뱉고 다른 사람들 말은 잘 안 들으려 하더군요. 저는 사람들의 이야기를 잘 듣고 있다가 중간에 한 번씩 끊어 정리를 해줬죠. '지금까지 너무 격하게 진행된 것 같습니다. 저희가 토론해야 할 주제는 이런 건데 이러이러한 얘기가 나왔습니다. 여기에 대해서는 충분히 논의가 이루어진 것 같습니다.' 그러면서 핵심으로 돌아갈 수 있게 끌어갔죠. 그리고 항상 제가 마무리했어요. 화려한 마무리가 아닌, '좋은 토론이었습니다. 우리가 토론을 통해서 이런 것을 얻어냈군요' 라고 말예요. 아니면 뭔가 더 제시하고 끝내는 거죠. 조금 능청스럽게 '오늘 이 자리가 끝난 뒤 나중에 더 좋은 관계가 되자' 는 식이었습니다."

마지막 임원 면접은 푸근하게 진행됐다. 대림산업의 경우 임원 면접까지 들어간 사람들은 거의 내정자라고 볼 수 있다.

애정은 튀어도 용서된다?

조진호 씨는 모 기업 면접에서 심하게 '튀어 본' 경험도 있다. 바로 PT 면접 때였다. 발표를 하기 전에 그는 면접관들 앞에서 큰 소리로 이렇게 말했다.

"아, 제가 오늘의 마지막 면접자인 것 같습니다. 면접관님들도 아침부터 하셔서 피곤하신 것 같고, 저도 긴장도 풀 겸 잠깐 몸을 풀고 시작하겠습니다."

그리고는 체조를 하기 시작했다. 소리 내어 스트레칭도 하고, 기지개도 펴고, 마지막에는 "파이팅"이라고 소리치기까지 했다. 과연 애정은 이렇게 튀어도 용서되는 것일까?

"제가 마지막 조였는데 다들 진이 빠져 있는 상태였어요. 여기서 그냥 면접을 하면 후회가 되고 아쉬울 것 같아 시선 집중과 분위기 전환을 위해 그래 본 거지요. 당시 면접관님이 씨익 웃으셨던 것이 기억나요."

혹시 '뭐 저런 놈이 다 있나' 해서 웃은 건 아니었을까?

"사실 같이 면접 보던 사람들도 좀 당황한 것 같았어요. PT 면접 문제가 '우리 회사가 중국에 진출해서 새로운 사업을 해보려고 하는데 위험 요인이 무엇이고, 기회 요인이 무엇이냐'였거든요. 흔히 SWOT라고 하는 전략을 내세우는 거였는데 자신 있는 주제였어요. 스터디에서 비슷한 주제에 대해 논의한 적이 있었거든요. 퍼포먼스는 잘하고 PT는 못 했다면 오히려 역효과가 나서 '너는 그냥 웃긴 놈이구나' 하고 끝났겠죠. 반면 그렇게 이목이 집중됐을 때 똑부러지게 대답한다면 엄청난 시너지 효과가 난다고 생각해요."

정 튀고 싶으면 즉흥적으로 할 것이 아니라 작전을 치밀하게 세워서 자신 있을 때 튀어야 한다는 얘기다.

"퍼포먼스 자체가 중요한 것이 아니죠. 자칫 과하면 독으로 돌아올 수도 있어요. 미사여구나 이목을 집중시키는 포장에 급급하지 말고, 기본에 충실한 것이 가장 중요해요. 플러스알파, 주어진 상황이 '이대로만은 안 되겠다' 싶을 때, 부끄러움을 떨쳐내고 과감히 나설 수 있는 용기도 필요하고요."

긍사적천이 제 좌우명입니다

그의 명함에 있는 공식 직함은 '대림산업 해외영업 팀 사원 조진호'지만 인터뷰를 하기 위해 이야기를 나누다 보니 아직까지 '장교스러움'이 물씬 느껴진다. 그는 취업 준비생들에게 "잠을 줄이더라도 전투적으로 임하라"고 조언한다. 그러나 문제는 잠을 줄인다는 게 쉽지 않다는 데 있다.

"살다보면 남들이 힘들다고 말하는데 자신은 전혀 힘들다고 느껴지지 않는 상황이 있어요. '쟤는 곧 쓰러질 것 같아. 어떻게 저렇게 할 수가 있지?' 그런 소리를 들을 정도로 한 번쯤은 과감하게 몸을 던지는 용기가 필요해요. 인생을 걸어야 하는 순간이라면 말이죠."

그렇게 경직된 자세를 갖는 것도 좋은 건 아닐 텐데. 그러나 조진호 씨의 생각은 다르다.

"경직되라는 게 아니에요. 무조건 이번에 되어야 한다는 강박관념에 사로잡혀서 거기에 이끌려가지 말고, 주도적으로 레이스를 꾸려나가는 것이 중요하죠. 스스로 페이스 조절도 하고, 하나하나 단계를 밟아나가는 것도 잊지 말아야 해요. 하지만 시너지 효과를 내는 방법도 생각하면서 큰 그림을 보고 가야 하는 것이 어쩌면 지루할 취업 레이스에서 끝까지 살아남는 방법인 것 같아요."

그는 면접을 꽤 잘하는 편이었는데, 누구나 면접 때는 주눅이 들고 긴장하기 마련이다. 그는 면접을 준비하는 이들은 자기 마음을 다스릴 줄 알아야 한다고 강조한다.

"세포에 그런 것이 있는지 주눅이 들어 있으면 면접 당일에 가서도 딱 표가 나요. 항상 정신만큼은 긍정적으로 세팅해야 해요. '당연히 된다. 다 떨어져도 한 군데는 무조건 된다'는 자세로 자신을 다스릴 수 있어야 하는 것 같아요."

그는 많은 것이 차단돼 있는 군에서 자기 소개서를 썼다. 자기 소개서는 어떤 식으로 작성했을까.

"완벽한 인간상을 보여주려 하기보다는 단점을 과감하게 꼬집어서 썼어요. 예를 들면 고집이 세고, 하고자 하는 것은 불도저처럼 밀어붙이고, 고지식하다고 해서 '정력맨', '불도저', '괴물' 소리를 듣는다는 것도 가감없이 썼죠. 언제나 모든 일에 진지하게 임하려고 한다는 것까지 담았죠."

그게 단점? 오히려 장점이 아니냐고 되물었다.

"고집이 세면 의사소통을 단절시키는 측면이 있어요. 물론 약점이 강점이 되기도 하지만요. 단점을 극복하려고 했던 과정이나 그 단점이 긍정적인 방향이 될 수 있다는 것도 집어넣어야죠. '긍사적천'이 제 좌우명입니다. 긍정적인 사고와 적극적인 실천이란 뜻이죠. 마음먹은 것은 하늘이 두 쪽 나도 꼭 하려 한다는 점을 강조하는 것도 잊지 않았죠."

의대를 지망했던 공대생
영어 학도로 변신하다

조진호 씨는 본래 성균관대학교 공대 01학번으로 입학했으나 적성에 맞지 않아 '반수'를 시작했다. 의대에 진학하고 싶었으나 그 해 수능이 갑자기 쉽게 출제되는 바람에 고득점자가 한두 명이 아니었다. 결국 의대 진학에 실패하고, 교차 지원을 통해 최종으로 진학한 학교가 바로 한국외국어대학교 영어학부였다. 의대 진학을 목표로 어려운 도전에 나섰다가 생각지도 않았던 곳에 다다른 것이다. 교차 지원했던 학교 가운데 점수가 가장 높은 곳이라 자연계열 출신임에도 눈물을 머금고 선택한 것이라고 한다. 그러나 외국어대학교 영어학부에서 그는 '이방인'이었다.

"제가 수학, 과학만 공부하느라고 언어 쪽은 완전 꽝이었거든요. 수능 점수도 영어가 제일 낮을 정도였죠. 그런 제가 영어학부에 들어갔으니 당연히 적응하기가 힘들었어요."

엉겁결에 '영어의 바다'에 풍덩 빠지게 된 그였지만 선택을 후회하지는 않았다. 기대 반, 두려움 반으로 들어간 그는, '오히려 잘됐다' 싶었다고 전한다. 전혀 모르던 새로운 곳에서 공부하는 것은 또다른 기회가 될 것이라 생각했다. 생각은 그러했지만 원래 영어와 담쌓았던 조진호 씨가 학부생활에 적응하는 것은 쉽지 않은 일이었다. 더군다나 영어학부에서도 가장 들어가기 힘들다는 영어통역번역학과. 한국외국어대학교 영어학부는 2학년 때 영어학, 영미 문학, 영어통번역학으로 나뉜다.

"통번역학과가 공부 자체도 힘든 데다가 완전히 실용적이거든요. 다른 학과를 선호하는 사람들도 있었겠지만 겁이 나서 지원을 못하는 학생들도 있을 만큼요. 학점이 높은데도 일부러 피하는 사람들이 있어서 제가 진학할 수 있었지요. 저 같은 경우에는 실력은 안 되더라도 영어가 제 무기가 되려면 무조건 해야 되겠다고 마음먹고 악착같이 해서 들어가게 됐죠."

그러나 통번역학과에서 적응하는 것은 더더욱 쉽지 않았다.

"사람들이 흘려서 하는 말조차 다른 언어로 바꿔야 되는데 상상도 못 할 만큼 힘들더라고요. 머리가 반으로 쪼개지는 느낌이었어요. 그 과에서 외국에 한 번도 안 나가본 사람은 저밖에 없었던 것 같아요."

그는 '생존'을 위해 일주일에 3일은 통번역학원에 다녔다. 대학생이 학과 공부를 좇아가기 위해 학원을 다니는 경우는 드물지만, 그에게 다른 선택은 없었다. 자막 없이 미국 드라마 보기, CNN 방송 듣기 등 남들이 좋다고 하는 것은 죄다 따라해 봤다. 거의 생활의 모든 것을 영어에 바친 시기였다.

그중 조 씨가 영어와 친해지는데 가장 큰 도움이 됐던 것은 '동아리'였다고 한다.

"1학년 때 영어 연극동아리 '예혼'에 들어갔어요. 다들 짧은 문장이나 연설문 같은 것을 외워서 자기 것으로 만드는 게 지름길이라고들 말하더라고요. 영어로 연극을 하려면 대사 자체가 다 영어니까 무조건 외워야 되잖아요. 무대 위에서 2시간 동안 영어로 대사를 내뱉는 일은 저로서는 상상도 못하는 건데, 계속 외우다보니까 자연스레 많이 늘었지요."

동아리 활동은 소심한 성격을 개조시키는 역할도 했다. 무대 위에서 다른 사람의 인생을 살아보는 것이 바로 연극이다. 비록 아마추어였지만 「정신병동 사람들」, 「결혼」의 배우로서 두 차례 무대 위에 선 경험과 「말괄량이 길들이기」와 「The servant of two masters」의 기획 연출을 맡은 것은 그에게는 무엇과도 바꿀 수 없는 소중한 경험이었다.

공연의 막이 내리는 순간 터져나오는 관객들의 환호성, 박수 소리와 희열은 다시금 느낄 수 없는 짜릿한 순간들이었다. 복받쳐 오르는 감동으로 멤버들끼리 서로 부둥켜안고 눈물을 흘려본 경험도 아무나 갖고 있지 않을 것이다.

규칙적인 삶은 계획적인 삶을 살게 했다

그는 대학교 2학년 때부터 학군단에 들어갔다. 지금까지의 조진호 씨 인생에서 가장 중요한 비중을 차지한 것 중 하나가 군대다. 대학 시절 2년간의 학군단 활동, 졸업 후 2년 4개월간의 장교 복무. 도합 4년여의 긴 시간을 그는 군대에 바쳤다.

그는 학군단에 들어간 이유는 '리더십'을 키우기 위해서였다고 밝혔다. 학군단 출신들은 대학교에 다니는 동시에 군대 교육을 받고 졸업한 뒤에는 장교로 복무한다. 이로써 그는 '학군 단원 + 통번역학과의 이방인 + 영어 연극동아리 회장'의 세 가지 얼굴을 갖게 됐다.

당연히 최소한 남들보다 두 배는 바빠야 했다. 방학 때는 4주씩 훈련을 받고, 용모는 언제나 단정하게 해야 했다. 어느새 규칙적인 생활이 몸과 마음에 자리 잡았고, 자연스레 계획적인 삶을 살게 됐다. 쉴 틈 없이 바빴지만 오히려 그때 공부는 더 잘됐다고 한다. 학점이 1, 2학년 때보다 3, 4학년 때가 더 높았고, 장학금도 학군단 가면서 받았으니 말이다.

여기서 궁금한 점 하나. 영어 전공자인 조진호 씨는 영어 공부를 얼만큼 했을까.

"하루에 한 시간 반 정도요? 제2전공으로 경영학을 선택했기 때문에 많이 하지는 못 했어요. 저는 공부 시간을 많이 투자해서 열심히 하는 스타일이 아니라 집중할 때 올인하는 식이에요. 수업할 때도 되도록 집중하려 하고, 스터디에서도 많이 공부하려고 했죠."

취업 준비는 한마디로 제로 베이스였던 셈이다. 심지어 학교 다닐 때는 거의 준비하지 못했다고 그는 밝힌다. 결국 취업에 관한 모든 준비는 군대 시절로 넘어갈 수밖에.

조진호 씨의 '4無 스펙'은
어떤 경쟁력을 가진 걸까 | 4년 내내 영어와 동고동락했으니 토익은 한수 접고 들어갔을 것 같다. 그런데 꼭 그렇지만도 않았단다.

"처음에 토익 시험을 봤는데 글쎄, 점수가 800점대인 거예요. 놀라지 않을 수 없었죠."

그래도 명색이 영어학부 출신인데 놀랄 만도 했을 것이다. 그렇게 시작된 토익과의 악연은 오래 이어졌다. 전역하기 3개월 전 입사 준비를 위한 마지막 토익 시험장에 엎친데 덮친격으로 신분증을 놓고 간 것이다. 급기야 시험장에서 쫓겨나는 망신을 당해야 했다. 시험 감독관에게 싹싹 빌고 나서야 겨우 입장할 수 있었다. 진짜 죽기 살기로 빌었다는 그는 올해 제대하는 군인인데 이번이 마지막 기회니 제발 좀 봐달라고 했다.

읍소 작전이 먹혀 겨우 시험을 볼 순 있었으나 시험장에 들어가니 이미 리스닝 문제 4개가 지나갔다. 그런데 최악의 환경에서 치른 토익 점수가 오히려 잘 나왔다. '마의 800점 벽'을 깬 955점이었다.

내친김에 그의 다른 스펙도 살펴보자. 먼저 자격증부터.

"음, 군대 있을 때 딴 자격증이라고는 한자 2급 자격증, 태권도 1단이 전부예요. 사실 자기 소개서를 쓸 때 되게 부끄러웠어요."

인턴 경험은 없는지 물었다.

"하나도 없죠."

그럼, 어학연수는?

"없죠."

외국에서 생활한 경험은 있는지 되물었다.

"없고……."

대외활동이나 공모전 경력은 없을까?

"없어요."

그럼 도대체 뭘 믿고 자기 소개서를 쓴 걸까.

"저의 강점이라면 오로지 장교생활을 하면서 몸에 밴 리더십이죠. 동아리 할 때도, 학군단 할 때도 리더였거든요."

나의 경쟁력은
다름 아닌 '리더십'에 있다

조 씨가 말하는 자기만의 경쟁력의 핵심은 리더십이다. 학군단에 들어가면서 '지휘'라는 말은 그의 인생에서 비중 있는 단어가 됐다. 그가 말하는 지휘란 사람들을 시키고 부리는 게 아니라 진정으로 따를 수 있도록 이끄는 것이다.

그에게 리더십 얘기를 자세히 들어봤다. 그는 군대 이야기로 말문을 열었다. 지뢰 제거, 폭파, 축성, 건설, 건축 등이 주 업무인 공병으로 입대한 조진호 씨.

"공병은 훈련 자체가 어려워 군기가 엄한 편이에요. 장비 한 토막이 300킬로그램이에요. 무거운 쇳덩어리를 옮겨 다리를 만드는 위험한 훈련을 진행하기 위해서는 안전사고를 우려해 본의 아니게 무섭게 하고 화도 많이 낸 것 같아요. 훈련 기간이 아닐 때는 돈독하게 지내려고 노력했고요. 저는 힘든 게 있으면 제가 먼저 해버려요. 밑에 사람들이 자연스럽게 따라하도록."

그가 보인 리더십의 요체는 결국 '솔선수범'이었다.

"부하들은 어떤 잘못을 해도 '잘못했습니다'라고 하면 됩니다. 하지만 장교들은 책임을 져야 해요. 제가 장교로 근무했던 곳에서는 실제로 다리를 놓다가 잘못해서 군인이 죽은 적도 있었거든요. 저도 교량 위에서 무게중심을 잘못 잡아 죽을 뻔한 적이 있어요."

대학 시절 동아리 회장을 할 때도 마찬가지였다.

"모두들 대학생이다 보니까 '아프다, 아르바이트 해야 된다' 이러면서 빠지는 거예요. 정해진 시간에 공연을 올리려면 그래서는 안 되잖아요. 결국 제가 먼저 개인 시간을 양보했죠. 그랬더니 하나둘 빠지는 사람들이 줄어들더라고요. 때로 팀원들을 울리기도 했어요. 한 번은 공연을 앞두고 합숙 훈련을 갔는데 다들 MT쯤으로 여기는 거예요. 그래서 추운데 밖에 내보내 놓고 못 들어오게 했죠. 호랑이처럼 무섭게 하는 동시에 따뜻한 정으로 대하려고 노력했습니다. 맛있는 김치찌개는 항상 제 담당이었으니까요."

그의 리더로서의 자질을 보여주는 또다른 일화가 있다.

"두드려라. 밖에서 잠가 놓으면 누구든 무엇이든 다 하게 된다"

2007년 10월의 일이다. 당시 콜롬비아 부통령이 한국을 방문해 그의 부대를 찾았는데, 조진호 씨가 통역을 맡게 됐다. 콜롬비아에서는 지뢰 사고가 많이 나 한 해에 600명 가까이 사상자가 발생한다고 한다. 반면 한국은 지뢰 제거에서만큼은 선진국이다. 지뢰 제거 선진국인 한국으로부터 한수 배우러 '귀하신 부통령님'이 몸소 방문한 것이다. 귀빈의 방한에 앞서 국방부는 통역할 사람을 물색했다. 통역학과 출신의 장교 조진호 씨가 물망에 오른 것은 어쩌면 자연스러운 일이었다.

"국방부에서 어떤 장군이 전화를 걸어와 '자네. 이번에 콜롬비아 부통령이 오는데 통번역학과니까 통역할 수 있지?' 그러는 거예요. 그래서 '네, 할 수 있습니다!' 했죠. 전화를 끊고 나니 막상 '이걸 어떻게 하나' 하고 걱정이 되더라고요. 명색이 통번역학과 출신이지만 그때까지

한 번도 통역을 해본 적이 없었거든요. 더군다나 지뢰에 대해서 배우긴 했어도, 지뢰 제거는 완전 생소한 분야였고요."

경험도 없으면서 왜 무턱대고 한다고 했을까. 불쑥 덤볐다가 나중에 큰일 나면 어떻게 하려고.

"저는 무조건 한다고 합니다. 대림산업 해외영업팀에 들어올 때도 '할 수 있냐'고 묻기에 무조건 할 수 있다고 했어요. 문을 안 두드리니까 못 하는 것이지요. 문을 두드리고 들어가서 밖에서 잠가 버리면 어떻게든 다 하게 됩니다."

그러나 지뢰 제거라는 전문 분야를 영어로 설명하는 일은 그리 간단하지 않았다. 통역을 준비할 수 있는 시간은 겨우 한 달. 국방부 통역 장교들, 모교 교수님들을 찾아다니며 통역 요령을 익히기에도 모자란 시간이었다. 그런데 그는 콜롬비아가 스페인어를 쓰는 나라라는 것을 알고는 스페인 원어민에게 간단한 단어들도 배웠다고 한다.

굳이 스페인어까지 할 필요가 있었는지 궁금했다. 영어 통역 준비만으로도 힘들었을 텐데.

"콜롬비아 부통령이 한국에 와서 자기 나라말을 조금이라도 들으면 반갑지 않겠습니까? '피곤하셨죠', '힘드셨죠' 정도라도요. 자신이 온다는 것을 알고 이 사람이 이런 준비까지 했구나 하는 걸 보여주려 한 거죠. 예의를 갖춘 데서 한 걸음 나아가 제가 얼마나 노력을 했는지 보여줄 수 있는 증거도 될 테고요."

남이 시킨 일만 하는 사람과 더 나아가 자신이 할 일을 찾는 사람. 그 차이는 결과로 나타난다. 수많은 장성들과 콜롬비아 부통령 일행 앞에서 스페인어 인사말까지 준비해 3시간 동안 진행된 통역 작업은 무사히 끝났고, 그는 그 자리에서 부대장으로부터 "잘했어"라는 말과 함께 일주일의 포상 휴가를 받았다. 고생이 빛을 발하는 순간이었다.

"다음해에는 요르단 왕자가 우리나라를 찾았는데, 그때도 통역을 맡았죠. 한창 취업 준비할 때라 준비만으로도 시간이 부족했는데 말이죠."

콜롬비아 부통령을 통역한 이후 군대 내에서 그의 위상은 부쩍 달라졌다. 무슨 일이 있을 때마다 불려가는 일이 잦아진 것이다. 1군단 공병대표로 한미연합작전에 연락 장교로 참여하기도 했고, 소령이 가야 할 일에 발탁되기도 했다. 한 번은 장군이 지휘하는 훈련을 평가하는 역할을 맡은 적도 있다. 그는 비록 중위의 신분이었지만 소신 있게 '훈련이 비효과적'이란 판단을 내렸다. 진급이 걸려 있던 장군이 조진호 씨의 평가 내용을 보고받고는 버럭 화를 냈지만, 그는 자신의 뜻을 굽히지 않았다.

"독한 놈, 맡기면 뭐든 할 놈"

리더로서의 경험은 실제로 취업에 큰 도움이 됐다.

"제가 면접에서 내뱉은 말들은 직접 체험했던 거라 더 자신 있게 말할 수 있었어요. 남들이 쉽게 겪을 수 없었던 일들을 겪었다고 생각하거든요. 그 사건들을 통해 끈기를 배울 수 있었고요. 굉장히 힘든 시간을 꿋꿋하게 참아내는 것 말이죠."

군대에 오래 있었으니 인내할 일이 많긴 많았을 것이다.

"제가 원래 좀 단순 무식해요. 군대에서는 보통 50킬로미터의 거리를 열두 시간 걷는 행군을 해요. 하루는 '오늘은 군장을 한 번도 안 내려봐야지' 하고 마음먹은 적이 있어요. 얼마나 힘든지도 모르고요. 사실 행군 중간에는 여러 번 쉬거든요. 앉아서 군장도 풀고 전투화도 벗어놓고 쉬는데, 그때도 혼자 군장을 메고 서 있었어요. 스스로에게 약속을 했기 때문이죠. 심지어 화장실에 갈 때도 메고 갔어요. 라면도 군장 메고 서서 먹고 말이죠."

한번 상상을 해보자. 무거운 배낭을 짊어 메고 한 번도 내려놓지 않은 채 꼬박 열두 시간을 걷는 그의 모습을. 그런 무모한 일을 한 이유는 딱 한 가지다.

"저 스스로 도전 정신을 한번 시험해 보고 싶었어요. 내가 어디까지 할 수 있나 말이죠. 사실 그때 진짜 죽는 줄 알았거든요. 결국 마지막에는 군장 끈이 끊어져서 손으로 당겨서 끌고 가는 수밖에 없었죠. 뒤에서 절뚝거리는 동기가 군장을 받쳐 줘 겨우겨우 완주할 수 있었죠. 다음날에는 완전히 뻗었지만요."

그는 이러한 이야기를 자기 소개서에 생생히 녹여냈다. 면접관 반응이 나쁘래야 나쁠 수가 없다.

"'독한 놈이다, 맡기면 뭐든 하겠구나, 고집이 있겠군.' 이렇게 말씀하시더군요."

그의 취업기는 한 마디로 '도전의 연속'으로 압축된다. 영어를 지지리도 못 했던 '공돌이'가 영어학부에 도전장을 내밀었고, 성격을 바꾸겠다며 연극에 도전했다. 군에 입대할 때는 병과 선정도 평범한 보병이나 포병 대신, 공대생들이 가는 공병 분야에 도전했다. 당시 인문계 출신의 유일한 공병이어서 부대원들이 그를 두고 신기해 했을 정도였다. 영어 학도인 그가 공학 계산기를 써야 했고, 측량을 해야 했으며, 전기도 만 져야 했고, 설계 도면도 봐야 했다.

그의 도전은 거기서 끝나지 않았다. 다시 VIP 통역에 도전했다. 자기 가 할 수 있는 능력이 되는지 확신할 수 없었지만 무조건 하겠다고 저질 러 놓고는 과감히 밀어붙였다. 그리고 자신의 말에 책임지기 위해서 몇 날 며칠을 밤새가며 준비해 마침내 임무를 완수해냈다. 자, 여러분이 면 접관이라면 이 사람이 경쟁 회사에 가도록 놔두겠는가.

Live
Interview

1_ 나무를 보지 말고 숲을 봐라

어떤 사람들은 취업을 준비할 때 하나씩 준비하라고 하잖아요. 그런데 그렇게 하나씩 준비하다 보면 자칫 그 준비 자체에 끌려다닐 수 있어요. 눈앞에 놓인 과제 하나하나를 잘 완성해 나가면 더 바랄 게 없겠지만, 그 걸 넘지 못하면 그 다음 것을 할 수 없잖아요. 이를테면 '지금의 목적은 토익이야' 이렇게 생각해서 '토익부터 하고 다른 걸 해야지' 라고 마음 먹으면 취업이 목적이 아니라 토익이 돼버리는 거구요. 그러다 보면 자신도 모르는 사이 장기전으로 흘러가기 쉬워요.

더 힘들고, 좀 덜 쉬더라도 취업의 큰 그림을 그리고 여러 가지를 한꺼번에 하는 게 좋아요. 그렇게 하면 서로 시너지를 낼 수 있다고 생각하거든요. 집중도 더 높아지고, 내가 진짜 취업 준비를 하는구나 목표의식도 뚜렷해지고요.

2_ 지원서 남발, 절대적으로 하지 말아야 할 것

무조건 이번에 돼야 한다는 강박관념에 사로잡히지 말고, 주도적으로 이끌어 나가는 레이스를 펼쳐야 돼요. 물론 속도 조절도 하면서 자신이 잘할 수 있는 부분에 대해서는 집중도 하고요. 내가 잘하는 것, 관심 있는 것에 집중하기보다는 모든 곳에 지원하려다 보니까 실패하는 것 같아요. 면접을 많이 보는 것이 연습의 기회는 될지 모르겠지만, 시간 투자 면에서 그리 효율적이지는 않아요. 중복 합격자들에게 중복 합격된 게 좋냐고 물어보면 그렇게 좋아하는 사람은 많지 않을 거예요. 회사 결정하느라 고민하는 것도 힘들거든요. 다 떨어지고 한 군데에 붙어서 들어간 것도 정말 잘한 거예요. 누가 어디에 취업했다는 얘기에 부러워하는 데 시간을 허비하지 말고, 자신이 하고 싶은 일이나 집중해야 하는 것을 생각하는 게 우선시되어야 해요.

3_ 말을 많이 한다고 토론을 잘하는 건 아니다

저 같은 경우는 찬반 토론할 때 말을 많이 한 편이 아니었어요. 토론 면접은 보통 3, 40분 동안 하는데 다른 사람들이 열 마디 말하면 저는 한두 마디 정도 했죠. 사람들이 보통 자기 말만 내뱉고 다른 사람의 말을 듣는 데는 인색한 편이죠. 어떻게 보면 면접관들은 면접자들의 자세를 더 보는데도 말이죠. 다른 사람의 말을 잘 듣고 거기에 맞는 자신의 의견을 제대로 피력할 줄 아는 것도 그들이 보는 덕목 중 하나죠. 경청하는 태도는 그 어떤 태도보다도 면접자를 빛나게 보인다는 걸 다른 사람들도 꼭 기억하길 바라요.

해외 인턴 포기하고 중소기업 택한 **이민화 씨**

신라대학교 중국학과 졸업. 중국 전매대학교 어학연수. 중국 청도영사관, 심양 한인상
공회의소 인턴사원 합격. 신흥정밀 인턴사원 시작. 정직원으로 승격. 현재 신흥정밀
근무.

마침표를 찍느냐,
쉼표를 찍느냐

"'이민화 씨는 시키는 일 이상을 원하고, 하려고 하는 마음이 보이니 일을 하나씩 더 주겠다'고 했어요.
지금까진 일을 하라니까 하지 그 이상을 원하는 사람이 없었대요. 결국 앞으로 나아가느냐
그렇지 않느냐는 자신에게 달린 거죠."

지방 여대생,
승격 연속의 인생을 살다 　　　　　부산 신라대^{옛 부산여대} 중국학과를 졸업

한 이민화 씨(25). 그는 고 스펙에 화려한 대외활동 경력으로 내로라하는

대기업을 여러 곳에 붙은, 이 책에 등장하는 전형적인 취업 고수들과는

다소 거리가 있을지 모른다. 그래서 이 점을 분명히 하려 한다.

　인터뷰 대상자 선정 과정에서 지방대생과 여대생은 최대한 '편파적'

으로 '우대' 한다는 게 기본 방침이었음을 말이다. 취업 전선에서 상대적

으로 불리한 위치에 있는 것으로 인식되고 있는 지방대생이나 여대생,

혹은 지방 여대생들의 성공 사례를 발굴해서 정말로 불리한 점이 있었는지, 그렇다면 그것을 어떻게 극복했는지 들어보려 했다. 이민화 씨도 그런 점에서 주목하게 된 사람이다.

그녀의 취업기에서는 세 가지 특징을 찾을 수 있다.

첫째, 인턴사원에서 정규직으로 수직 상승했다. 인턴사원과 정규직 사원의 신분 차이가 하늘과 땅 차이임은 굳이 따로 설명할 필요가 없을 것이다. 그런데 이민화 씨는 인턴사원으로 입사해 단계적으로 승격했다. 그녀는 과연 어떤 과정을 거쳤을까.

둘째, 탄탄한 중소기업을 택했다는 점이 의미가 있다. 흔히 '취업난 속의 구직난'이란 표현을 쓴다. 취업 재수, 삼수를 하더라도 중소기업은 외면하는 것이 현실이다. 그런 점을 비추어볼 때 과연 중소기업은 지금의 그녀에게 어떤 의미인지 들어볼 필요가 있다고 판단했다.

셋째, 이민화 씨의 사례에서는 해외 인턴 얘기가 등장한다. 비록 해외 인턴에 관한 전부를 담을 순 없지만, 요즘 해외 인턴에 관심이 많은 취업 준비생들이라면 그녀의 경험을 통해 공유할 무언가 있을 것이라고 본다.

기꺼이 '공순이'가
되겠습니다 | 이민화 씨의 취업 과정은 한마디로 '전격'의 연속이었다. 신흥정밀이란 중소기업과 '맞선'을 보고 동반자가 되기로 '약속'하기까지는 꼭 3일이 걸렸다. 다른 기업들의 몇 달에 걸쳐 진행되

는 입사 절차와 비교하는 것이 무색할 정도로 짧은 시간이다.

이민화 씨는 2008년 10월 31일을 지금도 잊을 수 없다고 고백한다. 금요일 저녁, 친구와 함께 집을 나서던 참이었다. 그런데 갑자기 휴대전화가 울렸다. 교수님이었다.

"지금 면접 보러 학교로 오지 않을래?"

친구에겐 미안했지만 이 상황에서 "못 가겠습니다"라고 할 학생은 많지 않을 것이다. 하늘하늘한 치마 차림이 조금 마음에 걸렸지만 그녀는 부리나케 학교로 달려갔다. 어떤 기업의 면접인지도 모른 채였다. 면접을 하게 된 회사는 삼성전자에 납품을 하는 '신흥정밀'이라는 회사였다. 중국에만 5개의 지사를 갖고 있으며 해외 법인은 총 11개를 거느리고, 매출액이 본사만 2,200억 원에 이르는 중견 전자부품 제조 업체였다.

그 신흥정밀의 A상무가 학교 안 카페에서 그녀를 기다리고 있었다. 저녁 무렵의 카페에는 학생들이 없어 한산했다. 인턴사원 한 명을 뽑기 위해 회사 간부가 직접 부산으로 내려온 것은 좀처럼 보기 힘든 광경이었다.

"기억나는 건 '주량이 얼마냐', '흡연은 하냐', '본적은 어디냐'는 질문들이에요. 편안한 분위기에서 30분 정도 면접을 봤어요. 제가 명색이 중국학과라 '중국어로 자기 소개해 봐'라고 하실 줄 알았는데, 상무님은 그런 것도 안 시키더라고요. 면접이 이런 건가 싶었어요. 다른 사람들한테 물어봐도 이런 면접 봤다는 사람은 없었죠."

하긴 카페에서 1대1 면접을 치른 예는 거의 없어 보인다. 가장 기억에 남는 대목은 "주량이 얼마냐"는 질문에 "소주 1병"이라고 답했을 때였다. A상무가 "면접에서 한 병이면 말술이네"라는 반응을 보였다.

보통 주량을 줄이곤 하는데 솔직해 보인다는 의미였다. 질문이 특이했을 뿐 아니라 면접관인 A상무는 본인의 얘기도 많이 했다. 3년 동안 중국에서 살았다던 그는 그곳에서 느꼈던 어려움을 거리낌없이 이야기했다. 그러고는 느닷없이 "회사 올 때 '공순이' 같은 마음으로 올 수 있겠냐?"고 물었다. 약간 당황했지만 이민화 씨는 "당연합니다. 공순이 같은 마음으로 할 수 있습니다"라고 자신 있게 말했다. 상무는 한 번 더 그녀의 다짐을 묻는 질문을 던졌다.

"열심히 할 수 있겠나?"

"네!"

이밖에도 A상무는 몇 가지를 더 질문했는데 그녀는 계속 "네, 네"라고 힘차게 대답했다. 상무는 "대답은 잘 하네"라고 말하고는 씩 웃었다. 그렇게 금요일 저녁에 면접을 보고, 토요일 아침에 합격 통지를 받았다. 그 다음날인 일요일, 이민화 씨는 경기도 안성에 있는 회사 기숙사로 들어갔다.

"모든 것이 금, 토, 일요일 3일 만에 이루어진 거예요. 이걸 보면 정말 인연이라는 게 있긴 있나 봐요."

부푼 꿈과 가라앉은 현실은 괴리가 있었다

신흥정밀 임원이 신라대학교로 인턴 사원을 선발하러 오게 된 배경에는 이 대학에 있는 '동북아 비즈니스센터'와 관련이 있다. 동북아 비즈니스센터는 해외 취업지원 프로그램을 운영하는 기관으로 하루에 2시간씩 주 5일간 수업을 한다. 그녀 역시 이곳에서 '중국 비즈니스 실무교육 프로그램'을 이수한 바 있다. 또한 신흥정밀은 중국에 지사를 5개나 두고 있었기 때문에 중국에 파견할 인재가 필요했다. 결국 회사와 센터의 운영 목적이 맞아 떨어진 셈이다.

당초 신흥정밀은 신라대학교에 이런 센터가 있는 줄 몰랐다고 한다. 그런데 이 학교에 그런 프로그램이 있다는 걸 알게 된 뒤 부랴부랴 면접 대상에 신라대학교를 추가하게 된 것이다. 이민화 씨뿐 아니라 신라대학교 학생 여러 명이 면접을 봤으나 선발된 것은 그녀를 포함해 단 2명이었다.

그렇다면 이민화 씨가 뽑힌 이유는 뭘까.

"당차서 뽑으셨대요. 경력사원은 스펙을 보고 뽑지만 인턴은 다르다나요? 짜 맞춰진 면접용 인재보다 인간의 근본, 인성에 중점을 뒀다고도 하셨어요. 인턴도 기본 스펙이 있어야 되긴 하지만 역량을 키워나갈 자질이 있는 학생을 뽑는 답니다. 그 기본 스펙이라는 것도 다른 게 아니라 용모가 단정하고, 부모님 밑에서 잘 자랐고, 아픈 데 없고 뭐 그런 거고요. 용의 머리가 아니라 뱀의 꼬리를 뽑는다고 하시더군요. 아, 제가 중국어 하나는 확실히 한다는 것도 봤다고 하시더라고요."

그녀가 신흥정밀에 추천된 이유도 궁금했다.

"동북아 비즈니스센터를 듣는 사람들은 모두 취업을 목표로 하죠. 이곳의 교수님들은 제자들 취업을 위해 매우 적극적이세요. 교수님들이 직접 중국으로 출장까지 가셔서 학생들 원서를 내주실 정도거든요. 그런 교수님들의 노력이 지금의 제가 있게 된 원동력이라고 생각해요. 저의 성실한 모습을 좋게 봐주신 것도 감사하고요."

그녀를 비롯해 전국 각지에서 인턴사원으로 뽑힌 사람은 총 13명이었다. 회사 측은 일주일 동안 본사에서 기초교육을 시켰다. 회사 소개, 문서 작성, 혁신 교육 등 신입사원 연수에 해당하는 교육이었다. 일주일간의 연수가 끝나자 13명이 두 개 조로 나뉘어 정식 임원 면접을 치렀다. 면접의 목적은 합격 불합격을 가리는 데 있는 게 아니라 직무 배치를 위한 것이었다. 이번 면접은 학교 캠퍼스의 카페에서 치른 것과 사뭇 달랐다.

"긴장을 너무 많이 해서 한국말로 자기 소개를 하라는데 못 하겠는 거예요. '중국어로 자기 소개 준비한 게 있는데 해보겠다' 고 말하고는 시작했죠. 할 줄 아는 건 중국어밖에 없어서……. 달달 외워 놓은 것이 있었거든요. 그런데 자기 소개 한 다음에 저한테는 아무런 질문이 없는 거예요."

한마디로 관심을 끌지 못한 것이었다.

"아마 제 전공이 생소한 중국학이다 보니 그런 것 같아요. 또 제가 튀지 않아서 그랬을 수도 있죠. 디자인과나 건축학과를 나온 사람은 관련 질문을 많이 받았고, 국제통상학과도 구매 쪽에서 질문을 받았죠. 저만 관련 있는 팀이 없는 거예요. 질문이 안 들어와서 굉장히 우울했어요. 중국말로 자기 소개 했을 때는 고개만 끄덕거리셨고요. 아마 못 알아들으셨나 봐요. 중국에 계셨던 분들이 아니었으니까요. 결국 속상한 나머지 면접 끝나고 울고 말았어요. '3개월 정도 인턴만 하다 내려가겠구나'

싶은 마음도 들었고요.”

다들 질문을 받았는데 본인만 질문을 받지 못해 단단히 소외감을 느꼈다고 했다. '내가 회사에 필요 없는 존재가 아닌가' 하는 마음이었다. 결국 그녀는 지원팀에 소속돼 영업팀으로 파견 발령이 났다. 인턴생활을 하는 동안 무엇보다 힘들었던 것은 자기만의 일이 없다는 것이었다.

“처음엔 회사 내 지침서 같은 것만 3일 동안 읽고 그랬어요. 하는 일이 없으니까 인턴에 대한 반감도 생기더라니까요.”

사실 인턴생활의 고충은 일이 힘들다는 데 있지 않다. 일이 없는 것이 더 불안한 게 인턴 시절이다. 뚜렷이 할 일을 찾지 못했을 때 심적으로 갈등하게 되고, 제대로 일자리를 찾은 것인지 회의하게 된다. 부푼 꿈과 가라앉은 현실의 괴리라고나 할까. 함께 인턴을 시작했던 13명 중 5명이 이런 갈등을 극복하지 못하고 인턴생활을 그만두고 말았다. 그녀의 직속 상관도 이 씨에 대해 “열심히 하려는 자세는 돼 있다. 하지만 언제까지 갈지 모르겠다”는 평가를 내렸다.

하지만 그녀는 상사의 평가와 달리 3개월간의 인턴 기간을 묵묵히 견뎠다. 지원팀 소속이면서도 열심히 영업을 배웠던 것이다.

“제가 하던 일은 업체 마감 쪽 일이나 사무 관리였어요. 크게 보면 영업 관리 업무인데……. 기업체 관리 같은 일은 남자들을 시키면서 저는 잡다한 일을 시키니까 화가 나는 거예요. 과장님한테 강력하게 얘기한 적도 있었죠.”

인턴사원이 간부사원에게 '강력하게' 얘기하는 게 쉽지는 않았을 것이다. 그러나 그만큼 그녀는 일에 관한 한 '욕심쟁이'였다.

"직접 발로 뛰고 부딪치면서 하는 일은 남자사원을 시키고 사무 관리직은 여자사원을 시키는 것을 보고 말로만 듣던 남성 중심 사상을 실감했죠. 능력 중심 사회라고 생각해 왔던 기존의 제 생각과 달라 괴리감이 컸어요."

그러나 오히려 회사는 그녀의 '투정'을 긍정적으로 받아들였다.

"지금까지는 일을 하라고 해야 하지, 그 이상을 원하는 사람이 없었대요. '민화 씨는 그 이상을 원하고 자기가 하려는 게 있으니까 기본 업무를 마스터하면 일을 하나씩 주겠다'고 약속을 하셨어요. 자기가 하려고 하면 무엇이든 충분히 할 수 있다고 생각해요. 여대생들에게 하고 싶은 말은요, 사회 구조를 탓하기보다는 자기가 할 수 있는 일을 찾아서 하면 취업도 잘할 수 있다는 거예요."

회사에선 그런 이민화 씨에게 다음해 2월 정직원 승격 조치로 화답했다.

눈앞에 보이는 길을 선택할 것이냐 멀리 보이는 길을 선택할 것이냐

신라대학교의 장점은 중국 유학생들이 많다는 것이다. 당연히 중국어 회화를 공부하는 데도 안성맞춤이다. 그녀는 학창 시절 신라대학교에 유학을 와 있는 중국 학생들의 생활 도우미를 자처했다. 그들이 방을 구하는 일, 은행에 가는 것, 장보는 일 등을 도와준 것이다. 그러면서 그들과 하루에 2시간씩 주 2회 중국어 회화 스터디를 할 수 있었다. 한 시간은 중국어로 말하고 한 시간은 한국어로 말하면서 중국 유학생들은 한국어를, 그녀는 중국어를 공부할 수 있었다.

이민화 씨가 본격적으로 취업을 준비하기 시작한 건 3학년 때부터다. 그녀가 우선적으로 선택한 것은 어학연수. 2007년, 중국 전매대학교로 6개월간의 어학연수를 떠났다. 연수를 위해 필요한 자금은 가기 직전 중국 음식점에서 서빙 아르바이트를 하면서 400만 원 정도 모아둔 것으로 충당했다. 그녀는 힘든 아르바이트를 하는 동시에 중국어 책도 한 권 마스터했다.

식당의 주방장과 조리장들이 모두 중국인들이었던 덕분에 도움을 받은 것이다. 그들은 틈틈이 그녀의 공부를 도와주었고, 그녀는 돈도 벌고 공부도 하는 일거양득의 효과를 얻을 수 있었다. 이렇게 그녀는 중국어 공부를 꽤 한 편인데도 막상 중국에 도착하니 현지인들이 하는 얘기가 하나도 들리지 않았다.

그러나 일주일 정도가 지나니 귀가 번쩍 뜨이더라고 그녀는 말했다. 또 상하이에서 온 친구를 비롯해 현지에 거주하는 친구들도 사귀면서 실력은 날로 늘었다고 회고한다. 집으로 초대해 같이 밥도 해먹고 우리의 놀이 문화인 고스톱도 가르쳐주며 우정을 쌓았다. 그러는 한편 소주, 항저우 같은 중국의 관광 명소로 여행도 다녀왔다. 이렇게 6개월을 지내다 보니 현지 학교에서 수업 듣는 것에는 큰 무리가 없었다.

한마디로 이제 중국어 회화에는 나름의 자신감의 생겼다. 그후 복학해서도 그녀는 중국 유학생 도우미 활동을 계속했다. 화남사범대학교, 상하이사범대학교에서 신라대학교로 유학 온 학생들을 이민화 씨가 맡은 것이다.

"사실 저의 취업 준비는 단순했어요. 기회가 있으면 중국 유학생 도우미를 하고 중국 연수, 그리고 학원 다닌 것이 전부지요. 남들처럼 코피 터지게 도서관에서 공부하지는 않았어요. 중국에 대한 환상도 있고 중국생활이 재밌어서 처음에는 해외 현지 취업을 고려하기도 했어요."

그 결과 이민화 씨는 작년 7월 중국 청도영사관, 같은 해 9월 선양 한인상공회의소의 인턴사원에 지원해 합격했다. 신라대학교 학생 가운데 두 곳 모두 합격한 사람은 이민화 씨가 유일했다.

입사전형은 서류와 면접으로 진행됐다. 중국학과 이외에 다른 학과에서도 많은 사람들이 지원해 해외 취업의 인기를 절로 실감할 수 있었다.

"지금 생각해 보면 중국학 전공이 저뿐이었던 점, 언어를 잘 구사했다는 것이 장점으로 작용한 것 같아요."

하지만 그녀는 두 군데를 합격했음에도 해외 인턴의 길을 과감히 포기했다. 영사관 같은 경우는 인턴활동이 좋은 경험이 되긴 하겠지만, 정식 직원으로 취업할 수 있을지가 미지수였다. 상공회의소도 중국 내 여러 중소기업 1,000여 곳을 관리하는 곳이어서 그녀에게 좋은 기회가 될 수 있었다. 인턴으로 활동하면서 스스로 기업체에 연락해 지원해 볼 수 있는 여지도 있었다.

그러나 정부에서 주는 3개월간의 해외 인턴 보조금을 제외하고는 모두 무급 인턴인데다 거주하는 데 드는 비용을 스스로 해결해야 한다는 점은 불리한 요건이었다. 더욱이 중국 경기가 안 좋아지는 시점이었던 점 또한 감안해야 했다. 결국 이민화 씨는 해외 인턴 체험을 '보류' 해야 했다.

해외 무급 인턴. 무급이든 유급이든 상관없이, 요즘 이를 선망하는 학생들이 많다. 주한미국대사관의 경우, 6개월 동안 무급 인턴인데도 지원하는 사람들이 꽤 있다. 교환학생으로 나갔다가 해외 인턴을 지정 '코스' 로 생각하는 사람들도 적지 않다. 예컨대 주한미국대사관에서 인턴을 마치면 비록 무급으로 근무하더라도 영어를 쓰는 환경에서 6개월 동안 생활할 수 있다는 장점이 학생들을 유혹하는 것이다.

해외 인턴을 했다면 훗날 취업에서도 플러스가 된다. 면접관들은 해외 인턴을 마친 면접자들이 충분한 어학 실력을 갖추고 있다고 판단하기 때문이다. 여러 면을 고려해 볼 때 자신의 커리어와 진로에 도움이 된다고 판단한다면 무급 인턴이라도 굳이 마다할 필요는 없을 것 같다.

이민화 씨 역시 중국에서 인턴사원으로 생활했다면 그곳에서 쌓은 경력으로 무역회사 같은 곳에서 일할 기회를 잡았을지 모른다. 비록 취업에 시간이 걸렸더라도 중국어 실력은 늘었을 것이고, 해외 인턴은 또 하나의 커리어가 될 수 있었을 것이다.

하지만 그녀는 경제적인 부담이나 중국 경기 침체, 좀 더 빠른 취업 등 여러 가지를 고민해 본 결과, 결국 국내 기업에 취직하기로 결심했다. 결국 해외 인턴을 하느냐, 마느냐는 본인이 선택할 문제인 것이다. 대신 선택하기 전에 장단점을 꼼꼼히 따져볼 필요가 있다. 멀리 볼 것이냐, 짧지만 실속을 택할 것이냐를 말이다.

중소기업은
내 꿈을 이룰 터전

이민화 씨는 국내 기업 가운데는 무역회사가 가장 가고 싶었다고 했다. 그런데 하필 그 무렵, 세계적인 금융 위기가 닥치면서 전체적으로 경기가 급강하 했다. 많은 회사들이 경영에 어려움을 겪었고, 올해 들어 실업난은 최고치를 기록했다. 그중 가장 경기를 많이 타는 업종 중 하나가 바로 무역업이다 보니 그녀가 취업 기회를 잡는 일은 더욱 쉽지 않았다.

이를 보다 못한 신라대학교 중국학과 교수들은 제자들의 취업을 위해 발 벗고 뛰었으나 현실은 만만치 않았고, 일자리 찾는 길은 멀기만 했다. 당연히 이민화 씨의 고민은 날로 깊어졌다. 결국 전공과는 상관없는 여행사 경리직까지 알아보기도 했다. 주변의 여러 사람들이 "중국어는 되니까 영어를 좀 더 해봐라"에서부터 "LG 텔레마케터를 같이 해보자"는 제안까지 현실을 감안해 여기저기서 우려의 목소리를 보태왔다.

"내가 이렇게까지 해야 하나 고민이 많았어요. '언제까지 교수님만을 믿을 수는 없지' 하면서 혼자 5~6군데를 지원하기도 했지요. 힘들 때는 친구들 만나서 술도 마시고, 주변 사람들한테 조언도 구했는데 지금 와서 생각해 보면 그 사람들 말 다 들었어도 더 잘됐을 것 같다는 생각은 안 들어요. 그때 그 말을 들었으면 지금 이 자리에 없었겠죠. 좀 더 참고 기다리니까 좋은 기회가 온 거죠."

혼자서 일자리를 알아보러 다닐 때는 신라대학교란 이름을 사람들이 생소하게 생각한다는 것도 느꼈다고 한다.

"어떤 회사에선 '신라대가 어디에 있느냐'고 물어 난처한 적도 있었어요. 예전에 부산여대였는데 남녀공학이 되면서 이름이 바뀌어 많이 생소하게 느끼시나 봐요. 사실 전에는 학교를 많이 낮춰서 생각했어요. 그러나 정작 회사에 들어오니까 학교에 대한 콤플렉스는 없어요. 학교 네임 벨류에 따라 그 사람의 가치나 레벨을 평가하기도 했던 것 같은데, 요즘은 학교 이름보다 개인 능력을 더 많이 보는 분위기죠. 제가 이 회사에 온 걸 보면 더욱 그렇죠."

이민화 씨는 현재 일하고 있는 회사가 크고 탄탄해서 만족한다고 말했다. 지금 신흥정밀이란 중견 기업에서 이민화 씨의 꿈은 무럭무럭 자라는 중이다. 그녀의 구체적인 꿈은 해외영업인이 되는 것이다. 그녀는 덧붙여 직접 바이어를 만나 단가도 조절해 보고 싶다고 말한다. 일에 관한 한 욕심쟁이인 이민화 씨의 작은 꿈이다.

이민화 씨만의 취업 포트폴리오

1_ 시키는 일만 해선 편견을 깰 수 없다

남자 인턴과 여자 인턴에게 주어지는 일이 다른 것 같아요. '여자도 이런 일을 할 수 있다는 것을 알면 취업의 문이 넓어질 수 있을 텐데' 하고 아쉬움이 남았죠. 심지어 저는 화가 나서 과장님한테 '일을 달라'고 얘기를 한 적도 있었어요. 그랬더니 반응이 의외였어요.

지금까지는 일을 시키는 대로만 하곤 했지, 그 이상을 원하는 사람이 없었대요. 오히려 긍정적으로 받아들이시더라고요. 자신이 하려고만 하면 다 할 수 있어요. 사회 구조만 탓하기보다는 할 수 있는 일을 찾아나서 보세요. 수동적으로 있어서는 그 어떤 문도 안 열리죠.

2_ 자신의 목표에 맞는 때를 기다려라

전 3일 만에 신흥정밀 입사 결정이 났어요. 인연이라는 게 있나 봐요. 청도영사관이라든지, 선양 한인상공회의소 이런 데서도 입사 제의를 받았는데 교수님과 여러 모로 살펴보고 상의해서 가지 않기로 결심했지요. 인턴을 하면 경험은 됐겠지만 직무는 일반 사무였고, 그것이 취업으로 연결될 수 있을지는 미지수였거든요.

힘들 때 주변에 있는 사람들에게 조언을 구했는데 그때 '워킹홀리데이 가보자', '텔레마케터 해보자' 등 여러 가지 말이 많았어요. 그런데 지금 와서 생각해 보면 그 사람들 말 다 들었어도 지금보다 더 잘됐을 것 같다는 생각은 없어요. 조금 참고 기다리니까 저한테도 좋은 기회가 온 거죠. 조급하게만 생각하지 말고 원하는 기회가 올 때까지 기다리는 느긋한 마음, 인내심도 필요해요.

3_ 천리를 보려면 한 층 더 올라가라

준비를 시작할 때는 본인이 원하는 회사에 맞춰, 철저히 하는 게 중요해요. 저는 학교 다닐 때 중국어 위주로 공부했는데, 지금은 영어도 공부하려고 해요. 제가 중국어를 어느 정도 한다고 자부심을 가지고, 영어 공부는 등한시했던 부분이 정말 많이 후회돼요. 그리고 중국어도 비즈니스 중국어로 넘어가면 막힐 때가 많고요. 막힘없이 할 줄 알았는데 회사에서 막상 '프레스'나 '금형' 등 전문적인 용어를 번역하라고 시킬 때는 어렵더라고요.

중국 옛말에 '천리를 다 보고 싶으면, 한 층 더 올라야 한다'라는 말이 있습니다. 저도 이제 사회에 나왔으니 천리를 다 볼 수 있을 때까지 오르겠다는 자세로 열심히 일하려 해요. 여러분도 눈앞의 것에만 급급하지 말고, 멀리 내다보는 지혜를 기르길 바라요.

은행 3곳에 3점 슛, 증권사 2곳에 덩크슛 쏜 **정문기 씨**

한국외국어대학교 경영학과 졸업. 미국 미시간 주립대학교 어학연수. 토익 950점. 특전사 입대. 공모전 두 군데 입상. 현재 신한은행 근무.

'나 안 뽑으면 손해' 란
배짱으로 당당하게 임하라

"농구를 좋아하다 보니 승부욕이 강해졌어요. 다들 한 큐에 되는데,
나라고 못하란 법 있어? 걔네들이나 나나 별 차이도 없는데 말야.
이런 자세로 취업 전선에 뛰어들었죠."

승부욕은 그가 전진할
수 있는 에너지였다   신한은행 신입사원 정문기 씨(29)는 한마디
로 튀는 신세대다. 학창 시절 별명이 '괴짜' 라는 것만 봐도 알 수 있다.
주목받는 걸 좋아해서 생긴 별명이란다. 근무처인 강남역 부근에서 만
난 그는 외모부터 조금 튀었다. 지금은 '점잖은' 은행원 신분이라 개성
을 살짝 죽이고 있는 상태지만 인터뷰 장소에 나타난 정문기 씨의 귀에
는 귀걸이 흔적이 또렷했다. 대학교 때는 흑인들처럼 콘로우 머리^{붙여서}
_{땋은 머리}를 하고 다닌 적도 있단다.

그는 은행 세 군데와 증권사 두 곳 총 금융권 5곳에 합격했다. 성격, 인간관계, 학창 시절, 어학연수, 금융권 면접, 직장생활 등 모든 것을 관통하는 연결고리가 바로 톡톡 '튀는 것'이다. 그 역할을 한 건 '농구공'이었다.

대학 시절을 어떻게 보냈느냐는 질문에 "주야장천 농구만 했다"고 말하는 정문기 씨. 농구를 통해 지금의 강한 승부욕이 만들어졌다고 했다고 해도 과언이 아니다. 어학연수도 농구로 이름난 대학교로 떠났고, 신한은행 면접 때도 팀워크를 강조하면서 농구를 예로 들었다. 그는 현재 직장에서도 농구팀을 만들어 인간관계를 다지고 있다. 그는 어떻게 은행 3곳에 '3점 슛'을 성공시켰고, 증권사 2곳에 '덩크슛'을 쐈을까?

제 인생은 B^{Birth}와 D^{Death} 사이 C^{Challenge}에 있습니다

신한은행 1차 면접, 9명의 지원자들이 3분짜리 자기 소개를 하는 시간이었다. 그중에는 정문기 씨와 그의 친구 J씨도 속해 있었다. J씨의 자기 소개의 첫마디는 "제 인생은 농구를 빼놓고는 설명할 수 없습니다"였다. 순간, 그의 머릿속에 선수를 뺏겼다는 생각이 스쳐갔다. '농구 하면 정문기'였는데 말이다. 그렇다고 농구 얘기를 단념할 그가 아니었다.

정 씨의 차례가 돌아왔다.

"저도 J씨처럼 농구 하나만큼은 남들에게 빠지지 않습니다."

신한은행의 프로 농구팀은 단연 리그 최고의 팀이다. 농구 스타들만 모여 있다고 해서 '레알 신한'이란 별명도 갖고 있다.

"신한은행 농구팀은 강팀이고 정선민 선수도 좋아한다고 하면서 '저는 조직에서 팀워크를 가장 중시하고 팀을 위해 자신을 희생할 수 있는 사람입니다'라고 강조했습니다. 농구 얘기를 했더니 면접관들이 좋아하셨어요."

그만의 센스가 빛나는 자기 소개다. 자기가 좋아하는 분야를 얘기하면서도 자연스럽게 회사에 대한 관심을 피력했으니 말이다. 그러나 내내 농구 얘기만 하고 있을 순 없는 노릇이었다.

"저의 인생은 B하고 D사이에 있습니다. B는 Birth 즉 탄생이고, D는 Death, 즉 죽음을 뜻합니다. 그 사이의 C란 Challenge, 모험을 말하죠. 신한은행 안에서 저는 C라는 인생을 시작하고 싶습니다."

특이하면서도 멋진 자기 소개다. 그의 설명에 따르면, 이러한 자기 소개를 두고 '알파벳 버전'이라고 한다. 그는 여느 취업 고수들처럼 면접에서 한 번도 떨어져 본 적이 없다. 자기만의 뚜렷한 면접 노하우를 갖고 있었기 때문이다. 그는 콘셉트에 맞게 여러 가지 '버전'의 자기 소개 양식을 갖고 있었다. 그중 몇 가지 예를 들어보겠다.

사과나무 버전 – 일본 어느 마을에 태풍이 불어 사과의 90퍼센트가 떨어졌고, 이를 보며 농민들은 크게 실망하였습니다. 고심 끝에 한 농부가 떨어지지 않은 사과에 "절대 떨어지지 않는 사과"라는 이름을 붙여 10배의 가격으로 수험생들에게 판매해 큰 인기를 얻었습니다. 저 또한 일본의 농부들처럼 어떠한 시련과 역경 앞에서도 그것을 역전시켜 긍정적인 결과를 내놓는 사람으로 이 회사에 보탬이 되겠습니다.

위기 버전 – 위기危機라는 단어는 위험危險과 기회機會를 뜻합니다. 즉 위험한 기회라는 뜻이죠. 저는 언제 어디서든 위기가 닥쳐도 그것을 기회로 이끌어내 터닝포인트로 바꿀 수 있는 사람입니다.

압정 버전 – 압정의 한 면은 샤프하고, 다른 면은 둥글둥글합니다. 저 또한 샤프한 냉철함과 둥글둥글한 면을 가지고 있습니다. 때로는 이성적으로 차갑게, 때로는 뜨겁게 이 회사에서 일하고 싶습니다.

이들의 공통 콘셉트는 '긍정적인 인재상'이다. 그는 어떤 면접이든 여러 버전을 자유로이 구사할 수 있었다. 표현이 멋있긴 한데, 자칫하면 면접관들에게 작위적인 인상을 줄 수 있다고 충고한다.

"사실 얄궂은 면접관은 '사과나무 애긴 많이 나온 거네'라고 앞에서 면박을 주기도 해요. 하지만 면접은 어차피 자기 소개로 시작하는 것이고, 자기 소개를 할 때는 희소성 있게 자기만의 버전을 찾아야 해요. 몇 살 때 뭐 하고, 어디서 태어나고 이런 건 정말이지 차별성 제로라고 생각해요. 자기 소개에서부터 자신만의 콘셉트가 확실해야죠."

알파벳 버전은 어떻게 만들어진 것일까.

"같이 스터디 하는 친구 것을 벤치마킹 했어요. C는 챌린지, 체인지change 등 좋은 단어가 많아 어느 것이든 써도 되지요."

이쯤 되면 '면접 기술자'라 불러도 손색없지 않을까?

"예쁘고 섹시한 여자가 당신에게 1억 원을
맡기려고 합니다. 여기에 맞는 포트폴리오를 짜보시오."

신한은행의 압박 면접에서 나온 질문이다.

"젊은 고객이라 공격적으로 펀드 비중을 늘리겠습니다. 6대4로 안전
자산과 투자자산을 배분하겠습니다. 6은 펀드, 4는 예금 신탁으로 설
정하고 펀드는 국내 30, 해외 30으로 설정하겠습니다."

그러자 면접관이 빈틈을 파고들었다.

"그러다 원금이 손실되면 어떡할 거죠?"

호기 있게 답변했던 그는 순간 당황했다.

"물론 고객의 성향 조사가 우선입니다. 재무 상황에 앞서 안전자산
을 더 선호하는지 물어볼 것입니다. 고객에게 충분히 상품에 대해 주지
시킨 후 설득하겠습니다"라는 말로 위기를 벗어났다.

토론 면접에선 당시 커다란 쟁점이었던 광우병 문제 같은 사회 이슈
에 대해 집중적으로 대비했는데 엉뚱하게 '통일'에 대한 찬반이 주제
로 나왔다. 준비를 하나도 안 한 것이나 다름없었다.

순발력으로 대처해 나가기에는 자신이 없었던 그는 사회자를 하겠
다고 손을 번쩍 들었다. 의견 조율과 발표 시간 배분, 결론 도출이 그의
몫이었다. 그는 발언권은 균등하게 주고, 반대 의견은 꼭 물어보는 방
식으로 진행했다. 자연스럽게 논쟁을 유도하기 위해서였다.

신한은행 면접을 치르고 난 뒤 정문기 씨가 느낀 점은 무엇일까?

"신한은행 면접을 보는데 어떤 면접자가 받은 질문이 '친구가 돈을

안 갚는데 어떻게 할 거냐'였어요. 그랬더니 '한번 정도는 참을 수 있습니다. 믿어보겠습니다'라고 하더라구요. '또 빌려달라고 하면 어떻게 하겠느냐'고 묻자 그때도 '빌려주겠습니다'라고 하는 거예요. 그 사람의 콘셉트가 믿음이었는지 몰라도 은행에선 상상도 못할 일이죠. 어떤 상황에서라도 그 회사에 왜 지원했는지를 잊으면 안 됩니다."

금융권 면접은 2008년 4월, M증권 면접이 처음이었다. 함께 면접장에 들어선 사람들은 하나같이 쟁쟁했다. 그중에는 증권사 지점에서 영업일을 했던 사람도 있었다. 면접관이 "종목 좀 추천해 보게"하자 줄줄 답변이 나올 정도였다.

"정문기 씨는 어떤 종목을 추천하겠나?"

이미 '프로'인 사람이 앞에서 면접을 치렀기 때문에 정문기 씨가 지식으로 두각을 나타내기는 힘들었다. 그저 크고 씩씩한 목소리로 "배운다는 자세로 열심히 하겠습니다"는 말로 답할 수밖에 없었다.

"여기 계신 분들에 비해 전 아무것도 모릅니다. 열심히 선배님들 노하우를 배워 영업 전략을 세우겠습니다. 초반에는 지인들을 대상으로 영업하겠지만 나중에는 저만의 영업력을 키워 고객 자산을 향상시킬 겁니다."

그런데 결과는 합격이었다. 그는 지금도 자신이 왜 붙었는지 모르겠다고 말한다. 운이 좋았던 것 같다고 했다.

이후 그는 대림산업처럼 '자기 소개서'가 까다롭기로 유명한 기업에 원서를 냈다. 원래부터 금융권을 노렸기 때문에 합격해도 갈 마음은 없었으나 자기 소개서를 연습할 겸 지원했다고 한다.

"삼성 같은 곳은 'SSAT발' 이죠. 대림은 흔히 '대림신춘문예' 라고도 해요. 자기 소개서가 까다롭기로 유명하잖아요. 구직자들의 인생을 전체적으로 파악하려는 게 자기 소개서예요. 난감한 상황에 처했을 때 극복하려는 의지 등 굉장히 자세하게 에피소드를 적어야 하죠. 그런데 합격했어요. 대림에 서류전형이 통과되면서 어느 정도 자신감을 얻었어요."

자신감이 생긴 뒤부터는 본격적으로 금융권을 노크했다. 그런데 처음 두드린 W은행에서 '태클' 이 들어왔다.

"정문기 씨는 은행에 들어오기 위해 준비한 게 없네요."

그는 금융 3종 세트 같은 자격증을 하나도 따놓지 않았다. 여기서 결코 기죽어선 안 된다. 그건 회사에 입사하기 싫다는 말과 똑같다.

"자격증만 보면 준비를 하나도 안 한 것 같아 보이지만 제 친구들은 모두 은행에서 일하고 있습니다. 그 친구들을 통해 꿈을 키우고 실질적인 조언도 많이 받았습니다. 자격증과는 다른 방식으로 은행에 적응할 수 있는 역량을 갖췄다고 생각합니다."

그런데 다음 질문에서는 커다란 실수를 했다.

"'키코kiko' 가 뭐냐고 물었어요. 정확히 말하면 '낙 인 낙 아웃knock in knock out, 환율 변동에 따른 위험을 피하기 위한 환헤지 상품'의 약자죠. 그런데 전날 새벽까지 '유로 2008' 을 보다 잠들었어요. 그래서 무의식중에 '키코는 킥 인 킥 아웃kick in kick out'의 약자라고 했더니 다들 웃으시더라고요. 개념은 알고 있어서 설명은 제대로 했어요. 그때 시중 은행들의 이슈가 키코였는데, 키코라는 옵션 자체도 중소기업들의 환율 급변에 대비하기 위해 한 것이라는 점을 강조하면서 은행 입장을 약간 두둔했어요. 중립적으로 보이면서도 약간 은행의 손을 들었죠. 물가까지 거론하고 횡설수설했는데 귀엽게 봐주셨는지 붙었죠. 철자는 틀렸지만 개념은 알았으니까요."

세 번째 질문은 '블루오션이 무엇이냐' 였다. "레드오션은 경쟁자끼리 피 튀기게 싸워 빨갛게 되는 것이고 블루오션은 반대 개념으로서……"라고 했더니 면접관의 반응이 "그건 몰랐네"였다. 결과는 합격.

면접 때 실수를 자주 했는데도 그가 끝까지 살아남은 배경은 뭘까.

"전 좀 배짱이 있어서, 실수를 해도 당황하지 않았던 것 같아요. 자신만만한 성격이 큰 역할을 했죠."

그가 얼마나 자신만만한 성격이었는지 짐작하게 하는 일화가 있다.

"미래에셋증권 인턴 선발 때였어요. 인사 팀장이 '여기 모이신 사람들 정도면 스펙도 괜찮고 자기 소개서도 괜찮다'고 얘기해 주니까 자신감이 생기더라고요. '나중에 열심히 하면 취업은 되겠구나' 하고요. 자신감이 생겨 친구들과 여행 가느라고 인턴에 합격해 놓고도 출근하지 않았어요."

관심 분야에 있는 지인들을 적극 활용하라

잠깐 그의 스펙을 살펴보자. 토익은 950점, 어학연수를 다녀와 부쩍 뛰었다. 어학연수 전에는 800점대였다고 한다. 공모전은 딱 두 곳에서만 성과를 거두었다. 4학년 1학기 때는 LG생활건강에서 주최하는 '00치약 공모전'에서 2등을 했다. 당시 정

씨가 제안한 구호는 '키스를 부르는 향기 엘지 0000'였다고 한다.

그는 취업 준비생들에게 단순히 이력서 한 줄을 위한 외부활동은 하지 말라고 당부한다. 예를 들어 어떤 프로젝트에서 분석하는 역할을 맡았다고 적어놓았다가 나중에 면접관이 자세히 물어볼 때 제대로 한 것이 아닌 게 밝혀지면 오히려 마이너스라는 것이다.

그럼 스펙은 취업에 결정적인 것일까?

"솔직히 스펙은 기본이라 생각해요. 얼마가 되어야 하는지는 잘 모르겠지만 남자의 경우 학점 3.3점에 토익은 850점 정도는 되어야겠지요."

그에게 면접을 잘하는 비법을 물어봤다.

"가장 중요한 건 준비라고 생각해요. 저는 면접 스터디를 1년 전부터 시작했어요. 그래야 내공을 키울 수 있죠. 기본적으로 관심 있는 분야에 대해서는 능수능란하게 말할 수 있어야 해요. 가령 농구를 좋아하는 사람이 스타 선수 얘기를 한다고 하면 그 선수의 키가 몇이고, 리바운드는 몇 개씩 잡는 등 줄줄줄 나오잖아요. 이처럼 콜금리Call rate, 리보금리Libor rate에 대해 질문이 들어오면 줄줄 얘기할 수 있을 정도의 내공을 갖춰놓고 있어야죠. 그러려면 평소 그 분야에 관심을 가지고 있어야 하고요."

그는 면접에 대해 자신만의 팁이 있다고 했다. 주위에 최종 면접까지 갔던 친구가 많은 것이 바로 그것이다. 또한 이미 금융권에 진출해 있는 지인들도 많았다.

"정보가 특히 중요합니다. 특히 지인이 관련 분야에서 일하고 있으면 정말 큰 도움이 되죠. 전 SC제일은행을 제외한 모든 금융권에 지인이 있었어요."

금융권 면접은 금융권만의 특성이 따로 있다. 그는 거기에 대해서도 빈틈없이 대비했다.

"면접관들의 질문은 거의 비슷비슷해요. 금융권은 기본적으로 갖춰야 할 지식이 있지요. 콜금리가 어땠다든지, 환율이 어떤지 등 경제의 메커니즘이 늘 이슈가 되죠. 예전부터 신한은행만큼은 관심을 갖고 그 추세를 지켜봐왔어요. 그래서 어떤 질문을 받아도 '모르겠습니다' 라는 대답은 안 할 자신이 있었어요. 잘 아는 질문이라면 물론, 유창하게 대답할 수도 있고요. 그런데 면접 보러 온 사람 중에는 그 은행 홈페이지를 한 번도 방문 하지 않은 채, 그냥 찔러본 사람들도 꽤 많아요. 정보의 바다 속에 살고 있으면서도 준비를 안 하는 거죠. 얼떨결에 오는 사람들이 꼭 있어요."

면접 때 이른바 명문 대학교 효과를 느꼈을까.

"솔직히 서울대, 연·고대는 학교의 덕을 봅니다. 웬만한 대기업들의 자기 소개서는 그 길이부터 장난이 아니에요. A4 용지로 두 장이 나오는데 대림산업 같은 데를 준비하려면 정말 머리가 뽀개지거든요. 어떻게 인사 담당자가 그 모든 걸 다 읽습니까. 그러나 반드시 학벌만으로 당락이 결정되는 건 아니에요. 학벌 좋은 사람이 유리하기는 하겠죠. 신한은행 동기들 보면 지방대 가운데서도 잘 알려지지 않은 대학 출신들도 있어요. 물론 국제재무설계사 자격증을 가지고 있긴 하지만요. 아무튼 능력이 있는데 학벌이 좋지 않아서 불합격하는 일은 별로 없는 것 같아요."

낙하산을 타고 내려오며
세상과 맞설 배짱을 가져왔다

자신감, 배짱 이런 건 어느 정도 타고나는 것이기도 하지만 후천적으로 길러지는 측면도 있다. 정문기 씨의 인생 스토리가 그걸 말해 준다. 그는 취업 고수 10명 가운데 유일한 '강남 8학군' 출신이다. 그런데 자원해 국군 최강의 부대라는 '특전사'에 입대했다. 특전사 가운데서도 제1공수특전여단 소속이었다. 이곳은 과거 전두환 전 대통령이 여단장을 지낸 곳이기도 하다.

낙하산을 타고 후방 깊숙이 침투하는 공수부대원. 특전사는 또 하나의 정예부대인 '해병대'처럼 응집력이 뛰어나고 자부심이 강하다. 이곳에서 그가 맡은 보직은 낙하산 포장 업무. 훈련이 끝난 낙하산을 다시 접어 원래 상태로 복원하는 것이 주 임무였다. 낙하산 포장 업무를 맡으며 그 또한 낙하산 강하 훈련을 15회나 받았다.

낙하산 포장 업무는 실로 매우 중요한 일이었다. 만약 낙하산을 잘못 포장하면 공수부대원이 공중에서 추락사하는 불상사가 생길 위험이 있기 때문이다.

"정신을 똑바로 차려야 했어요. 낙하산 포장 교육 정비명이 10개가 있는데 그중 첫 번째가 남의 생명을 나의 것과 같이 소중히 하라예요."

부대생활은 상상을 초월할 정도로 힘들었다.

"특전사는 구타를 허용할 정도로 내무생활이 엄격해요. 그러나 적성에는 잘 맞았어요."

처음 낙하산을 타고 내려왔을 때의 기분은 어땠을까?

"낙하산 포장병 교육 중에 마지막이 강하예요. 자기가 포장한 것을 자기가 타고 내려가는 거죠. 한마디로 자살하는 기분이죠, 뭐."

그런 걸 어떻게 15번이나 했을까.

"처음 공수 교육을 받을 때는 무서웠지만, 다음에는 좋아서 했어요. 한 번 타면 생명수당으로 12만 원을 주기도 하고요. 원래 겁이 없는 성격이기도 해요."

그의 군 경력은 단연 면접 때도 화제였다. 그는 자기 소개서 맨 마지막 두 줄을 군대 얘기로 채웠다. "낙하산은 몇 번 탔냐", "뭘 배웠냐" 등의 질문이 면접 때마다 나왔다. 그런 질문이 나올 때면 그는 어깨를 펴고 겪었던 모든 것을 자세히 이야기했다. 그가 군생활을 통해 배운 건 그 무엇보다도 두둑한 배짱일 것이다.

그의 책상 옆엔 아직도 특전사 베레모가 걸려 있다. 그걸 보면 늘 '강한 부대 출신' 이라는 자부심이 생긴다고 했다.

선택과 집중은 그 무엇보다 중요하다

정문기 씨가 특전사에서 버텨낼 수 있었던 것은 체력이 밑바탕됐기 때문이다. 대학 시절 '주야장천' 농구만 했으니 그럴 만도 하다. 이것은 고등학교 때도 마찬가지였다. 이성에도, 담배에도 호기심이 없었다. 오로지 농구, 농구뿐이었다. 초등학교 때는 리틀 야구선수였다. 그러다 중학교에 올라가면서부터 야구를 포기하고 이후론 일편단심 농구 사랑이었다.

대학교에 입학해서는 한때 신나게 아르바이트를 하기도 했다. 빵집, 카페, 과일가게, 미장직까지. 항공사 물류 업체에서 짐을 나르기도 했다.

"야간에 도로 포장하는 일이 꽤 짭짤했어요. 밤 11시 반부터 새벽 4시 반까지 안전판 흔드는 일을 했는데 일당이 8만 원이었으니까요."

아르바이트를 왜 그렇게 많이 했느냐고 물었다.

"농구화 사려고요."

정문기 씨다운 대답이다.

그는 1, 2학년 때 방황을 많이 했다고 고백했다. 이유는 '조금 더 좋은 대학에 갈 수 있었는데' 하는 아쉬움 때문이었다. 농구와 아르바이트에 매달린 것도 잡념을 떨치기 위해서였을 것이다. 그는 오후 3시면 코트로 나가 농구를 했다. 학교에서뿐 아니라 사회인 농구 SYBC^{서초 와 이엠시에이 바스켓 클럽} 선수로도 뛰었다.

하지만 그는 결국 반수를 택한다. 대학교 입학 2년 뒤인 2002학년도 입시 때다. 수능 시험을 마친 그는 마음속으로 '나도 이제 서울대에 가겠구나' 했단다. 그런데 그 해 수능 만점짜리만 수십 명이었다. 그래서 학교를 바꾸는 것은 단념키로 했다. 특전사 입대를 결심한 것이 바로 그때다.

대학 1, 2학년을 '후회 없이' 보낸 정문기 씨의 성적은 그야말로 자유분방했다. 복학 전까지의 학점은 2점 대 중반. 그제서야 그는 깨달았다.

'큰일이다! 공부 좀 해야겠다.'

하지만 그렇다고 복학 첫 학기부터 무리한 목표를 세우지는 않았다. C, D 받은 학점을 재수강하고, 학점은 3.7점을 목표로 했다.

항상 10분 전에 강의실에 도착해 맨 앞자리에 앉았고, 시험 기간 2주 전부터는 공부를 시작했다. 수업 중 발표도 도맡고, 반장을 하기도 했다.

"일부러 스스로를 도망갈 수 없게 잡아놓은 거죠. 게을러질 틈을 안 줬어요."

평점은 예상한 것보다 잘 나왔다. 4.5 만점에 4.45점. 물론 농구공은 여전히 손에서 놓지 않았다. 그후 4학년 1학기, 미국 미시간 주립대학교로 1년간 어학연수를 떠났다. 미시간 주립대를 택한 이유는 한 가지, 농구하는 환경이 제일 잘 갖춰져 있을 것 같아서였다.

실제로 그는 농구장에서 모든 영어를 배웠다.

"저는 농구 잘하는 흑인 친구들만 사귀었어요. 어학연수 갔을 때 유학생들과 어울려 한국말만 하지 않으면 생활하는 데 지장 없을 정도로 영어가 발전해요. 저는 뉴스, 스포츠 중계도 많이 봤어요. 사실 미국 드라마는 아직 잘 못 알아들어요. 그래도 농구장에서 배운 영어가 서바이벌 잉글리시라서 그런지 지금 근무하는 강남역 지점으로 외국인들도 많이 오는데 그들과 거래하는 데는 아무 지장이 없죠."

때마침 좋은 소식이 들려왔다. 같이 농구하던 친구 중 상당수가 취업에 성공했다는 것이었다. 그러자 특유의 오기가 발동했다.

"다들 한 큐에 되는데, 걔네들이나 나나 뭐가 달라."

이미 미국에서부터 그의 마음에는 '지지 않겠다'는 강한 승부욕이 꿈틀대고 있었다. 그러한 마음을 가진 채 한국으로 돌아온 그는 처음으로 동아리 활동을 한다. 이름 하여 '마술피리'. 마케팅이 술술 풀리는 그날까지 피나게 전진하리라는 뜻이다. 회원이 되려면 면접까지 봐야 하는 인기 동아리였다. 거기서 공모전 두 군데 입상 경력을 쌓을 수 있었다.

당시 그는 방향 설정을 분명하게 했다. 금융권이 아닌 곳에 자기 소개서를 쓴 곳은 대림산업과 STX 단 두 곳뿐이라는 사실이 이를 입증한다.

맹목적 자신감이 아닌 근거 있는 자신감을 갖추길

그는 거듭 자신감을 강조한다. 그러나 자신감도 자신감 나름이다.

"당당한 자신감이어야겠죠. 믿을 것 하나도 없는 맹목적인 자신감이 아니라."

실제로 그랬다. 기본 스펙을 갖춰 놓은 데서 생기는 자신감. 당황했을 때, 솔직하게 '모른다. 하지만 더 열심히 하겠다'고 말할 수 있는 자신감. 여러 자기 소개 버전을 언제, 어디서든 적절히 활용할 수 있는 자신감. 그의 자신감은 '근거 있는 자신감'이었다. 그리고 그것은 1년 남짓 꾸준히 집중력 있게 준비한 끝에 만들어진 것이다. 그에게 자신감을 심어준 것 중 하나는 농구다.

정문기 씨가 밝힌 농구관은 이렇다.

"농구는 팀워크나 승부욕, 집중력을 길러주고, 대인관계를 원활하게 해주는 운동이죠."

사실 그렇다. 그에게 있어 농구와 취업의 상관관계는 절대적이었다고 해도 과언이 아니다.

그가 금융권이라는 목표를 뚜렷이 설정해 놓은 것은 농구에서 얻은 집중력 때문일 수 있다. 취업에 성공한 친구들에게 도움을 받을 수 있었던 것도 농구로 쌓은 좋은 인간관계 덕분이다. 만약 이 책을 읽는 독자들에게도 '정문기 씨의 농구공' 같이 열정을 바칠 대상이 있다면 꿈을 향해 뛰어오르기 훨씬 수월할 것이다.

1_ 네트워크로 취업문을 돌파하라

면접장에 가보면 정말 '왜 왔지' 싶은 분들도 있어요. 그냥 찔러본 것 같은 인상을 주기도 해요. 스펙은 좋거든요. 그런데 면접 때 질문에 정반대되는 얘기를 하시는 분들이 있어요. 은행에 지원하는데도 '돈 꿔준 뒤 못 받으면 어떻게 하겠느냐' 는 질문에 '계속 꿔 주겠다' 고 하는 사람들이죠.

먼저, 진로를 확실하게 정하는 게 좋은 것 같아요. 그러려면 정보를 많이 활용하고 인간관계도 잘 다져놓아야 하고요. 전 금융권 한 곳 빼고는 모두 아는 사람이 있었어요. 그런 네트워크가 잘 형성되어 있으면 여러 모로 취업에 도움이 되는 것 같아요.

2_ 피드백을 통해 허점을 보완하라

우선 신문을 많이 보라고 말하고 싶어요. 사설은 기본이고요. 아무튼 왔다 갔다 할 때 신문을 많이 보라는 얘깁니다. 전 항상 신문을 끼고 살았어요. 또 스터디를 실전처럼 하면 자연스레 임기응변 능력이 길러지죠. 피드백도 중요해요. 서로 냉정하게 평가해 주는 것도 잊지 말아야 합니다. '너무 식상하다, 허접하다, 공부 더 해라' 이렇게 가감없이 얘기해 줘야 서로가 발전합니다. 부족한 부분은 서로 가르쳐주기도 하고요. 그런 것들이 큰 도움이 됐습니다.

How to
Get Hired
at Top
Companies

'나' 라는 브랜드 이미지는
차별성의 아웃풋이다

_패러다임의 주체

어떤 목표이건 자신이 주체가 되고 주동이 되지 않고서는 우주삼(宇宙心)이나 타인의
협력은 오지 않는다. 주인이 선두에 서야 되는 것이다. 반드시 하고자 하는 마음,
반드시 실현시켜 보겠다는 자신력이 비로소 확실한 효력으로 인도되는 것이다.

-그라시안

역발상으로 자신만의 브랜드 만들어
대기업 3곳에 합격한 **허정석 씨**

숭실대학교 벤처중소기업학과 졸업. 용산전자상가에서 아르바이트 시작. 아파트 계약
가이드, 객원 마케터, 고객관리회계 마케터, 어학원 판촉사원 등. 아웃소싱지도사 2급,
유통관리사 2급. 메가박스 마케팅 공모전 입상. 50군데 이상 지원서 제출. 최종 면접
까지 오른 곳은 5, 6곳. 현재 LG서브원 근무.

동즉사同卽死 이즉생異卽生,
같으면 죽고 달라야 산다

"면접 때 저는 '인관관계가 좋습니다' 라고 말하지 않았습니다.
'제 휴대폰에는 500명의 전화번호가 저장돼 있습니다' 라고 했지요. 자격증을 딸 때도
남들은 잘 모르는 '아웃소싱 지도사' 를 목표로 했습니다. 스포츠센터에서 아르바이트할
때 고객의 신발장 번호를 외워뒀다가 나가실 때 반 박자 빨리 갖다 줬더니 만족하는 고객의 얼굴을
볼 수 있었죠. 무엇이든 남들과는 반 박자 다르게 하려고 했습니다."

그에게 있어서 살 길은
오직 차별화뿐이다

'동즉사同卽死 이즉생異卽生'. 허정석 씨(28)의
취업관은 이 여섯 글자로 압축된다. 같으면 죽고, 다르면 산다. 남과 다른 생각과 행동을 할 때 더 나은 결과를 창출할 수 있다. 한마디로 차별화만이 살길이라는 게 그의 신념이다.

차별화를 위해선 '역발상' 이 필수다. 그는 남들이 잘 가지 않은 길을 과감하게 파고들었다.

"벤처중소기업과라는 이색 학과에 진학하면서 타인과 다른 나만의

차별화는 시작된 거죠."

취업에 필요한 자격증을 딸 때도 그는 특이한 것을 골랐다. '아웃소싱_{외부조달} 지도사' 자격증이 그중 하나다. 아웃소싱 지도사란 아웃소싱 공급업체 선정부터 계약 체결, 성과 분석, 공급업체 및 외부 근로자 관리 등의 업무를 수행할 수 있는 전문가를 말한다.

"앞으로 전망이 밝은 사업 분야가 뭔지 고민하다 국내에는 생소한 아웃소싱 전문가가 유망할 것이라고 판단했습니다."

결국 그는 아웃소싱 전문 업체 중 최상위권으로 손꼽히는 LG그룹의 서브원에 입사하게 되었다. 남들과 차별화하기 위한 순간의 선택이 평생 갈 길이 되어버린 것이다. 아웃소싱 지도사 외에도 허 씨는 유통관리사(2급), 평생교육사(2급) 자격증을 가지고 있다. 물론, 아르바이트도 다양하게 했다. 그는 "아르바이트를 통한 다양한 사회 경험이야말로 내 인생의 첫 번째 자산"이라고 꼽는다. 아르바이트를 하면서 얻은 것은 또 있다.

"다양한 외부활동에 도전하면서 저 자신을 찾을 수 있었어요. 학벌이나 학교 브랜드보다는 개인 브랜드가 더욱 중요하다는 사실도 깨달았고요."

그는 영혼이 담긴 명확한 목표의식과 도전적인 자세가 있다면 취업 준비 과정은 누구에게나 '건설적인 성장통'이 될 수 있을 거라고 말한다.

그는 이미
준비된 영업맨이었다

이 책에 등장하는 취업 고수들은 유난히 반수半修생 출신이 많다. 그 역시 반수생이다. 서경대학교 법대에 입학했다가 반수를 해 숭실대학교 벤처중소기업과에 들어갔다.

"서울 시내의 학교 중에 이런 이름의 과가 없었어요. 경영, 경제보다 차별성이 있다고 생각하고 지원했죠."

이름이 특이하다고 차별성이 있다 할 수 있을까?

"저희 과 같은 경우는 기업가 정신을 바탕으로 하고 있어 경영이나 영업 같은 것들을 많이 공부해요. 중소기업 CEO들과 멘토할 수 있는 기회도 있죠. 다른 과보다 무언가 얻을 수 있는 기회가 많을 거라고 생각했어요."

하지만 그의 대학생활의 시작은 '고삐 풀린 망아지' 같았다. 홍대 앞 클럽을 출근하다시피 했다는 것이 그의 부연 설명이다. 그러다가 그 역시 다른 학생들처럼 알바 전선에 뛰어들었다. 그것은 방학을 앞둔 5월부터였다.

"학점이 1.89점이었어요(후에 4.44까지 받기도 했다). 제가 1학년일 때는 지금처럼 취업에 대해 그렇게 암울한 분위기가 아니었거든요. 아르바이트를 할 때도 사회를 배우고 싶다는 생각으로 시작했죠."

하지만 그가 아르바이트 자리를 구하러 찾은 곳은 남들과는 조금 달랐다. 많은 대학생들이 아르바이트를 하는 술집이나 음식점보다는 좀 더 크고, 무엇인가 시스템을 파악할 수 있는 곳으로 가고 싶어서 용산 전자상가로 향했다. 시세에 맞게 가격도 조정해 보고 영업을 배워보고 싶었다고 그는 전한다.

가게 이곳저곳을 돌아다니며 "아르바이트하겠습니다"하고 무작정 문을 두드렸고 결국 '캐논' 총판점에서 일자리를 잡을 수 있었다. 그것이 그의 첫 번째 조직생활이었다. 아침 7시에 출근해 저녁 8시에 퇴근했다. 걸레질에서부터 커피 심부름까지 허드렛일도 마다하지 않았다.

"군대 이등병 생활을 거기서부터 배웠어요."

4개월째 접어들었을 때 '작은 기적'이 일어났다. 총판점 사장이 '월급을 100만 원에서 150만 원으로 올려줄 테니 학교에 가지 말고 여기서 일하자'하고 유혹하는 것이었다. 그의 판매 실적이 특별히 뛰어났던 것은 아니다. 하지만 사장은 그의 '성실성'을 주목했다.

"제가 고객을 대할 때 살갑게 잘 맞아준 것 같아요. 어리지만 진실하게 파는 사람이라는 인식을 주려고 했었죠. 하다못해 걸레 하나를 빨 때도 물방울 하나 안 떨어지게 했고요. 그래서 그쪽에서도 영업 스킬을 좀 더 가르치면 판매도 나아질 수 있다고 생각한 것 같습니다."

사실 반가운 제안이었지만 받아들일 수는 없었다. 하지만 '영업맨'으로서의 자질을 확인할 수 있었던 것은 커다란 수확이었다.

아르바이트, 많이 하는 것보다
그것을 제대로 활용하는 것이 중요하다　｜　용산전자상가에서의
경력뿐 아니라 그의 알바 경력은 화려하기 그지없다. 연극인이 무대에서 여러 가지 인생을 살듯이, 그는 알바를 통해 다양한 인생살이를 경

190

험했다. 기억나는 알바 중 하나는 2003년에 열린 '강한 친구들' 콘서트 진행 스태프를 했던 것이다.

"대형 콘서트였는데, 출연하는 연예인을 경호해 주는 일을 하는 거였죠. 경호 쪽으로 안내를 한다거나 몸으로 가이드해 주거나 일종의 에스코트를 하는 거죠. 그 콘서트에 가수 장나라 씨가 출연한 거예요. 직접 벤을 열어주고 에스코트하기도 했죠. 좋아하는 가수를 에스코트하다니 신기하기도 하고, 재미도 있었죠. 또 한 사람의 안전을 지키는 일이니 의미 있는 일이기도 했고요."

그는 뷔페 식당에서도 일했다. 거기에 아파트 계약 가이드, YBM, LG패션 등 10개 이상의 기업체 객원 마케터, 고객관리회계CRM 텔레마케터, 어학원 전단지 판촉사원까지. 심지어 청바지 모델로 서기도 했다. 그런 다양한 아르바이트들은 과연 취업에 도움이 됐을까.

"도움이 됐죠. 다른 친구들은 주로 당구장이나 호프집에서 아르바이트를 했는데 저는 금전적 이익뿐 아니라 훗날 진로를 모색하는 데 도움이 되는 일을 하려 했어요. 아파트 계약 가이드를 할 땐 하루에 300명의 고객까지 만났어요. 그때 사람을 대하는 법, 모르는 사람과 이야기하는 법을 배웠죠."

사실 같은 일을 해도 어떻게 하느냐에 따라 결과는 달라진다. 아르바이트 자체가 취업에 도움이 된다기보다 모든 경험을 취업에 도움이 되도록 받아들일 수 있는 자세, 취업에 도움이 될 것을 뽑아내는 능력. 그것이 핵심 포인트인 것 같다.

필자의 생각에는 웨딩 뷔페에서 일한 것이 취업에 크게 도움을 줬을 것 같지는 않다. 하지만 그의 생각은 달랐다.

"사람들은 보통 뷔페 식당에서 일한다고 하면 서버를 생각하죠. 사람들이 다 먹은 접시를 치우고 필요한 물건이 있으면 갖다 주고요. 저는 거기서도 고객 응대 방법을 배울 수 있다고 생각해요. 이것이 후에 직장생활하는 데에 도움이 될 수도 있고요."

군대에서 그는 부식차량 운전병으로 일했다. 보통의 운전병들이 이런 경력을 취업에 활용하는 일은 없다. 그러나 허정석 씨 생각은 또 달랐다.

"지금 제가 하고 있는 일은 물류와 관련 있는 일입니다. 군대에서 맡은 보직을 통해 정확한 수량을 정확한 시간에 맞춰 나르는 일이 중요하다는 것을 배웠죠. LG서브원이 구매대행 업체이기 때문에 당시에 배운 것을 활용할 수 있었고요. 자기 소개서에도 관련 이야기를 썼습니다."

그는 한술 더 떠 말을 계속 이어갔다.

"보통은 병장이 되면 차량 운전을 거의 안 하는데 저는 일부러 제대하기 일주일 전까지 운전을 했어요. 그러면서 이쪽 일도 재밌겠다는 생각을 했고요."

일 년에 수첩 네 개가 모자랄 정도로 메모광이었다

인터뷰를 시작할 때 허 씨는 수첩부터 꺼냈다. 잠깐 그의 수첩을 엿보니, 여러 가지 메모가 빼곡했다. 꼼꼼히 기록하며 답변하는 자세가 무척 인상적이었다. 즉석에서 답을 못

했던 질문, 예컨대 '가장 재미있었던 알바' 같은 것은 일단 수첩에 적어놓았다. 그러면서 "나중에 다시 알려주겠다"고 했다. 군대에서 운전병으로 있을 때도 책과 메모지는 언제나 가까이 두었다고 한다.

"지금 수첩이 작년부터 올해 초까지만 네 개쨉니다. 평소 메모하는 습관이 있어서 수첩이 금세 가득 차더라고요. 취업 준비할 때는 2개씩 가지고 다녔어요. 개인적인 스케줄에 관련된 것, 취업에 필요한 것 이렇게요. 취업 준비의 생명은 기한 내에 서류를 제출하는 거죠. 서류를 언제까지 제출해야 하는지, 온라인인지 오프라인지, 오프라인이면 동선은 어떻게 그려야 하는지 등 수첩에 적어 미리 시간 계산을 하고 안배를 했던 것이 도움이 되었어요."

그는 사람들을 만날 때도 시간을 염두에 뒀단다. 심지어 친구들과 술자리를 할 때도 한꺼번에 여러 명을 만났다고 한다. 1대1로 만나는 것은 되도록 줄였다. 그는 그 이유를 시간 분배를 위해서였다고 밝힌다.

그는 '포스트잇'과도 상당히 친하다. 중요한 말이나 좌우명은 포스트잇에 써서 방에 붙여 놓는다. 그렇게 붙여 놓으니 눈으로 자주 보게 되고 계속 보다 보니 저절로 머릿속에, 마음속에 새기게 되었다고 한다.

또 그는 대단한 독서광이다. 주로 자기계발서를 읽는데, 많이 볼 때는 일주일에 2~3권씩 읽기도 한다. 대한민국 성인 평균 독서량이 한 달에 한 권이라는 점을 미뤄보아 독서광이라 부를 만하다.

2005년 9월, 군에서 제대한 그는 2학기에 이른
바 '칼복학', 바로 복학하는 바람에 "인생에 대해서 깊이 생각할 기회
가 없었다"고 당시를 회고했다. 하지만 그에게는 앞으로의 인생, 무엇
을 해야 할지에 대해 생각하는 시간이 필요했고, 3학년이 시작되던 해
휴학을 한다. 이 기간 동안 그는 자격증을 '두둑하게' 따놓았다며 말을
이었다. 그 해 3월부터 두 달이라는 비교적 짧은 시간 동안 준비해 아
웃소싱 지도사 자격증을 딴 것이 단적인 예다. 본격적인 취업전은 그때
부터 시작이었다. 2009년 1월 취업에 성공했으니 꼬박 3년이 걸린 셈
이다.

아웃소싱 지도사란 생소한 자격증을 왜 따는지 설명을 부탁했다.

"어떤 것을 해야 커리어에 도움이 될까 고민하던 중 신문에서 '미국
은 아웃소싱이 70퍼센트인데 우리나라는 미비하다' 라는 제목의 기사
를 보게 됐어요. 그래서 그쪽이 가능성이 있겠다 싶었어요. 공부하는
시간은 두 달이면 충분했어요. 유통관리사 공부와 병행했는데 그때는
외부활동도 줄이고 죽어라 공부에만 매달렸죠. 아침 8시에 도서관으로
출근해 밤 10시에 퇴근하는 식이었죠."

그의 공부법은 조금 특이했다. 도서관에 도착해 제일 먼저 하는 일
은 바로 메모였다. 중요한 순서대로 메모를 하고선 주로 오전에 몰아서
공부를 해놓았다. 그리고는 밥 먹는 시간을 최대한 단축하려고 12시쯤
간단히 샌드위치를 먹으며 공부하다 오후 3시쯤 집에 가서야 늦은 점
심을 먹었다. 그리곤 잠깐 눈을 붙였다. 저녁식사 전에 일어나서 휴식

시간을 가진 뒤 저녁을 먹고 6~7시쯤부터 다시 도서관으로가 저녁 공부를 시작했다.

공부만 계속하는 것보다는 어느 정도 휴식을 취해 주는 것이 학습 효과가 더 컸단다. 무리를 하지 않아 좋은 컨디션을 유지할 수 있었고, 저녁 시간에 하는 공부의 집중력은 더욱 높아졌다.

하지만 그에게도 고민은 있었다. 바로 토익 점수가 문제였다.

"토익은 다른 활동과 병행하다보니까 빨리 올려놓지 못했어요. 단기간에 끝냈으면 좋았을 텐데, 필요한 점수까지 올리는 데 시간이 필요했죠. 2006년부터 2008년 3월까지 준비했으니까요. 제가 보기에 토익은 빨리 끝내는 게 좋아요. 대학 시절을 되돌아봤을 때 토익 공부했던 시간이 가장 아깝더라고요."

영어 공부한 게 아깝다?

"850점에서 900점으로 올리려면 2개월 정도 걸리는데, 그 시간을 다른 분야에 도전하는 데 투자한다면 자신만의 스페셜리티를 만들 수 있잖습니까. 스피킹은 평생 자기 경력이 되지만 토익은 결국 서류 제출용이거든요."

남들과 다른 점 또 하나, 그는 뭐든 시작할 때 다른 사람들의 합격기부터 추리곤 했다.

"성공한 사람들의 자료를 취합하고 그들의 합격 수기를 따라하는 것으로 시작해 거기에 저만의 방식을 추가했어요. 토익은 독학으로 시작했다가 스터디도 병행했고요. 혼자 하다 보니 막히는 부분이 있더라고요. 목마른 사람이 우물 판다고, 스터디도 제가 결성했죠. 하지만 자격증 취득은 혼자 준비하는 게 편해요."

면접이나 시사 공부가 아니라 토익을 스터디로 하는 게 과연 효율적일까?

"계속 혼자 공부하니까 외로움이 커지더라고요. 그래서 다음 카페, 취업뽀개기 등에서 멤버를 구했는데, 자기 소개서를 제출하라고 해 그 사람의 성향을 파악한 뒤 남자, 여자를 섞어 팀을 짰죠. 우선 스터디 멤버들의 목표는 700~800점 사이로 정했습니다. 토익은 기본만 갖고 가자는 생각이었어요. 어떤 사람이 문제를 만들어오면 그 사람이 '일일 티처'가 되어 가르치는 방식으로 진행했고요. 가장 효과적인 학습법은 자기가 배운 것을 남에게 가르쳐주는 거잖아요. 남을 가르쳐야 하는데 모르면 창피하니까 확실히 알고 전파해 주기 위해 저절로 공부를 하게 되더라고요."

자칫 노는 스터디가 될 수도 있지 않냐고 물어봤다.

"물론 그럴 수도 있어요. 스터디 하다가 눈이 맞아 커플이 된 경우도 있고요. 그렇지만 저는 스터디 덕 좀 봤어요. 스터디 멤버 중에 형님이 한 분 있었는데 경험과 열정이 넘쳐나셨어요. 그런 분이 한 명 있으니까 그 에너지가 모두에게 전염되더라고요."

그의 말을 종합해 보면, 스터디의 성공 열쇠는 결국 사람이란 얘기다.

"구성원, 즉 사람을 잘 만나야 돼요. 한 사람이 불성실하면 그 스터디는 끝인 거예요. 머리가 좋은 사람보다는 마음, 자세, 코드가 통하는 사람이 많을수록 좋고요. 더불어 목적에 대한 확실한 공유가 있어야 해요."

기획력과 아이디어는 훈련에 의해 충분히 업그레이드 될 수 있다

허정석 씨는 뭔가를 조직하는데 일가견이 있는 사람 같았다. 토익을 정복할 때도 스터디를 조직해 효과를 톡톡히 본 그는 공모전을 준비할 때도 같은 방법으로 도전했다. 인터넷은 사람을 모으는 데 있어 훌륭한 도구였다. 연세대학교 법대생과 동덕여자대학교 웹디자인과 학생으로 팀을 조직해 '메가박스 마케팅 공모전'에서 입상한 것이다.

"공모전도 팀 구성이 중요하더라고요. 동덕여자대학교에 다니는 친구가 웹디자인을 맡고, 제가 기획을 맡아 준비했죠. 각자 전공 분야가 다르니까 거기에 맞게 역할을 분담했고요. 사실 저는 학과 공부를 하면서 사업 계획서를 많이 써봤어요. 아이디어를 생각하는 것은 습관이 돼 있었죠. 공모전은 레드오션보다는 블루오션을 찾아야죠. 남들 다 하는 공모전보다는 메가박스 공모전이 차별성이 있었어요. 당시가 1회였던 터라, 경쟁률도 다른 대회에 비해 비교적 낮아 지원했는데 좋은 결과를 얻었습니다."

당시 그의 팀이 구상한 마케팅의 표적은 '솔로 남성'들이었다.

"영화관은 혼자 오는 남자들이 비교적 적은 곳이죠. 이런 남자들을 끌어들일 수 있는 이벤트나 프로모션이 뭐가 있을까 생각했어요. 남자란 대부분 여자가 많은 곳에 자연히 오게 마련이거든요. 그래서 생각한 것이 영화관에서 하는 '미팅'이에요. 극장이라는 공간이 가지고 있는 분위기를 십분 이용해 기획했죠. 솔로인 남녀에게 모두 좋은 만남의 기회를 줄 수 있고, 영화도 볼 수 있어 마케팅 방편으로 훌륭하다고 생각했어요. 당시 굉장히 많은 사람이 이벤트에 참여했어요. 영화가 시작하기 전에 레크리에이션을 통해서 스킨십도 하고 전화번호를 교환하기도 하고 돌아가면서 좌석도 바꾸기도 했죠. 짧은 시간에 최대한 많은 사람들을 만날 수 있게 하는 것도 놓치지 않았어요."

그는 이처럼 아이디어를 내는 게 습관이 들어 있었다. 사람들은 하나의 아이디어를 구성하는 것도 힘들어하는데 그는 어떻게 습관으로 자신의 몸에 배게끔 한 것일까.

"평소 신문이나 잡지, 책을 많이 읽고요. 유명 강사들의 강연회도 되도록 다 참석하려고 해요. 어느 분야든 조금씩이라도 자신만의 식견이 있어야 한다고 생각해요. 그리고 그 모든 것은 학교 수업의 연장선이고요. 학교 수업에도 충실히 한 것이 공모전 준비하는 데도 다 도움이 되더라고요."

그렇다고 그의 아이디어가 늘 채택되기만 한 건 아니었다.

"휼렛패커드HP 패널로 활동할 때였습니다. 정품 잉크의 판매가 잘 되지 않는 문제에 대해 패널들의 의견을 구했는데 저는 거기서 '충성도를 높이기 위해서 멤버십 카드를 제공하자', '10번 사면 1번은 공짜로 주자' 는 아이디어를 냈죠. 그런데 비용 면에서 타산이 안 맞았나 봐요. 결국 시행되지 못했습니다."

그러나 이렇게 아이디어를 제시하는 것 자체는 그에게 의미 있는 훈련이 됐다. 그는 의무적으로, 밤을 새워서라도 아이디어를 구상하는 일을 게을리하지 않았고, 작은 아이디어 하나하나가 모두 좋은 훈련이 되었다.

제 휴대폰에는 500명의
전화번호가 있습니다   허정석 씨는 2008년도부터 본격적으로

대기업에 도전했다. 대략 50군데 이상은 지원서를 냈다. 그중 최종 면접까지 온 데는 5~6곳 정도. 낙방한 곳도 부지기수다. 심지어 하루에 4군데서 불합격 소식이 날아오기도 했다. 하지만 그다지 큰 충격을 받지는 않았다고 했다.

"안 좋은 걸 오래 기억하고 있어봐야 현재 상황에 별로 도움이 안 되니까요. 안 좋은 것은 바로 잊고 다음 해야 할 액션을 준비했습니다."

그는 이미 스스로를 '경력 사원 같은 신입사원'이라고 자부하고 있었다. 기획이면 기획, 마케팅이면 마케팅, 영업이면 영업 모두에 나름의 자신감이 있었다. 그는 알바 하나를 해도 그저 시간을 흘려보내지 않았기 때문에 '산전수전, 공중전'까지 겪어본 거나 마찬가지였다고 믿었다. 실제로 경력 사원 같은 신입사원은 '허정석 자기 소개서'의 슬로건이기도 했다.

그는 자기 소개서의 핵심을 '자기 분석'과 '자기 PR'로 정리했다.

"뭘 잘하고, 뭘 잘할 수 있는지 그것만 정확히 표현할 수 있으면 자기 소개는 끝난 거죠. 제가 저를 어필할 때 '신입이지만 경력 같은 신입'이라고 하거든요. 기획안 작성 능력이라든가, 고객을 대할 때의 능력이라든가, 커뮤니케이션 능력이라든가 기업에서 원하는 걸 필드에서 많이 경험해 봤다고 이야기하고 거기에 맞는 논거를 많이 제시했죠."

면접에서 자기 소개를 할 때는 어떤 식으로 했을까.

"추상적인 것을 언급하는 것보다는 구체적인 사례를 들어 이야기를

했어요. 이를테면 일촌 200명, 핸드폰에 500명의 전화번호가 있다는 식이죠. 구체적으로 언급해 주는 게 좋아요. 거기에 스토리텔링을 가미한다면 플러스 점수를 받겠죠. 예를 들어 저는 삼성레포츠센터에서 일할 때 고객 신발장 번호를 외워두었다가 손님이 나가실 때 반 박자 빨리 갖다 줬더니 고객이 만족해 하시는 것을 느낄 수 있었던 것을 이야기했죠. 그렇게 체득한 고객 만족 서비스를 고객 감동으로 이어갈 수 있는 인재가 되겠습니다. 이런 식으로요. 별명을 물어보는 경우도 있는데 '키가 커서 롱다리입니다' 이렇게 말하고 끝내면 안 되죠. 저는 '오지랖입니다. 학창 시절 반장을 했었는데 친구들 얘기를 잘 들어주고, 조언을 잘 해주는 스타일이어서 친구들이 지어준 별명입니다' 라고 했습니다. 어떤 질문이든지 자신을 PR할 수 있도록 자기 경험에서 뽑아내는 것이 중요하죠."

그에게 면접 때 주의할 점은 무엇인지 물었다.

"대기업은 일종의 군대 같더라고요. 짧은 시간 안에 강렬한 인상을 주는 게 중요하죠. 자세와 목소리, 열정 같은 것을 단시간 안에 캐치하기 때문에 자기 소개서가 가장 중요하다고 생각합니다. 면접 때 질문할 거리를 남겨줘야 하거든요. 면접에서는 '우리가 나아가야 할 방향은 무엇이냐' 를 물어보셨는데 크게 어렵진 않았어요."

그의 경력이 지원하는 곳의 직무와 맞지 않을 때도 있었다. 하지만 크게 고민하지 말라고 조언한다.

"어 다르고, 아 다른 것 같아요. 가령 인턴기자를 하다가 영업직에 지원했다고 쳐요. '커뮤니케이션 능력을 많이 배웠습니다' 라거나 '다른 사람과 거리낌 없이 얘기할 수 있는 능력을 발휘했습니다'고 할 수 있잖아요? 순발력 있게 자기 경험에서 그 질문에 맞는 적합성을 추출하는것이 포인트죠."

그 또한 면접 때 답변을 못한 적도 많다.

"면접 실패 사례를 얘기하라고 하면……. 갑자기 아버님 성함의 한 자를 쓰라고 했을 때예요. 인턴 면접 때, 경쟁사 장점을 언급하라고 했을 때도 당황했고요. 그런 때를 대비해 면접 보러 갈 때 경쟁사가 어딘 지도 파악해 두면 좋을 것 같아요."

그는 3학년 여름 방학 후 선^{SUN}마이크로소프트사에 인턴십 면접을 보게 되었을 때를 떠올렸다. 선과 휼렛패커드사가 스토리지 사업 부분에서 경쟁 관계인 줄 몰랐던 그는 자랑스럽게 "현재 HP사의 패널로 있기에 IT산업 마케팅에 감각이 있다"고 했다가 면박을 당한 적이 있다고 했다.

철저한 자기 관리야말로 기초 중의 기초이다

경력 사원 같은 신입사원 허정석 씨가 스스로 생각하는 합격 비결, 그리고 취업 준비생에게 하고 싶은 조언을 들어봤다. 그는 자신의 합격 비결로 평범하지만 '노력'을 꼽았다. 그에게 일주일은 '월화수목금금금'이었다니 그렇게 말하는 게 당연할지 모른다.

"'남들은 일주일에 이틀을 쉬지만 난 그 시간에 더 준비하고 노력한다' 이런 게 제 경쟁력이었던 거죠. 자기 전에는 다음날의 스케줄을 짜고 봐야 할 책을 미리 정해 놓기도 했죠. 책을 볼 때도 일독으로 끝내는 것이 아니라 두 번 세 번 읽는 게 중요하고요."

메모를 꼼꼼히 하는 걸 보니 자기 관리가 아주 철저할 것 같다는 인상을 받았다.

"저는 시간 관리와 인간 관리만큼은 철저합니다. 다른 사람들도 시간 관리, 인간관계 관리가 가장 중요하다고 하더라고요. 저도 아직까지 그게 가장 중요하다고 생각하고요."

그에게 취업은 단순한 일자리 찾기가 아니라 자기를 발견하는 과정이었다. 그가 어떻게 자기를 발견해 나갔는지 살펴보자. 다음은 허정석 씨가 꼼꼼히 기록해 놓은 자신의 인생일지이자, 자기를 발견해 나간 과정이다.

2001년 어학원 전단지 판촉 사원

2002년 용산상가 (주) 관산컴퓨터

2003년 강한친구들 콘서트 스태프

2005년 샹드리제 웨딩홀 뷔페, 명동 롯데 호텔 뷔페, 제일 출장 뷔페, 삼성레포츠 센터

2006년 1월 Levi's 스타일리쉬 콘테스트 선발

2006년 5월 아웃소싱지도사 2급

2006년 6월 유통관리사 2급

2006년 8월 정보처리 산업기사, CN Nice 공연 행사 스태프, 두산 위브(수원) 아파트 계약 가이드, CIC KOREA CRM

2006년 9월 능률영어 ET-House 객원 마케터

2006년 10월 아식스 코리아 (주)휴럭스 리더스 3기

2006년 11월 YBM-E4U 사이버 어학원 대학생 서포터즈

2006년 12월 메가박스 컬쳐리더 공모전 입상

2007년 1월 (주) 오리온 그룹 사보 PROSUMER편 인터뷰

2007년 4월 SKT 엠파스 객원 마케터, 4월 메가박스 브랜드 아이덴티 F.G.I 참여

2007년 3~7월 숭실대 정대용 교수 연구실 근로장학생 역임, 정주영 창업론(수강 인원 80 명) 수업 관리 조교, 현대자동차 울산 산업시찰 행사 기획 및 인원 통솔 관리(참여인원 - 학생 교직원 포함 120명)

2007년 5월 국세청 대학생 현금영수증 홍보대사, 영삼성 열정 캠퍼스 취재단, YBM 우수 객원 마케터로 선정

2007년 6월 국세청 현금영수증 객원 마케터 캠퍼스 프로모션 (서울대, 중앙대 ,숭실대 캠퍼스 홍보)

2007년 7월 휼렛패커드 마케팅 패널

2007년 8월 ASUS 대학생 노트북 체험단, 다산북스 서포터즈

2007년 9월 LG패션 Hazzys 브랜드 객원 마케터, Y.M.C.A '꽃들에게 희망을' 피스 메이커 평화 기자단

2008년 1월 평생교육사 양성 과정 인턴 이수

2008년 2월 숭실대학교 성적 우수 장학금 수상(학년 최우수)

2008년 7~8월 (주) 교원그룹 KLP 인턴십 교육 관리직 인턴 이수

2008년 8월 Asus world 2008 박람회 스태프 참여, 교원그룹 KLP 인턴십 新사업 제안서 공모전 최우수 수상

2009년 1월 LG그룹 서브원 입사

그의 치열한 삶의 흔적 앞에서 확실히 '다름'이 느껴지지 않는가. 이런 '다름'은 면접관들에게 '울림'의 싹이 될 수 있음을 명심하길 바란다.

Live
Interview

1_ 같으면 죽고 달라야 산다

저의 스펙은 스페셜티^{specialty}이에요. 자신이 가고자 하는 해당 기업에 적정한 학점과 어학의 기본 점수를 만들었다면, 남과 차별화할 수 있는 플러스알파가 있어야 한다고 생각해요. 차별성 없는 스펙은 결국 무용지물이죠. 그 알파는 취업 준비생들 스스로가 만들어내야 할 숙제이자, 역량이라고 믿어요. 남이 하니까 나도 하는 스펙보다는 자신의 강점과 지향점에 부합하는 차별성을 재빨리 파악하고 준비하는 것이 관건이죠.

저는 한때 공무원 시험을 치르기 위해 휴학을 하기도 했지만 남과 다른 길로 가야 다른 결과가 나온다는 생각 아래 앞으로 전망이 밝을 사업 분야를 파악하기 위해 애썼죠. 그러다가 아웃소싱 전문가의 밝은 미래를 보게 됐어요. 미국은 이미 많은 영역에서 아웃소싱 산업이 성행하고 있지만, 국내에는 그 시장이 미비하다는 것을 알게 되었어요.

제 예상대로 아웃소싱 전문 인력에 대한 수요가 많이 생기더라구요. 현재 아웃소싱 전문 업체 중에 국내 1위인 LG서브원과 인연이 닿게 되어 구매대행 전문가라는 자부심을 가지고 기쁜 마음으로 근무하고 있습니다.

2_ 경험과 독서는 최고의 학습

지속적인 독서를 적극적으로 추천하고 싶어요. 제 경우에는 학기 중에 5권의 대출 권수를 항상 유지하며 책을 읽었어요. 수업이 없을 때면 도서관에 가서 독서 쇼핑을 했던 것이 면접 때 유효했죠. 또 독서 및 강연회, 콘퍼런스, 전문가와의 만남 등 자신만의 지적 탐색 시스템을 구축하는 것은 취업 성공뿐 아니라 인생 성공의 지름길이라 생각해요.

글 쓰는 연습도 권합니다. 독서 후기나 프로그램 후기 같은 것도 많이 써보세요. 그리고 신문 보는 게 굉장히 큰 도움이 되는 것 같아요.

4학년 1학기 때, 토익을 끝내놓았다면 방학 때는 SSAT를 준비해 보세요. SSAT는 아이큐 테스트와 비슷하니까 훈련을 할 수 있으면 좋죠. 저는 학교 공지사항이 업데이트되는 것도 놓치지 않고 모니터했어요. 정보를 찾는 데 시간을 많이 할애한 편이죠. 학교 취업 전문 선생님들을 찾아가 정보도 얻었고요. 그 분들을 통해서 정보를 얻어 H백화점 최종 면접까지 간 적도 있어요. 사실, 학교 담당자분들이 결정적인 역할을 할 수 있거든요. 그런 키맨들을 활용하는 것도 팁이라면 팁이죠.

3_ 무엇이든 주도적으로 나서라

문은 두드리는 자에게 열립니다. 저희 과 같은 경우, 사업계획서 발표가 많았어요. 그중 유독 팀플레이 프로젝트가 많은데, 군대 제대 후 졸업까지 모든 프로젝트에서 리더를 맡음으로써 남들보다 한 번 더 생각하고 행동할 수 있었어요. 그 시간들이 모여 저의 역량이 되었고요.

대외적으로도 메가박스 마케팅 공모전 때 영화관에서 미팅을 하자는 아이디어를 내서 공모전 수상을 할 수 있었고, ㈜교원그룹 인턴십 기간 중에는 노인장기보험 발효에 따른 노인 의료기기 렌탈 사업 기획을 주도적으로 기획함으로써 최우수 사업 제안팀으로 선정될 수 있었어요. CRM 직 텔레마케터로 일할 땐 하루에 400~450명의 고객과 접촉하며 직무 관련 경험들을 쌓았고요.

더 많이 지원서를 뿌려보고, 많이 떨어져보고, 그 과정을 통해 스스로 개

선점을 찾아서 보완해 봤던 게 가장 도움이 됐던 것 같아요. 빨리 합격했다고 무조건 좋은 건 아니죠. 똑같은 스펙이라도 결과는 천지차이거든요. 똑같은 스펙인데 작은 회사 영업직으로 들어간 친구가 있고, LG그룹 자회사 기획팀에 들어간 친구도 있죠. 그래서 빨리 취업하는 데 급급했다가 후회하는 사람들도 많아요. 조급하게 생각하지 않는 게 중요해요. 첫 직장을 결정하는 데 있어서도 심사숙고해야죠. 인생을 결정하는 일이니까요.

'지방대+여대생' 불이익 극복한 '실험실 악바리' **최수진 씨**

경북대학교 생물학과 졸업. 미국 NIDCD에서 3개월 연수. 학점 4.3점 만점에 4점대, 토익 700점대. 현재 CJ그룹 연구원으로 근무.

전문성 앞에
차별은 없다

"제가 좋아하는 분야라 열심히 하고 싶었고, 결과는 거기에 그냥 따라온 거죠.
어떤 일을 할 때, 내가 왜 이 일을 해야 하는지 의미를 찾는 것이 중요해요.
그러면 누가 하지 말라고 해도 저절로 하게 되지 않겠어요?"

**너무나 평범한
지방대 여대생?** "저는 뭐, 너무 평범해서 질문할 게 없으실 것 같은

데요. 호호."

인터뷰를 시작하자마자 멋쩍어하며 그녀가 처음 내뱉은 말이다. 최
수진 씨(26)는 인터뷰가 무척이나 쑥스러운 모양이었다. 자신은 대단한
사람이 아니라고 여러 차례 강조한다. 맞다. 경북대학교를 졸업한 그녀
는 옷차림까지 수수한, 길거리에서 흔히 마주칠 수 있는 보통 여성이었
다. 그런데 왜 최수진인가?

흔히 '취업난'이란 말 앞에 가장 자주 붙는 두 개의 명사가 '지방대'이고 '여대생'이다. 최수진 씨에게는 이 두 개의 수식어가 모두 붙는다. 그런 그녀지만 비교적 쉽게 취업문을 뚫었다. 자기가 가장 잘 할 수 있는 걸 찾았기 때문이다.

그것은 '실험'이었다. 8명이 함께 쓰는 약 5평짜리 연구실. 생물학도로서 그녀의 학창 시절은 이 실험실이 전부였고, 이곳에서 취업에 필요한 것들을 하나하나 얻어나갈 수 있었다.

악바리는 그녀에게 성실함과 일맥상통하는 단어였다

스스로를 평범하다고 주장하는 그녀에게 다소 생뚱맞아 보이는 질문부터 했다. 자꾸 평범하다고 강조하는데 혹시 별명이 있느냐고. 그녀는 얼마 전까지는 '악바리', 지금은 '어리버리'라고 불린다고 대답했다.

악바리 소리까지 들은 걸로 봐서는 독한 면도 있는 듯하다. 그녀는 어렸을 때 얘기를 꺼내며 실제로도 그러하다고 대답했다.

"어릴 적, 몸이 안 좋아 한의원에 갔을 때예요. 어쩔 수 없이 몸에 부황을 떠야 했는데, 어린아이가 글쎄 갑자기 이를 꽉 깨물더니 눈물 한 방울 안 흘리면서 참았다는 거예요. 그때 저희 엄마가 참 독하다고 하셨대요. 그때부터 그런 소리 많이 듣고 자랐어요."

최수진 씨는 대학원 시절, 미국 NIDCD국립난청 커뮤니케이션 장애연구소에서 3개월 동안 연수를 하기도 했다. 그녀의 주된 연구 분야가 난청이었기 때문에 선진 미국의 난청연구 기관에서 연수한다는 것은 무엇과도 바꿀 수 없는 소중한 기회였다. 당시 그녀의 목표는 "연구 과제를 끝마치고 3일은 여행을 다니자"였단다.

보통 공부와 노는 것을 동시에 하기란 쉽지 않다. 목표는 그렇게 나란히 세워도 공부를 하는 것도 아니고 노는 것도 아니면서 시간만 보내는 경우가 많다.

그녀가 연수하는 동안 지도 교수가 NIDCD에 있는 한국인 박사에게 "최수진은 잘 있느냐"고 물었다. 한국인 박사는 지도 교수에게 "미친 듯이 일만 한다"고 전했다.

당시 최수진 씨는 새벽 5시에 일어나 연구실에 출근하고, 막바지에는 4일간 꼬박 밤을 새가면서 일을 마친 끝에, 결국 3일간의 개인적인 시간을 가질 수 있었다. 홀가분한 마음으로 그녀는 뉴욕 여행을 다녀왔다. 일할 땐 확실히 하고, 놀 땐 비록 3일이지만 알차게 논 셈이다. 그녀의 악바리 기질을 잘 보여주는 일화이다. 그녀에게 악바리라는 단어는 결국 성실함의 다른 말인 셈이다.

차별은 없었다, 단지 차이가 있을 뿐

최수진 씨는 입사 지원서를 10개도 채 안 쓰고 CJ그룹에 합격했다. 서류전형에는 거의 붙었으며 CJ그룹 외에도 2~3군데 기업은 면접까지 치렀으나 CJ그룹이 가장 마음에 들어 택한 것이다. 그녀가 면접을 치른 다른 몇몇 기업들은 '나'가 아닌 '사회적 이슈'

가 주요 관심이었는데, CJ 면접에서 관심을 보인 것은 '나'였다는 것이 선택의 이유였다. 어떻든 요즘처럼 취업이 어려운 시기를 놓고 보면 다른 취업생과는 비교도 안 될 만큼 빨리 된 셈이다. 그것도 본인의 선택에 의해 말이다.

지방대에 다니는 주변 여대생들은 어떤지 궁금했다.

"주변 친구들은 그렇게 취업이 잘되진 않았어요. 다들 어렵다는 말을 입에 달고 다녔죠."

그중 공무원 시험에 합격한 친구들도 있다고 했다. 그러나 그 친구들은 대학에 들어오면서부터 공무원 시험을 준비했다고 한다. 그녀는 "무엇이든 일찍 준비를 해둬야 되는 것 같다"고 조언했다.

지방에서 서울로 진출하는 데 어려움을 느끼진 않았을까?

"저는 지역 차별은 없다고 생각해요. 지역이 차별을 받는다고 느끼는 건 결국 사람들의 개인적인 역량 차이라고 생각하거든요."

그러면 여대생으로서의 어려움은 없었는지 물었다.

"마찬가지로 여대생이라고 뭔가 차별을 받는 것 같지는 않아요. 이것도 개인 차이라고 생각을 하지, 여자이기 때문에 더 힘들진 않았어요."

그런데 왜 지방대생이나 여대생 취업이 더 어렵다고들 할까.

"정보를 얻는 길이 조금 어려운 것 같아요. 리크루팅도 잘 안 오는 거 같고요."

결국 '차별'은 없으나 '차이'는 있다는 얘기였다. 서울과 지방 학생 간의 차이는 결국 '정보'와 '기회'의 차이였다. 이 정도는 극복 불가능할 정도가 아님이 최수진 씨 사례에서 읽혀진다.

그녀 또한 정보와는 담을 쌓은 상태에서 취업 레이스에 나섰다. 우선 그녀의 면접 과정을 살펴보자.

한 달 동안 선배 한 분씩 모시고 식사하겠습니다

CJ그룹 연구직은 최종 합격까지 '서류 전형 – BJI 테스트^{인적성검사} – 전문성 면접 – 역량 면접' 이렇게 4단계를 거친다. 이력서 제출에서부터 최종 합격까지 거의 석 달이나 걸린 셈이다.

최수진 씨의 자기 소개서는 매우 평범하다. CJ그룹과 관련한 공모전 수상 경력도 없고 인턴활동도 없다. 자기 소개서 내용에서도 '번듯한' 말, 화려한 수사를 발견하기 어렵다. 그런데 눈길을 끄는 대목이 하나 있다. 어느 회사나 이 사람이 조직에 화합할 수 있는 인재인가를 보기 마련이다. 이런 표현은 어떨까.

"저는 업무 수행에 앞서 동료나 선배님들과의 관계가 매우 중요하다고 생각합니다. 이를 위해 입사 후 한 달 동안 하루에 선배 한 분씩 식사 대접을 통해 돈독한 관계를 다지고 업무 숙지가 빠른 직원이 되도록 하겠습니다."

각 기업별로 그들의 조직 문화 또한 다르다. 하지만 어떤 직종이든 새카만 신입사원이 선배에게 밥을 사게는 하지 않을 것이다. 따라서 이런 표현은 조직 문화나 회사 분위기를 제대로 파악하지 못한 말일 수도 있다. 그러나 왠지 인사 담당자를 미소 짓게 했을 것 같은 문장이다. 때 묻지 않은 순수함이 느껴지기 때문이다. 그녀는 그 다음에 이렇게 덧붙였다.

"저는 학창 시절부터 '공무원'이라 불릴 만큼 시험 전 노트 정리, 각종 문서 정리, 그리고 통계분석 정리 등을 잘하였습니다. 이를 토대로 업무와 관련된 서적과 선배님들의 가르침을 잘 정리하여 기본적인 지식을 쌓고 이를 기반으로 업무를 잘 수행하도록 하겠습니다."

자기 소개서란 보통 자기 자신에 대해 과장하여 말하기가 쉽다. 그러나 그 어떤 화려한 말보다 '공무원'이라는 세 글자는 그녀가 어떤 방식으로 생활했는지를 각인시키기에 충분했을 것이다. 아무튼 그녀가 실제로 생활한 바를 그대로, 과장하지 않고 적은 결과는 나쁘지 않았다.

면접관들이 보는 것은 바로 그 사람의 '잠재력'이다

'기본이 중요하다. 속설이 다 맞진 않는다.'

인적성 시험 과정에서 그녀가 몸소 느낀 점이다.

"CJ 인적성 시험은 족보 같은 것이 전해져 왔다고 하던데, 전 족보가 있는지도 몰라서 구경도 못 했어요. 친구와 같이 시험을 봤는데, 친구는 떨어졌어요. 그 친구는 족보를 봤는데 말이죠."

족보를 구해 본 친구와 결과가 엇갈리게 나온 이유는 뭘까.

"제가 생각했을 때 인적성 시험은 지원한 직무에 지원자가 얼마나 적합한 건지 보는 거라 특별히 암기하고 그럴 필요는 없는 것 같아요. 아, 그런 얘기는 있었어요. 제한된 시간 안에 문제를 다 풀어야 기본적인 합격권이다. 그런데 전 다 못 풀었죠."

전문성 면접은 석사 때 했던 일을 프레젠테이션 하는 PT 면접이다. 면접은 그녀의 석사학위 논문을 놓고 약 20분 정도 치러졌다. 최수진 씨의 학위 논문 주제는 난청에 대한 것이었다. 면접관들 대부분 연구원들이었기에 기본적인 지식, 실험에 대한 테크닉 등을 체크했다.

"석사학위 기간을 얼마나 성실히 이행했는가. 그걸 제일 많이 보는 것 같았어요. 뛰어난 연구보다는 기본적인 것을 얼마나 제대로 알고 있는지와 앞으로 회사에 왔을 때도 학위 기간만큼 열의 있게 할 건지를 보는 것 같더라고요. 직무에 배치받았을 때 얼마나 잘 적응할 수 있을지 잠재성을 보시는 거죠."

솔직한 면접이 최고이자 최선이다

전문성 면접을 마친 그녀는 뒤이어 역량 면접을 치렀다.

"보통 1시간 정도 역량 면접을 보는데 특별한 사항을 물어보시진 않아요. 과거에 어떤 경험을 했는지, 회사가 가지고 있는 가치가 지원자의 가치와 얼마나 부합하는지를 묻는 질문이 많았고요."

그녀에게는 '과거에 팀을 이뤄서 일해 본 적이 있느냐. 팀을 이뤄서 했을 때 성과가 어땠느냐' 또는 '목표로 했던 것을 달성해 본 적이 있느냐. 단체생활을 했을 때 서로 의견이 일치하지 않으면 어떻게 하느냐' 등을 물었다. 회사생활에 필요한 자세를 갖췄는지 묻는 질문이 많았던 셈이다.

"팀을 이뤄서 해본 적이 있느냐고 물었을 땐, NIDCD 경험을 얘기했어요. 사실, 팀으로 일할 때는 계획을 잘 세워야 했거든요. 연구 과제를 수행할 때 팀원들과 역할 분담은 어떻게 했고, 의견 차이가 있었을 때 어떻게 했는지를 말했죠. 솔직한 경험을 듣고 싶어 하시는 것 같더라고요. 말하는 스킬이 중요한 것 같진 않았고요. 미래에 같은 상황에 놓였을 때 어떻게 대처할 건지를 보고 싶어 하시는 것 같았어요."

난처한 질문에 답변을 못해서 어려울 때는 없었을까.

"질문이 난처해서라기보다는 제가 경험이 미흡해서 당황했을 때는 있었죠. '또 다른 경험은?' 하고 물어봤을 때는 당황하고 긴장해서 대답을 제대로 못했어요."

면접 때 긴장을 많이 한 탓이다. 면접 시간이 한 시간이나 돼서 마실 것을 가지고 들어갈 수 있었는데, 최수진 씨는 가지고 들어간 물을 한 모금도 못 마셨다.

그녀는 면접 질문을 미리 파악하려는 노력도 하지 않았다.

"미리 진출해 있는 선배가 있다면 질문도 짐작할 수 있었겠죠. 그런데 저는 그런 상황이 아니었어요. 하지만 제 생각에 그런 건 장기적으로 봤을 때 그리 훌륭한 방법은 아닌 것 같아요. 미리 질문을 알게 되면 답을 꾸며낼 수도 있어요. 그래서 어떤 면에서는 위험하다고 생각해요."

그러니까 그냥 있는 그대로의 자기를 표현하는 편이 낫다는 것이다.

"솔직하게 자기 경험을 얘기하는 것이 첫 번째, 그 경험을 통해 내가 어떻게 만들어졌는지 표현하는 것이 두 번째죠."

답변도 길게 하지 않았다고 한다.

"거의 세 문장 이상 대답을 안 했어요."

그녀는 인터뷰 내내 짧게 짧게 대답했다. 이렇게 말하다간 면접이 짧게 끝나고 대화가 이어지기 힘들지 않았을까 생각이 들 정도였다.

"질문을 되게 많이 주세요. 일상적인 대화처럼 진행돼서 한 시간이 그리 부담스럽진 않았어요."

보통의 취업 준비생은 초조한 나머지 장황하게 답변을 하려 한다. 그러나 그녀의 이야기를 들으면 그럴 필요는 없어 보인다.

최수진 씨에게 NIDCD에는 어떻게 갈 수 있었는지 물었다.

"저희 지도 교수님의 인맥 덕분에 갈 수 있었어요. 제가 CJ에 합격하는데도 일조하지 않으셨나 싶어요."

'인맥 덕을 봤다' 는 얘기는 사실 아주 솔직한 얘기다. 최수진 씨와의 대화에선 그런 솔직함이 여기저기서 느껴진다. 미루어보아 면접장에서도 마찬가지였을 것이다.

전공만 열심히 해도 길이 보인다

최수진 씨는 중고등학교 때부터 생물 과목이 너무 좋아 경북대학교 생물학과로 진학했다고 했다.

'부모와 자식은 왜 똑같이 생겼을까.'

이것은 중학교 때부터 그녀의 주요 관심사였다. 그러다 아이들이 부모를 닮은 배경에는 어마어마한 과학적 비밀이 숨겨져 있다는 것을 알게 된 그녀는 한치의 망설임 없이 생물학과를 선택했다.

그녀가 취업을 준비한 것은 대학원 석사 1년 때부터였다. 그전까지는 따로 취업을 위해 준비한 것이 하나도 없다고 해도 과장이 아니다. 심하게 언밸런스한 그녀의 학점과 토익 성적이 그 증거다. 최수진 씨의 대학원 학점은 평점 4.3만점에 4점대였고, 학부 때도 4점대를 유지했다. 그러나 토익 성적은 700점대다. 요즘 같은 고 스펙 시대에는 다소 모자란 점수다.

그렇다면 CJ그룹은 영어의 비중이 그리 높지 않은 것일까?

"이력서에 영어공인 성적, 토익 점수를 기록하고, 마지막에 오픽^{OPIC} 시험을 치르죠. 전 토익이 700점 초반이에요. 몇 년 전에 삼성에 취업한 선배가 토익 700점을 겨우 넘겼는데 제가 알기로는 1등으로 취업했거든요. 토익 990점이 중요한 건 아니라고 봐요."

오픽도 뭔가 특별한 말을 원하는 것이 아닌 얼마나 편하게 의사소통할 수 있는지 봤다고 한다. 대신 학점은 상당히 높다.

"제가 좋아하는 분야여서 열심히 하고 싶었고, 거기에 따라온 결과죠. 성적은 성실성의 척도인 것 같아요. 얼마나 성실하게 학교생활을 했느냐를 보려는 거니까 커트라인만 넘는다면 상관없고요."

대신 공모전 같은 건 단 한 번도 한 적이 없다.

"공대 쪽은 많이 할 수도 있는데……. 자기계발을 위해 찾아서 하는 것은 좋지만 스펙을 높이기 위한 것은 의미가 없다고 생각해요."

혹시 수상 경력은 있는지 물어봤다.

"대외적으로 상은 타본 적이 없고요. 학부 졸업할 때 총동창회장 상을 타긴 했네요. 그것도 왜 탔는지 모르겠어요."

특별함을 죄다 평범하게 말해버리는 것이 그녀의 습관인 듯하다. 이렇게 자기 PR이 부족해도 취업에 성공할 수 있는 걸까. 자기 PR이 필요 없다는 뜻은 아니다. '솔직 담백'이 '자기 PR'보다 중요하다는 뜻으로 이해하면 될 것 같다.

무엇을 했느냐보다 어떤 일, 어떤 역할을 했는지가 중요하다

최수진 씨의 유일한 바깥활동은 대학 시절부터 꾸준히 해온 '신망애'라는 봉사활동이다.

"보육원 애들이 공부하는 걸 도와주는 일이었어요. 회원은 한 학번당 10명이었고요. 대학교 1학년 때부터 지금까지 하고 있죠."

혹시 자기 소개서에 쓸 봉사활동 경력을 의식한 건 아니었을까.

"전 이력서에 봉사활동은 아예 안 적었어요. 봉사활동을 해본 적이 있다는 걸 얘기하기 위해서 한 게 아니니까요. 그 안에서 어떤 역할과 어떤 경험을 했다는 것이 중요하지, '난 이런 거 한 사람이다'를 알리는 건 아니라고 봐요. 그런 면에선 제가 제 마케팅을 잘 못하나 봐요."

봉사활동을 시작한 한 계기는 그저 사람을 만나고 싶다는 데서 시작했다.

"거기 있는 사람들 모두가 봉사를 한다고 생각하지 않아요. 저는 그냥 뭔가 다른 그룹 속에 있는 사람들을 만나보고 싶어서 들어갔어요. 아이들 나이도 다양해요. 막 두 살된 아기부터 다섯 살, 초등학교 다니는 아이들도 있고요. 지는 대학교 1학년 때 초등학교 6학년 아이들을 가르쳤어요. 지금도 그 아이들과 계속 연락하고 지내고 있죠. 걔들이 이제 고등학생이거든요."

정도 많이 들었을 것 같다. 하지만 그녀는 오히려 아이들을 통해서 자신이 받은 것이 더 많다고 이야기한다. 그래서 동아리 사람들도 지금까지 활동하고 있다고.

아이들을 통해서 얻은 것은 과연 무엇이었을까.

"물질적인 배경, 환경이 그렇게 중요하지는 않다는 생각이 많이 들어요. 어려운 환경에 있는 아이들이잖습니까? 그런데 어떤 상황 앞에서는 저보다 더 잘 헤쳐 나가기도 하더라고요. 자기 인생에 대한 책임감도 굉장히 커서 뭔가 준비할 때도 진지하고요. 오히려 일반 사람들보다 더 크게 생각하고요."

취업했다니까 아이들이 뭐라고 했는지 물어봤다.

"문자로 '이제 자주 못 볼 테니 잘됐다. 시집 가라' 고 하던데요(웃음)."

실험실에서는 인내를
바깥 사람들에게서는 열정을 | 최수진 씨는 학창 시절 아침 9시에 실험실로 직행해 밤 12시 전에는 집으로 돌아간 적이 별로 없다. 거의 진을 치고 살다시피 한 실험실에서 가장 먼저 배운 것은 '파이펫' 잡는 법. 파이펫은 스포이트와 비슷한 실험 도구다. 그 다음은 염기서열 분석기와 PCR 쓰는 법을 배웠다. PCR은 자신이 원하는 유전자를 증폭시키는 기계다.

그녀는 하루하루 이런 기구들에 둘러싸여 살았다. 그녀가 연구실에서 주로 했던 연구는 난청, 근골격괴사, 류머티스 관절염 등과 같은 질병의 유전 원인을 밝혀내는 일이었고, 실험의 필수 재료는 DNA였다. DNA의 서열을 분석하는 일이 실험의 대부분이었던 셈이다. 눈으로 확인할 수 있는 실험이 아니니 결과가 나올 때까지 반복하고 기다리는 일이 계속되었다. 세상 사람들이 모르는 유전자의 비밀을 캐내기 위해 가져야 하는 가장 큰 덕목은 바로 인내심이라는 사실을 깨달았던 시절이다.

그렇게 실험실이라는 울타리밖에 모르던 최 씨는 인생에 딱 두 번 해외 나들이를 한다. 앞에서 말한 '글로벌 챌린저' 활동의 일환으로 NIDCD를 3개월 다녀온 것과 캐나다에서 환경보호단체와 22일간 같이 지낸 것이 전부다.

"Y2Y라는 단체였는데 로키 산맥 쪽에서 야생동물을 보호하기 위해 노루나 양, 곰 같은 동물이 먹어서는 안 되는 식물들을 제거하는 것이 주요 업무였죠. 야생성을 잃어버리지 않기 위해서 동물과 인간을 차단시켜주는 일을 하기도 하고, 사람들이 쳐 놓은 덫도 제거하고요."

그곳 사람들의 정열은 실로 놀라웠고, 그녀 또한 그들에게 정말 많은 것을 배웠다.

"단체활동을 하는 사람들 중에는 대학생들이 많았어요. 저도 생물학을 좋아하기는 했지만 생물학 책을 끼고 다니진 않았죠. 그런데 그곳 사람들은 뭔가를 볼 때마다 책을 찾아보고 자료를 뒤적이면서 고민하더라고요. 치열하게 고민하는 그들의 뜨거운 열정이 옆에서도 느껴졌어요."

연구를 통한 사회공헌이
평생의 꿈이다

신입사원으로서 최수진 씨의 꿈은 다소 소박하다.

"신입사원들이 자기 꿈을 말할 기회가 많은데 제가 가장 많이 들었던 것은 CEO가 되겠다는 말이에요. 하지만 저는 그냥 제가 원하는 연구를 계속할 수 있었으면 해요. 평생 연구자의 길을 가는 것이 바로 제 꿈이에요."

그녀의 모든 것은 역시 실험과 연구로 통한다.

"연구를 해서 새로운 유전자를 많이 찾으면 사회에 도움이 되니까요. 실험을 통해 사회에 공헌을 하는 사람이 되고 싶어요. 아직도 원인이 불분명한 질병, 불치병 때문에 고통받는 사람들에게 작게나마 도움이 되고 싶어요."

평생 연구자가 되는 것이 꿈이라고 밝히는 최수진 씨. 자기가 그 일을 왜 하려는지에 대해서도 뚜렷이 정리를 하고 있었다. 만약 당신이 지금 하고 있는 일에 대해 '왜 하는지'를 명료하게 답할 수 있다면, 반쯤은 합격의 길에 들어서 있는 것이나 마찬가지일 것이다.

1_ 이 일을 왜 하는지 그 의미를 찾아라

실험은 정말 열심히 했어요. 실험실에 있다 보면 보통 아침 9시에 출근해서 밤 12시 전에는 집에 잘 안 가게 돼요. 실험이라는 게 정해진 시간에 끝마칠 수 있는 것이 아니니까요.

실험에 그렇게 빠질 수 있었던 이유는 좋아하는 일이기도 했지만, 내가 왜 이 일을 해야 하는지 의미를 찾았기 때문인 것 같아요. 그렇게 자기가 열정을 가질 수 있는 일과 목표를 찾고, 자기 능력을 계속 향상시키는 것이 중요해요. 어떤 일이든 그렇겠지만 자신이 어떤 연구를 할 때 궁금하지도 않고, 알고 싶지 않으면 어떻게 결과가 나오겠어요. 그러나 자기가 그 일을 왜 하는지 뚜렷이 설명할 수 있으면, 나중엔 누가 열심히 하지 말라고 해도 저절로 열심히 하게 되는 거지요.

2_ 꾸밈없는 맨 얼굴을 보여줘라

면접 땐 솔직한 게 최선인 것 같아요. 저는 선배한테 미리 정보를 구하지도 않았고 준비를 하지도 못했어요. CJ그룹에 바이오 연구소가 있다는 것도 교수님한테 들어 알았을 정도니까요. 면접 때 오로지 솔직하게 말한 것밖에는 없어요. 그러나 면접관들이 듣고 싶어 하는 것들도 솔직한 자기 경험이었던 것 같았어요. 제가 합격한 것이 그 증거죠.

인사·영업직만 노크해 대기업 4곳에 합격한
'열정맨' 윤인녕 씨

가톨릭대학교 경영학과 졸업. 학점 4.5점 만점에 3.5점, 토익 890점. 미국 노스캐롤라이나 주립대학 어학연수. C그룹 인턴사원으로 활동. 약 50여 개의 대기업에 지원. 14곳 서류전형 통과. 현재 동일석유 근무.

'어디로' 갈까보다 '어떤 일'을
할까부터 정하라

"면접관님, 만약 제가 이번에 안 뽑히면 하반기에 다시 도전할 겁니다.
그때도 안 되면 그 다음해에 지원하겠습니다. 그런데도 계속 떨어지면
경쟁사에서 저를 뽑게 만들겠습니다."

대기업 4곳 합격의 원동력은
바로 직무 분석 능력

요즘 취업 특강의 화두는 바로 '직
무'에 대한 것이다. '업종'을 정하는 것도 중요하지만 무엇보다도 자신
이 회사에서 어떤 종류의 일을 할 것인지부터 결정해야 한다는 뜻이다.

대기업 계열사 네 군데에 합격한 윤인녕 씨(27)는 에너지 회사에 첫
직장을 잡았다. 학점 4.5점 만점에 3.5점, 토익 890점, 미국 어학연수 1
년이 그가 가진 스펙의 전부다. 그런 윤인녕 씨가 대기업 계열사 네 군
데에 합격할 수 있었던 것은 바로 직무에 대해 철저히 분석한 결과라

할 수 있다.

그는 인사직, 영업직만 끈질기게 노크했다. 취업 준비도 그에 맞춰서 '선택과 집중'을 했다. 공모전보다는 토익, 특히 회화 능력 등 직무에 필요한 부분을 강화하기 위해 노력했다. 또 처음부터 직무에 대해 많이 생각하다 보니 자신의 목표를 뚜렷하게 설정할 수 있었다.

최종적으로 한화그룹 계열이었던 동일석유를 선택한 이유는 '현장에서 뛰는 영업'보다 '영업 체계를 알 수 있는 영업'을 배우고 싶어서였다. 물론 선배를 통해 회사 분위기를 미리 파악해 자신에게 맞는지 점검하는 센스도 잊지 않았다.

Scene 1. 동일석유 면접장

"우리 회사는 연 매출액이 6,400억 원 정도이고 국내 300위권 기업이지만 일반 소비자와 직접적으로 닿는 부분이 없기 때문에 업계 사람들이 아니면 대부분의 사람들이 모르죠. 우리 회사에 대해 아는 바를 말해 보세요."

윤인녕 씨는 면접 전 회사 홈페이지와 신문 기사 등을 통해서 알았던 회사 연혁 등을 간략하게 말했다. 정유회사로부터 석유를 공급받아 다수의 산업체와 거래하고 있는 곳이란 것이 그의 요지였다.

면접관은 이어 한화그룹에 대해서도 똑같은 것을 물은 뒤 "신입사원으로서 필요한 자세가 무엇인지 세 가지만 말해 보라"고 했다. 여기에 그가 꼽은 것은 '패기와 열정, 창의적인 사고, 예의'였다.

보수적이라고 알려진 에너지 업종이라 그런지, 조금은 엄숙한 분위기 속에 무난한 질문과 무난한 답변이 이어졌다. 면접관이 마지막으로 하고 싶은 말은 없는지 물었다. 이에 대한 윤인녕 씨의 답변은 다소 '도발적'이었다.

"동일석유가 저를 안 뽑으면 회사에 안타까운 일이 생길 것 같은 이유 3가지를 말씀드리겠습니다. 첫 번째 이유는 제 이름에서 찾을 수 있으실 겁니다. 제 이름이 좀 특이합니다. 이름뿐만 아니라 어떤 문제에서든 한쪽에서만 답을 구하지 않고 다양한 시선으로 그 해결점을 찾으려 하는 점이 특이합니다. 두 번째, 저는 저 자신보다 팀워크를 중시하는 사람입니다. 마지막 세 번째, 만약 제가 이번에 떨어지면 하반기에 다시 도전할 예정입니다. 그때도 안 되면 다음해에 다시 지원하겠습니다. 그때도 떨어진다면 마지막에는 경쟁사에서 저를 뽑게 만들겠습니다."

면접관의 얼굴에 미소가 스쳐 지나간 것을 본 것은 그의 착각이 아니었다.

Scene 2. C그룹 인턴사원 면접장

면접관 앞에선 항우장사라도 무조건 긴장하기 마련이다. 그는 면접장에 들어가기 전 계속 자기 최면을 걸었다.

'나는 사람 대 사람으로 대화를 하러 가는 것이지 외계인을 만나러 가는 게 아니다.'

이런 자신감은 면접관을 웃게 만들었다. 한 시간이 넘도록 진행된 면접 중간에 윤인녕 씨는 목이 메어 기침을 했다.

"이 회사에 대한 뜨거운 열정이 몸에서 뿜어져 나와 그런지 오늘은 유달리 더 목이 마른 것 같습니다."

물을 마시면서 그가 던진 말에 면접관들 얼굴에 미소가 흘렀고, 결국 그는 합격 통지서를 받을 수 있었다. 후에 슬쩍 인사 담당자에게 왜 자신을 뽑았는지 물어봤다. 인사 담당자 말이 "면접을 하다 보면 지원자들이 다 비슷해 보이는데 윤인녕 씨는 남들보다 하고자 하는 열의와 진지함이 더 있어 보였다"는 것이다. 작지만 큰 차이가 그를 남들과는 다른 사람으로 돋보이게 만들었고, 결과는 엄청난 차이를 불러왔다.

크고, 당당한 목소리만으로
다른 면접자와 달라보일 수 있다 윤인녕 씨의 면접 승전보는 모두 '유머'와 관련이 있다. 면접관들을 박장대소하게 만드는 '코미디'가 아니라 미소 짓게 할 정도의 유머. 튀지 않으면서도 회사에 대한 무한한 애정을 엿보이게 한 진지한 유머였다.

"적당히 긴장하면서도 자신감 있는 모습이 어필하는 것 같아요. 말할 때는 목소리는 크게, 또박또박 하는 게 좋고요. 긴장한 나머지 종종 면접관들의 시선을 회피하는 사람도 있는데, 말하는 순간만큼은 면접관에게 집중하는 모습을 보여줘야 돼요. 첫인상만 잘 보여도 반은 먹고 들어가는 거죠. 저는 첫 질문에 어떻게 대답하느냐에 따라 당락이 결정

된다고 생각해요."

그가 특별히 강조하는 건 다름아닌 목소리다.

"에너지 업종이 워낙 힘든 업종이라서 남자 면접자가 많죠. 그 가운데 목소리를 크게 하면 다른 사람보다 자신감이 있어 보여요."

에너지 회사뿐 아니라 어떤 영업직이든 사정은 마찬가지였다. 증권회사 면접을 봤을 때다. 영업직 사원을 뽑는 면접이었다. 윤인녕 씨는 이른바 SKY 대학교 출신 면접자 A씨와 함께 면접장에 들어갔다. 그런데 A씨는 자기 소개도 능숙하지 못했고 무엇보다 목소리가 작았다.

그러자 면접관이 "목소리가 그렇게 작아서야 되겠느냐"고 핀잔을 줬다. 면접관 입장에선 기어들어가는 목소리로 고객 상담을 하는 A씨가 떠올랐을 것이다. 그가 힘 있는 목소리만으로도 면접관에게 신뢰감을 줄 수 있다고 말하는 이유가 바로 이것이다.

사소하다고 생각하는 경험도 소중하게 챙겨라

요즘 대학생들은 학교 내 동아리 활동보다 학교 밖 활동에 더 많은 시간을 투자한다. 기업에서 후원하는 마케터나 대학생 기자단 등 다양한 분야의 활동은 셀 수도 없이 많다. 그래서 자칫 바깥활동이 화려하고 근사한 결과를 안겨다줄 것이라 생각하기 쉽다. 하지만 작아보이는 것이 오히려 더 큰 결과를 가져다줄 수도 있는 법이다. 바깥활동보다 다소 덜 빛나 보이는 동아리 활동을 내실 있게 해 면접 때 훌륭한 이야깃거리를 만들 수 있다. 심지어 막노동 경험까지도 좋은 스토리가 되어 면접자의 진실성을 높이거나 역경을 이겨내는 능력을 보여주는 계기로 작용할 수 있는 것이다.

윤인녕 씨는 대학 시절 축구동아리 활동에 꽤 열심이었다. 운동을 하면서 생기는 성취감이 그를 몰입하게 했다. 하지만 그리고 면접장에서 축구동아리 얘기를 하게 될 줄 상상이나 했을까? 대기업 면접 도중한 임원이 그의 인간관계에 대해 물어보면서 "특별히 좋아하는 운동이 있나"고 물었다.

"운동을 아주 좋아하고 대학 때는 축구동아리에서 활동했습니다. 저와 다른 친구들 몇 명이 주축이 되어 동아리를 운영했습니다. 저희 동기들이 운영하기 전에는 선배들이 자기들과 친한 사람들을 경기에 넣는다든지, 독단적으로 운영했는데 저희들은 회의를 통해서 선수들을 배치하고 경기 전술을 짰습니다. 후배들을 적재적소에 넣을 수 있게 되면서 불만도 줄어들게 됐고 팀워크도 향상되었습니다. 직장생활에서 팀워크가 가장 중요한 것은 마찬가지라고 생각합니다."

그렇게 해서 얻은 성과가 있느냐는 질문이 이어졌다.

"학교에서 전체 동아리 축구 대회가 열렸는데, 처음에는 예선에서 탈락해 고배를 마셨습니다. 하지만 포기하지 않은 우리 부원들이 다시 힘을 합쳐 패자부활전을 치렀고, 결국 우승컵을 거머쥐게 되었습니다."

그는 이 기업에 최종 합격했었다. 기업에서 '축구 선수'를 뽑으려는 게 아닌 이상, '우승'보다는 '패자부활전을 거친 우승'이라는 데 주목하지 않았을까 싶다.

대학교 1학년 여름 방학 때는 도로포장공사 현장에서 사촌 형들과 함께 아르바이트를 했다. 한여름 땡볕 아래에서 길을 다지고 뜨거운 아스팔트를 깔았다. 공사 현장의 체감 온도는 60도에 육박해 과거 이 일을 했던 형들은 2~3일 만에 백기를 들고 말았다고 했다. 그런데 윤인녕 씨만이 유일하게 한 달을 견뎌낸 것이다.

"처음에는 일주일만 하고 때려치우려고 했는데 결국 한 달을 채웠습니다. 구간이 완성될 때마다 이름 모를 성취감도 느꼈고요. 소중한 경험이었죠. 그전에는 아스팔트 도로를 봐도 '그냥 길이다'라고 생각했었는데 다음부터는 '많은 사람의 노력의 결과물이구나' 하는 생각이 들었어요."

이런 경험 또한 나중에 면접장에서 활용할 수 있었다.

"요즘 신입사원들은 인내심이 많이 약한데 윤인녕 씨도 인내심이 부족한 것 아닙니까?"

이때 공사 현장의 경험은 압박 질문에 대한 훌륭한 방어수단이 될 수 있었다.

"뜨거운 여름날에 그보다 더 뜨거운 아스콘을 도로에 포장하는 건설 현장에서 한 달 동안 일하면서 많은 어려움을 극복했습니다. 너무 힘들어서 몇 번이나 그만두고 싶었습니다. 하지만 자신과의 싸움에서 이겨보자는 생각으로 굳게 마음먹고 일하다 보니 인내심도 상당히 길러졌습니다."

당시 면접관은 상당히 흡족한 표정이었다고 한다.

면접 때 가장 중요한 시간은 자기 소개 시간
이다. 자기 소개는 면접자들이 면접관에게 던지는 '낚싯줄'이나 다름
없다. 자기 소개를 잘해야 면접관의 관심을 끌 수 있고, 대답하기 유리
한 질문을 유도할 수 있다. 그런 자기 소개의 바탕이 되는 것이 바로 자
기 소개서다.

그는 약 50군데의 대기업에 지원해서 14개 회사의 서류전형에 통과
했다. 합격한 곳보다 떨어진 곳이 더 많았다. '내가 이 정도밖에 안 되
나', '나를 필요로 하는 곳이 없는 건가' 하는 생각도 들었다. 하지만
'경제가 안 좋은데다 명문 대학교 학생들도 떨어지는 상황이니 떨어지
는 게 당연하다'고 생각하면서 마음을 편하게 먹었다. 그리고 뭔가가
부족했다고 생각하고 보완할 것들을 찾기 시작했다.

대기업 멀티 합격자들 모두 나름대로의 자기 소개서 작성 기준이 있
겠지만, 윤인녕 씨의 경우는 수십 군데의 회사에 지원해 부족한 점을
메워나가면서 다음과 같은 나름의 자기 소개서 쓰는 노하우를 얻을 수
있었다.

첫째, 회사에 대한 개인적인 느낌을 떠올려 반영해 본다

그는 어렸을 때 봤던 회사의 광고 문구 등을 기억해 내 당시 느꼈던
회사에 대한 느낌을 자기 소개서에 녹여냈고 서류전형에서 좋은 결과
를 얻은 경험이 있다고 조언했다.

둘째, 1,000자를 쓰는 것보다 300자를 쓰는 것이 더 어렵다

불필요한 말은 빼고 구체적인 사례 중심으로 써라. 예컨대 '미국에서 의미 있는 시간을 보냈습니다'는 좋지 않다. 이 문장은 '미국 어학연수 기간 동안 핸드폰 요금이 잘못 나와 혼자 대리점을 찾아가 영어로 잘못을 지적해 문제를 해결했습니다'로 고치는 것이 훨씬 더 좋은 점수를 받을 것이다.

셋째, 시간 여유를 갖고 자기 소개서를 써라

자기 소개서를 쓰다보면 어떤 것은 3시간밖에 안 걸리는 것도 있지만, 어떤 것은 3일이 걸리기도 한다. 마감 5분 전이나 30초 전은 지원하는 회사의 서버가 갑자기 다운될 수도 있을 수 있다는 것을 명심하길 바란다.

넷째, 탈고 때는 반드시 회사명, 맞춤법을 확인하라

자신은 그런 실수는 하지 않을 것 같지만, 막상 시간에 쫓길 때는 누구나 실수를 저지르게 된다. 윤인녕 씨도 마감에 쫓기다 맞춤법이 틀린 경우가 있었다고 한다.

다섯째, 처음 쓸 때 열심히 써라

처음에 썼던 것을 부분 부분 재활용하는 경우가 있으니 한번 쓸 때 제대로 쓰는 것이 중요하다.

영어는 손에서 놓지 말고 길게 볼 것

요즘 취업 준비생들에게는 기본이라고 생각하는 자격증의 수가 점점 늘어나고 있다. 하지만 윤인녕 씨만 해도 자격증을 여러 개 갖추지는 않았다. 그러나 영어만큼은 꾸준히 했다. 토익과 회화 두 마리 토끼를 동시에 좇아 모두 잡은 사람이 윤인녕 씨다.

그는 군 입대 전부터 영어회화 학원에 다녔다. 제대 후 어학연수를 계획하고 있었기 때문이다. 군대 가기 직전까지도 매일 아침 학원 수업을 들었고, 오전 6시 30분 EBS 라디오 프로그램도 듣는 것도 게을리하지 않았다. 방송을 녹음해 교재를 보면서 복습을 하곤 했다. 그는 거기서 그치지 않고 버스로 학원을 오갈 때 배운 표현을 머릿속에 반복적으로 떠올리고 외웠다. 응용해서 생각해 보기도 하고, 그것을 학원에서 써먹으려고 노력했다.

이를 두고 '군대 가면 어차피 까먹을 텐데 뭐 하러'라고 생각할 사람들이 있을지 모르겠다. 하지만 그는 군대에서도 영어 공부를 이어갔다.

"상병을 달고 두세 달이 지나고부터 주말에 개인 시간이 주어지더라고요. 그때부터 공부를 시작했어요. 영어 공부는 장기적으로 해야 되잖아요. 한자 공부와 독서도 틈틈이 계속했고, 영어 단어 외우는 것도 게을리하지 않았죠. 집에다 토익책을 보내 달라고 해서 공부한 거죠."

영어 공부를 같이 시작했던 주변 사람들 중 몇몇은 중간에 손을 들고 말았다.

"군대에 있다 보면 머리도 굳어지고, 계급이 올라가면 쉬고 싶잖아요. 그래서 결국 같이 시작한 사람들 중 저만 하고 있더라고요. 아쉬운 점은 MP3 반입이 안 돼서 LC 공부를 못 했어요. 그래서 그런지 제대하고 처음 본 토익 시험 점수가 600점대 후반이더군요."

600점대 후반이었으면 아직 갈 길은 멀었다.

"아침 7시 30분이면 집에서 나왔어요. 씻고 밥만 먹고 나왔죠. 8시 정도에 학교에 도착해 영어 단어를 외웠어요. 그 전날 외운 단어를 확인하고 중요한 표현은 다시 보는 식으로요. 수업 듣고 나면 보통 6시 반 정도에 도서관으로 돌아가죠. 그 시간에 하는 라디오 프로그램이 있거든요. EBS, 다른 프로그램까지 이어서 듣다 보면 1시간 정도 걸려요. 그후에 1시간은 꼭 복습을 했고요. 주말을 제외하고 매일 6개월 동안 이런 식으로 공부했지요."

그 결과 600점대이던 토익 점수는 어학연수 직전까지 800점대로 올라가 있었다. 하루 목표량은 반드시 끝냈던 꾸준함 때문에 성적 상승이 가능했다.

그후 계획되었던 어학연수 준비는 유학원을 거치지 않고 비자부터 어학원 결정까지 모두 자신의 힘으로 해결했고, 어학연수를 다녀오자 895점이라는 결과가 그를 기다리고 있었다. '900점을 넘겨버릴까' 하는 생각도 들었지만 의미 없는 시간 같아서 포기했다. 서류전형을 통과하기 위한 점수는 800점대 후반에서 900점 사이면 무난하다고 생각하고 욕심을 버린 것이다.

그렇다고 영어 공부를 끝낸 것은 아니었다. 한창 기업에 원서를 내던 시기에도 하루 목표량을 정해 놓고 회화 중심의 공부를 이어갔다.

낯선 땅에서도
모든 일은 혼자 해결했다

윤인녕 씨는 미국 동남부의 명문 노스캐롤라이나 주립대학으로 어학연수를 떠났다. 물론 집에서 경제적 지원을 해주었지만, 그는 스스로 학비를 충당하기 위해 노력했다. 컴퓨터를 수리해 주는 아르바이트를 해 보탬이 되고자 했다. 거의 자력으로 다녀온 연수였기에 더욱 가치 있는 시간이었다.

처음 6개월 동안은 생각했던 것과 꽤 차이가 있었고, 이 때문에 그는 한동안 고민이 많았다. 학교에서의 수업은 회화보다는 문제풀이나 글쓰기 위주로 진행되었다. 6개월간 이런 식으로 공부를 하다 보니 후회하는 마음까지 들었다. '이렇게 하려고 온 건 아닌데, 때려치우고 집에 다시 갈까' 하는 생각도 있었다.

하지만 마음을 고쳐 먹고 연수지를 시카고로 옮기기로 했다. 샌프란시스코, 뉴욕, 시카고 세 곳을 저울질하다 대중교통을 이용하기 편리한 시카고로 결정했다. 시카고로 옮긴 뒤에는 원하는 대로 회화 중심의 공부를 할 수 있었다.

한 번은 시카고의 한 지역 신문 『레드 아이』에 그의 이름 세 글자가 등장하기도 했다. '아시아 사람 같지 않은 사람'으로 소개된 것이다. 보통 아시아에서 온 학생들은 부끄럼을 많이 타는데, 윤인녕 씨는 적극적으로 나서서 사람들과 어울리려고 노력하고 영어 배우는 것을 즐기려 한다는 것이 주요 내용이었다.

1년 동안 미국을 이해하기 위해 구석구석 여행도 많이 다녔다. 보스턴, 뉴욕, 필라델피아, 델라웨어, 워싱턴, 윈샬럿제도, 애틀랜타, 그레이트 스모키마운틴스공원, 올랜도, 마이애미, 키웨스트, 서부의 그랜드 캐니언 등을 다니며 넓은 세상을 온몸으로 느낄 수 있었고, 이것은 그의 인생에 소중한 경험으로 자리잡았다.

"자신감도 생기고 다양한 경험을 하면서 새로운 나를 만들어갈 수 있었죠. 여러 환경에 적응할 수 있는 능력을 높여준 것 같아요. 어학연수를 가면 집 문제부터 각종 공과금까지 모든 것을 혼자 해결해야 하거든요. 면접에서 외국생활을 경험하면서 느꼈던 것들도 얘기할 수 있었고요. 저는 가급적 문제를 혼자 해결하는 편이 낫다고 생각해요. 우리나라 사람들은 교민이든 유학생이든 현지 사정에 밝은 사람들을 끌고 다니면서 문제를 해결하려는 경향이 있어요. 연수를 떠날 분들에게 해주고 싶은 말은, 스스로 문제를 해결하는 것이 영어를 배우는 데 도움이 된다는 거예요. 저 같은 경우는 핸드폰 요금이 과다 청구되었을 때 저 혼자 대리점에 찾아가 해결하기도 했어요."

정직원을 가르치는 인턴사원이 되다

윤인녕 씨는 공모전은 따로 준비하지 않았다. 인사과와 영업직을 준비하고 있었기 때문에 마케팅이 주가 되는 공모전은 큰 필요가 없다고 생각했다. 대신 4학년 1학기 때 C그룹 인턴 면접을 위해 스터디를 꾸린 적이 있다. 면접 준비를 해야겠다는 생각에 유명 포탈 커뮤니티에 글을 올려 팀원을 모았고, 그렇게 C그룹 인턴 면접에 지원할 6명이 모였다. 스터디는 3개월 동안 월요일부터 금요일까지 매일 모여 면접 준비에 박차를 가했다.

우선 이슈가 될 만한 것들은 하나도 빠뜨리지 않고 살펴보았다. 쇠고기 파동 및 촛불집회, 사형제도, 베이징올림픽, 보이콧 문제, 문화재를 일반에게 공개하는 문제, 공항의 알몸 투시경 설치 문제까지 면접관이 물어볼 만한 것들은 죄다 한 번씩 주제로 올려놓고 토론을 했다.

한 주제당 30분에서 35분씩, 하루 2~3시간을 준비했다. 출석을 자율적으로 했는데도 비교적 멤버들의 출석률이 높았다. 팀원 간에 마음이 잘 맞으니 능률도 오르고 스터디하는 시간이 기다려질 정도였다. 그 결과 스터디 멤버 6명 가운데 5명이 인턴 면접에 합격하는 쾌거를 거두었다.

그는 그렇게 C그룹 인턴사원으로 입사해 두 달 동안 일했다. 인사팀 소속이었고, 직원 교육과 신입사원 교육 파트에서 일했다. 인턴 기간 중 기업문화 연구를 비롯해 총 네 가지 과제가 주어졌는데, 보고서를 낼 때마다 좋은 평가를 받았다. 한 번은 경력사원들을 직접 교육하기도 했다. 인턴사원들 중 윤인녕 씨만이 얻은 유일한 기회였다.

"회사에서 정식으로 뽑은 경력사원들을 인턴사원인 제가 교육하게 된 거죠. 외부 교육 시스템에 대해서였어요. 경력사원들에게 교육하는 프로그램 중 하나였는데, 색다른 경험이었어요. 사내 메신저가 있는데 교육이 끝나고 어떤 분이 '교육 잘 받았다'고 쪽지를 보내주셨을 때는 정말 보람을 느꼈어요."

열심히 일한 결과 그는 인턴 막바지에 회사로부터 좋은 평가를 들을 수 있었다. 이 일로 취업 전선에서 그의 자신감은 한층 높아졌고, 평소 관심 있었던 에너지 업체에 당당히 도전할 수 있었다.

학벌보다는 열정의 크기가 중요하다

회사마다 서류전형 때는 학교 서열에 따라 점수를 매겨서 평가한다는 것이 정설이다. 많이 달라졌다고 하지만 학교마다 들어갈 수 있는 회사가 정해져 있다는 얘기도 많이 한다. 윤인녕 씨도 "학벌 중시 풍조가 아예 없는 건 아니다"라고 말한다. 그는 학벌을 설명할 때 핸드폰 브랜드를 예로 들어 말했다.

"사람들의 전자제품을 살 때 삼성이나 LG라는 브랜드를 보고 신뢰감을 느끼는 것과 비슷하지 않을까요? 예를 들어 커피를 만드는 스타벅스에서 '스타벅스폰'이 출시된다고 할 때 고객들은 생전 보지도 못한 것을 처음부터 믿을 순 없을 거예요. 하지만 비 SKY 대학들도 학교가 더 발전해서 좋은 성과를 내고 선배들도 요직에 더 많이 들어가면 기업체에서 그 학교의 인재를 보는 눈이 달라지겠죠. 전 학벌에 대한 콤플렉스는 크지 않았어요. 각자의 노력이 그 개인의 브랜드를 만든다고 생각하거든요. 그 브랜드를 얻기 위해선 열정적으로 달려들어야 하고요. 남들보다 두 배, 세 배 더 열심히 노력하면 못 이룰 일은 없어요."

그의 멀티 합격 비결 중 가장 중요한 것 하나를 꼽아달라고 했다. 잠시 생각에 잠긴 윤인녕 씨가 조금 쑥스러운 듯이 말했다.

"남들은 저를 '열정맨'이라고 부르더군요."

이 한마디 속에 그가 살아가는 원동력, 에너지는 바로 그 누구보다 뜨거운 열정의 온도라는 사실이 또렷이 담겨 있다.

Live
Interview

1_ 직무에 따라 취업 전략이 달라야 한다

제가 동일석유를 선택한 이유는 영업에 대한 체계를 이해하고 싶어서였어요. 물론 에너지 업계에 관심이 있어서 C그룹을 가지 않은 거지만요. 전 제 직무로 인사나 영업을 생각하고 있었기 때문에 공모전은 따로 준비하지 않았어요. 마케팅 분야가 아니면 굳이 준비할 필요가 없다고 생각했죠. 그런데 결과가 나쁘지 않았거든요. 일찌감치 직무를 정하지 않았다면 자칫 시간과 노력을 낭비할 수 있어요.

2_ 취업 정보를 데이터베이스로 만들어라

대기업에 멀티 합격한 데는 시간을 효율적으로 쓴 것이 결정적인 역할을 한 것 같아요. 사람이 아침에 일어나면 뭘 해야겠다는 대략적인 계획이 있잖아요. 저는 비교적 남는 시간을 효율적으로 썼어요. 노트북을 들고 다니면서 정보도 많이 찾아봤고요. 주로 면접 일정이나 회사에 대한 정보를 찾았죠. 각 회사 정보를 데이터베이스로 만들기도 했어요. 그래서 어떤 회사가 몇 분기에 어디서 무슨 활동을 했다는 것쯤은 꿰고 있었죠.

3_ 어학 연수 시 문제가 생기면 혼자 해결하라

취업 준비의 일환으로 어학연수 준비를 하는 분들이 많아요. 저 역시 그랬고요. 하지만 연수 가서는 어려운 일이 생겨도 혼자 해결하라고 권하고 싶어요. 전 A부터 Z까지 혼자 다 처리했어요. 일단 연수지를 정할 때부터 마칠 때까지 유학원의 도움은 일체 안 받았어요.

노스캐롤라이나 주립대와 직접 이메일을 주고받으며 연수 준비를 했고요. 연수 도중 노스캐롤라이나에서 시카고로 옮길 때도 학교 선정부터 집을 구하는 것까지 주변의 도움을 일체 받지 않고 혼자 했죠. 그러다보니 말로 설명하기 어려운 다양한 경험을 한 것 같아요. 참, 연수 중에는 가급적 한국말을 쓰지 말고요. 전 한국 사람들끼리만 있을 때도 영어로만 대화하려고 노력했어요.

How to
Get Hired
at Top
Companies

Who

How

Top

|특별 부록|

취업 고수들의
자기 소개서 **따라잡기**

자기 소개서는 '자신이 회사에 왜 필요한지'를 알리는 자기 PR 공간이다. 또 회사 입장에서는 지원자의 정보를 이력서와 자기 소개서를 통해 파악한다. 면접을 치르긴 하지만 각 개인에게 주어진 시간이 20분을 넘긴 어렵기 때문에 결국 자기 소개서에 의존할 수밖에 없다. 면접에서 나오는 질문도 자기 소개서를 바탕으로 하고 있음은 물론이다. 그런 만큼 자기 소개서 작성에 심혈을 기울여야 함은 두말할 필요가 없다.

그렇다면 자기 소개서는 어떻게 써야 할까. 어떤 자기 소개서가 좋은 자기 소개서일까.

우선 자기 소개서에 담길 '내용', 자기 소개서를 풀어나가는 '글의 형식' 이렇게 두 가지로 나눠서 생각할 수 있다. 자기 소개서에 담길 내용은 지원자의 '능력'이나 '소질', '경험'에 대한 것이 대부분이다. 그러나 모든 내용은 직무와 관련이 있는 것이어야 한다. 기업들이 지원자를 평가하는 기준은 스펙 자체가 아니라 결국 직무 능력이기 때문이다. 여기서 직무라고 하는 것은 마케팅, 기획, 영업, 인사, 홍보 등 여러 분야

의 일을 말한다. 자신의 경험이나 소질을 바탕으로 회사에 어떻게 기여
할 수 있는가를 보여줘야 한다는 것이다.

이 부분에서 직무와 관련된 경험이 없다고 걱정하는 사람들이 있을지
모르겠다. 그러나 마케팅 쪽을 지원한다고 해서 꼭 마케팅과 관련한 일
을 경험해야만 하는 것은 아니다. 경영학과 출신이 아니더라도 마케팅
분야에 지원할 수 있다. 마케팅 쪽 업무를 왜 잘 할 수 있는지를 학창 시
절의 경험과 소질을 통해 밝힐 수 있으면 된다. 마케팅에서 필요로 하는
소질, 즉 자료를 분석하거나 트렌드에 앞서가는 능력을 자신의 과거 경
험에서 끄집어내면 되는 것이다.

영업직도 마찬가지다. 예컨대 학창 시절의 아르바이트 경험도 훌륭한
소재가 될 수 있다. 편의점이나 백화점, 식당에서 고객을 접했을 때 어
떤 성과를 냈으며, 어떻게 매출을 늘렸는지 설명하면 자신의 영업 능력
을 보여주게 되는 것이다. 가령 사회학과 학생들이 자료 분석을 치밀하
게 잘할 수 있다면 경영전략 직무에 지원해 볼 수 있다.

이렇게 자신만이 가지고 있는 경험을 통해 직무에 적합한 소질을 찾
아내야 한다. 이런 소질을 '전용성 소질'이라고 한다. 전용성 소질을 찾
는 것은 지원하는 기업에 대한 철저한 분석이 전제되어야 한다.

취업 컨설팅회사 스카우트의 허광영 대학사업 본부장은 자기 소개서
를 쓰기 전에 먼저 자신이 그 회사의 경영자가 돼서 사업을 분석해 보고
전략을 세워볼 것을 권한다. 그런 다음 자기 소개서에 회사가 필요로 하
는 직무에 대한 소질을 잘 표현했는지 살펴보라는 것이다. 요즘 기업들
은 산업화 시대처럼 무난하고 성실한 인재를 원하는 것이 아니라 해외

시장이 확장됨에 따라 시장개척 능력이 있고, 상품 개발도 할 수 있는 적극적인 인재를 선호한다.

적극적일 뿐만 아니라 대인관계 능력이 탁월하다면 해외 시장 어디에 내놔도 고객을 유치할 가능성이 클 것이다. 은행권을 들여다보자. 미국발 금융 위기로 전체적인 시장 분위기가 안 좋은데다 자본시장통합법 때문에 고객들은 다양한 상품 상담을 원하고 있으며 후발 주자들이 무섭게 뒤쫓고 있는 상황이다. 이런 상황에서 은행이 창구에 앉아서 꼼꼼히 일할 사람만을 뽑으려 할까. 그보다는 시장의 흐름을 꿰뚫고 있고, 적극적으로 시장을 개척할 인재를 원하지 않을까.

자기 소개서를 쓸 때는 정확한 기업 분석으로 직무에 필요한 자신의 전용성 소질을 명쾌하게 풀어내야 한다. 그러나 아무리 전용성 소질을 잘 계발했다고 하더라도 표현이 안 되면 면접관과 제대로 소통할 수 없다.

그래서 자기 소개서를 쓰는 글의 형식이 무엇보다 중요하다. 자기 소개서에 담아야 할 글은 꼭 '잘 쓴 글'일 필요는 없다. 미문이나 미사여구보다는 평범하면서도 간결한 문장이 바람직하다. 복잡한 설명, 추상적 표현보다는 면접관이 쉽게 이해할 수 있도록 단순 명쾌하게 문장을 풀어나가야 한다. 이런 맥락에서 군더더기가 많은 문장이나 반복적 표현, 남들이 다 하는 상투적인 어법은 금물이다.

불필요한 미사여구는 당연히 피해야겠지만, 그렇다고 너무 경직될 필요는 없다. 질문 문항마다 적절한 소제목을 이용해 하고 싶은 얘기를 압축적으로 표현하는 것도 좋은 방법이다. 또 자신을 나타낼 수 있는 키워드를 이용하는 것도 좋다. 요즘은 흔한 예가 되었지만, "저는 박카스 같은 인재입니다"라며 자신의 성격이나 기질을 덧붙여 빠르고 인상 깊게 전달할 수 있다. 앞서 말한 자신의 경험이나 소질에서 발견해 자신만의 특징을 잘 살릴 수 있다.

구구절절한 이야기보다는 자신의 어떤 면이 이 회사에 필요한지를 명료하고 인상 깊게 어필하는 것이 중요함을 명심하자.

다음은 이 책에 등장한 취업 고수들이 실제로 써냈던 자기 소개서들이다. 그들의 자기 소개서는 어떤 장점을 갖고 있어 합격할 수 있었으며, 어떤 부분이 부족했는지, 자기 소개서를 앞에 놓고 있는 취업 준비생들을 위해 취업 전문가인 스카우트의 허광영 컨설턴트가 분석했다.

취업 고수들의
자기 소개서 **살펴보기**

이상훈
신한은행

■ **지원 동기**

　신한은행과 사랑에 흠뻑 빠진 적이 있다. 2006년 '신한은행 홍보대사'로 활동하며 신한은행의 브랜드 가치를 대외에 알리는 활동을 하던 때였다. 2006년 1월 군 제대를 앞두고 손꼽아 바랐던 것이 있었다면, 신한은행 홍보대사로 활동하는 것이었다. 신한은행에 관심을 갖게 된 것은 경기도 안산경찰서에서 전경으로 복무하면서 안산을 연고지로 하는 신한은행 여자 농구단 경기에 부대원과 단체 응원을 다녀온 뒤였다.

　당시 응원석에서 응원단장의 지휘 아래 일사불란하게 응원했던 신한은행 직원들의 모습은 아직도 잊을 수 없다. 신한은행 배지를 가슴에 달고 열정을 쏟으며 응원하는 그들의 모습에서 '진정 회사를 사랑하는 마음'을 엿볼 수 있었다. 사실, 신한은행 홍보대사 면접일인 2006년 1월 10일은 제대한 지 닷새밖에 지나지 않은 때였다.

　군대에서 틈틈이 홍보대사 지원서를 작성하여 제출을 완료하면서 면접일이 제대 후에 잡히기만을 매일 기도했다. 하늘이 도왔는지 다행히 제대 후에 면접을 보게 되었고, 전역증을 내보이면서 자기 소개를 했던 패기 덕분인지 합격할 수 있었다. 당시 면접관이셨던 모 홍보 실장님께서는 면접장에서 '조용필'이라는 별명도 지어주셨고, 이는 홍보대사 활동 기간 동안 나를 부르는 또다른 이름이 되었다.

　홍보대사로 활동하면서 기업 브랜드를 사회와 대학에 널리 알리겠다는 일념으로 열심히 뛰면서 신한은행에 대한 사랑은 더 커져갔다. 봉사활동, 일일 호프, 은행 행사 참여 등 다양한 활동을 했고, 그중 가장 기억에 남는 일은 서울 도심 한복판을 뛰면서 '통합 신한은행'을 알렸던 일이다. 홍보대사로 활동했던 2006년은 신한은행에게는 역사적으로 기억될 만한 해였다. 조흥은행과의 합병으로 새롭게 도약하는 시발점이 되었기 때문이다. 그래서 당시 홍보대사들은 물론, 직원들도 통합 신한은행을 알리기 위해 백방으로 노력했다. 그중에 하나로 통합일인 4월 1일에 통합 신한은행을 알리기 위해 청계천에서 신명나는 길놀이를 열었다. 과거 조상들이 축제를 시작하기 전 구성진 길놀이로 흥을 돋우었듯 대한민국 금융의 자부심 '골드 로드Gold Road'를 향해 신한은행의 젊은 남자 직원들로 이뤄진 '영프론티어YF'와 함께 서울 거리를 달렸다.

밖으로는 통합 신한은행의 성공적인 출범을 알려 브랜드 가치를 높이고, 안으로는 신한은행에 대한 자부심을 되새긴 축제의 한마당이었다. 신한은행의 어깨띠를 두르고 건장한 남성들이 줄지어 거리를 뛰며 흘리는 진심어린 땀방울에 시민들은 웃음으로 화답해 주었다. 아직도 당시의 동료애와 협동 정신은 더 큰 화합을 약속하는 무언의 길놀이로 기억된다. 이제는 일방적인 짝사랑보다 '글로벌 은행'을 향해 뛰는 신한은행의 새 길을 만들어가는 성공의 동반자가 되고 싶다.

☞ 본 자기 소개서는 지원하는 회사에 관심을 가지게 된 계기를 개인의 경험에 비추어서 아주 잘 기술하고 있습니다. 실제 회사에서 근무했던 인턴 경험을 바탕으로 회사에 대한 관심과 열정을 자세하게 기술하고 있는 부분도 눈에 띕니다. 인턴활동에서 신한은행 직원과의 경험을 어필하면서 신한은행 직원으로서 잘 어울릴 수 있는 조직관도 잘 기술하고 있습니다. 홍보대사임에도 불구하고 열정적으로 기여한 부분도 긍정적으로 평가될 것 같습니다.
그런데 한 가지 아쉬운 점이 있습니다. 반말로 기재되어 있는데, 거의 대부분의 자기 소개서는 존댓말로 기술하는 것이 보통입니다. 기본이자 취업 준비생이 잊지 말아야 하는 요소입니다.

■ 성장 과정

'이름은 하나인데 별명은 여러 개'란 동요 가사의 주인공은 바로 나다. 여러 조직 생활을 통해 내게 붙여진 별명은 참 다양하다. 공통점은 그 호칭들 모두가 내 본래

직위를 뛰어넘는다는 것이다. 인턴기자로 일할 때는 '이 부장', 전경으로 경찰서에서 군 복무할 때는 '이 순경', 증권사에서 인턴사원으로 근무할 때는 '지점장'으로 불렸다. 특유의 적극성과 타고난 친화력으로 여느 20대 대학생에게 요구되는 기대치 이상의 노력을 보이고 괄목할 만한 성과를 냈기 때문이다. 세계 금융 업계만 보더라도 변화의 속도가 빛의 속도보다 빠르다. 그렇기에 급변하는 국내외 정세 속에서 빠르게 대처할 수 있는 적응력을 갖춘 것은 행운이다. 아마 천성부터가 욕심이 많아, 남에게 지는 것을 무엇보다 싫어했기 때문에 그것이 일에 대한 열정과 욕심으로 발현된 것이 아닌가 생각한다.

남다른 승부욕 때문에 어렸을 때는 친구들과 다툰 적도 여러 번이다. 머리가 커가면서 나름대로 여유와 절제를 느끼면서 살려고 노력하고 있고, 다툼을 일으키지 않으려고 노력한다. 그렇다고 모든 욕심을 통제하지는 않는다. 사람에 대한 욕심, 내 자신에 대한 욕심, 미래에 대한 욕심은 여전히 '현재 진행형'의 상태로 둔다.

오보와 오타 하나도 금기시하는 기자로 활동하면서 익힌 적극적이고 빈틈없는 일처리는 나의 가장 큰 장점이다. 많은 경쟁사와의 치열한 취재 경쟁에서 한 발짝 앞에 서서 취재원과 가까이 하려고 몸싸움도 피하지 않는 적극적인 자세로 야무지게 일하는 훈련을 지난 6년간의 대학생활 동안 반복하면서 적극성과 정확성이 자연스레 몸에 뱄다. 이는 신한은행에서 영업 직무를 수행하는 데 큰 자산이 될 것이라고 확신한다.

또한 대학생 기자로서 언어도 잘 통하지 않는 중국, 미국, 베트남, 인도네시아에서 발로 뛰며 해외 취재를 벌인 값진 경험에서 내 안의 도전 정신을 확인했다. 얼마 전 알게 된 사실이지만, '저렇게 밤낮으로 바쁘게 다니다 뭔 일 나겠다' 싶어 대학교 1학년 때 어머니께서 몰래 내 이름으로 생명보험을 가입해 두셨다는 것은 치열했던 나의 대학생활을 반증한다.

☞ 성장 과정 부분은 대부분의 구직자의 경우, 가정환경이나 살아온 자신의 과거를 일반적으로 기술합니다. 하지만 일반 기업에서 성장 과정을 요구하는 이유는 살아오면서 지원하는 회사나 직무에 관심을 가지게 된 계기를 보기 위해서죠. 현재

지원자가 작성한 성장 과정은 기자 경험을 통해 홍보와 관련된 일에 대한 경험, 꼼꼼한 성격 등을 어필하면서 지원하는 회사와 직무에 열정이 있음을 강조하고 있습니다. 어머니께서 생명보험까지 가입해 주셨다는 개인적인 경험도 눈에 띕니다.

■ 수학 내용 및 경력 내용

영업의 성패를 좌우하는 것은 '사람 관리' 다. 신한은행이 리딩뱅크Leading Bank로서 지속적인 시장 리더십을 강화하기 위해서는 영업망을 공고히 하는 게 필수다. 그러기 위해서는 사람을 사람답게 대할 줄 아는 기본을 갖춘 사원으로 회사를 채우는 일이 우선일 것이다. 최고의 신한인이 되기 위해서 대학생활 동안 누구보다 많은 사람들을 만났다. 은행에서 대학생 홍보대사로, 증권사 리테일사업 본부 인턴사원으로 일하며 다양한 고객을 마주했다. 이뿐만 아니다. 지갑 속에는 내 이름이 새겨진 명함만 7개다. 일간지「조선일보」, 학보사, 정부부처농림부, 스포츠 신문「스포츠서울」, 대기업LG 등에서 대학생 기자로 활동했던 흔적이다. 덕분에 대학생으로는 만나기 힘든 대통령, 장관, 기업 CEO부터 노숙자, 성매매 여성까지 만남의 폭을 넓힐 수 있었다. 각계각층의 사람들을 만나면서 언제 웃어야 하고, 언제 허리를 굽혀야 하는지를 몸소 배웠다.

뱅커Banker는 항상 사람을 상대로 일한다. 대학생활 동안 기자로 활동한 경험을 통해 상대방을 이해하고 배려할 줄 아는 은행원의 필수 자질을 확인했다. 이렇듯 대학생활 동안 학교에서 경제학과 경영학을 이중 전공하며 금융인으로 갖추어야 할 금융 지식을 쌓았다면, 여러 곳에서의 기자활동을 병행하며 인적 네트워크를 넓히는 동시에 커뮤니케이션 능력을 키웠다. 이미 펀드로 유명한 미래에셋 증권사에서 인턴사원으로 근무하며 발표를 맡은 팀 프로젝트에서 우수상을 수상하고, 2007년 국립국어원 주최로 열린 전국 대학생 토론 대회에서 3위에 입상하며 실질적인 능력을 인정받았다.

☞ 은행의 직무를 분석해 보면 고객을 많이 만나는 고객 지향적인 서비스 업무가 대부분입니다. 학창 시절 다양한 사람들을 만나면서 원만한 대인관계가 있음을

강조했고, 그런 많은 경험에서도 팀 프로젝트 우수상이나 토론 대회 입상의 사례를 통해 실력이 있는 사람이라는 것을 다시 한 번 입증하고 있습니다.

■ 입행 후 포부

은행 사업은 여타 산업보다 훌륭한 인재의 확보가 사업의 성패를 좌우한다. 훌륭한 시스템, 환경, 인프라를 갖추었더라도 궁극적으로 운용하는 주체는 사람이기 때문이다. 신한은행에 입행하여 수익 창출과 사업을 주도할 'Key person'이 되고 싶다. 신한은행 홍보대사로 활동하며 월 1회 경제 교육을 받았다. 한 번은 경제신문 고정 칼럼을 통해 유명해져 만나 뵙고 싶었던 신한은행 스타 PB 서춘수 팀장의 강의를 들었다. 그때부터 서 팀장님의 해박한 재테크 지식과 뛰어난 말솜씨에 매료되어 전문적인 PB가 되고 싶다는 꿈을 꾸었다.

입행 후에는 각종 금융 자격증 취득과 외국어 공부를 통해 끝없는 자기계발을 하겠다. 전문적인 역량과 글로벌 소양을 갖춘 'Junior PB'로서 미래 성장 동력인 IB와 글로벌 전략을 추진하는 신한은행의 인재가 되겠다.

"세상의 주인은 없다! 도전하는 자의 것이다!"

세계 최초로 산악 그랜드슬램을 달성한 박영석 대장이 한 달 전, 술자리에서 소주잔을 기울이며 사인과 함께 노트에 써준 문구다. 거창한 약속보다 '신한인이 되어 조금은 달성하기 버거운 목표를 세우고 그것을 달성하기 위해 항상 도전하는 한결같은 사원이 되겠다'는 정직한 약속을 하고 싶다.

☞ 신입사원의 경우 입사 후 포부를 쓰는 것을 가장 힘들어하는 경우가 대부분입니다. 관련 직무에 대한 경험이 부족하고, 해당 조직에서 정확하게 어떤 일을 하는지 미리 파악하기 힘들기 때문에 막연하게 입사해서 하고 싶은 일을 기술하는 것이 일반적입니다. 하지만 본 지원자의 경우는 본인이 입사해서 하고 싶은 일을 구체적으로 파악하기 위해서 관련 분야에서 인정받고 있는 사람의 강의를 듣고 구체적인 목표를 세웠고, 입행해서 꼭 이루겠다는 의지도 느껴집니다. 특히 박영석 대장님과 술자리에서 도전하는 정신을 배운 것도 눈에 띄는 경험입니다. 차별화가 많이 느껴지는 경험입니다.

1. 지금까지 살아오면서 가장 곤란했던 순간이나 난감했던 상황은 어떠한 경우였으며, 그 순간을 어떻게 극복할 수 있었는지 구체적으로 설명해 주십시오.

대인관계에서 '미움' 보다 참기 힘든 것은 바로 '무관심' 이다. 지난 여름, 나는 미움과 무관심을 한 몸에 받았다. 「조선일보」에서 인턴기자로 6주간 근무하면서다. 당시는 촛불집회에 대해 편향된 보도를 일삼는다는 이유로 「조선일보」 기자라면 여기저기서 취재 거부당하기 일쑤였다. 하루는 사회부 차장님께서 "못 해도 좋으니 할 수 있는 데까지 서울시 교육감선거 후보자들의 선거자금 출처에 대해 취재하라"고 지시하셨다. 그 뒤로 꼬박 일주일 동안 곳곳에 흩어진 6개 후보 캠프를 뛰어다녔다. 6명의 후보 중 5명은 취재에 응했지만, 「조선일보」에 대해 취재 거부 중인 전교조가 지지하는 한 후보 취재가 문제였다. 선거 사무실에 들어가기에 앞서 문전박대를 예상했지만, 아직도 당시 사무실에서 운동원들이 내게 보냈던 경멸어린 눈빛을 떠올리면 아찔하다. 그렇게 첫째 날과 둘째 날은 비참하게 거절당했다.

하지만 끈질기게 계속 사흘을 찾아가니, 회계 담당자가 '대학생이라 겁이 없어서 그런지 끈질기다' 며 취재에 응해 주었다. 덕분에 기대 이상의 취재 결과를 얻었고, 7월 26일자에 내 이름을 달고 사회면 톱기사를 실을 수 있었다. 이런 적극성 덕분에 '우수 인턴상' 까지 받았다.

☞ 본인이 겪은 다양한 경험 중에 지원 직무와 관련된 역량인 대인관계에서의 문제를 예로 들면서 힘들었던 상황에서도 이루고자 하는 바를 위해 끝까지 노력했던 점을 구체적으로 잘 서술하였습니다.

2. 본인이 속한 단체에서 혹은 본인과 직접적인 관련이 없는 일에 대해서 문제점을 찾아 의견을 제시하거나, 문제 해결을 위해 노력한 적이 있습니까? 구체적으로 설명해 주십시오.

"치즈케이크가 단출하다는 편견을 깨다!"

수능을 치르고 얼마 지나지 않은 크리스마스 시즌, 압구정동 갤러리아백화점에서 치즈케이크 판매 책임자로 일했다. 본사 직원은 국내에 잘 알려지지 않은 브랜드라서 많이 판매할 생각보다는 시식을 통해 홍보할 것을 당부했다. 하지만 백화점에서 매일 공개하는 매출액 순위에서 꼴찌를 다투는 매장 실적 때문에 항상 창피했다. 치즈케이크 가격이 3만 원으로 일반 케이크에 비해 비쌌지만, 구매력이 높은 지역이기에 가격은 문제가 아니라고 판단했다. 시식을 한 일부 고객들은 "맛있다"고 하면서도 "행사에 쓰기에는 아무런 장식이 없는 치즈케이크가 어울리지 않을 것 같다"고 말했다.

케이크는 특별한 날 테이블 중앙에 올려 분위기를 한층 돋우기 위해 사용되는 경우가 일반적이다. 고민 끝에 본사에 연락을 해 치즈케이크에 데커레이션을 직접 해보겠다고 제안했다. 본사에서도 아직 국내에 매장이 단 한 곳이라 소비자 반응을 살펴보고 싶었는지 흔쾌히 허락했다. 기술자가 아니었기에 간단하게 케이크 둘레에 리본을 두르고, 쿠키를 올려 장식을 했을 뿐인데 행사용으로 손색이 없었다. 덕분에 하루 평균 매출액이 70만 원으로 두 배 이상 상승했다.

☞ 문제를 해결하기 위해 고객의 의견을 잘 듣고 이를 반영하기 위한 작업들을 적극적으로 수행했던 경험을 예로 잘 들었습니다. 입행하면 실제로 업무하는 데 있어서 고객의 소리에 귀를 기울이고 고객 지향적인 마인드와 그들의 문제를 해결할 수 있는 적극적인 노력이 많이 요구됩니다. 본인은 그러한 강점을 갖고 있음을 잘 표현했고, 이 점을 나중에 면접 시에도 잘 어필하면 좋은 점수를 얻을 수 있을 것입니다.

3. 자신이 속한 단체 속에서 가장 기억에 남는 의견 대립이나 의사소통이 힘들었던 상황에 대해 구체적으로 설명해 주십시오. 그리고 그 이후의 상황에 대해서도 상세하게 포함하여 주십시오.

증권사 인턴사원으로 팀 프로젝트를 수행해야 했다. 인턴 6명이 조를 이뤄 주제 연구를 통해 인턴 수료식에서 발표해야 했다. 당시 우리 조는 회사에서 '10대 이하 어린이'와 '30대 이상 주부'를 대상으로 하는 펀드 상품은 판매 중이었지만, 20대 고객을 타깃으로 한 상품이 없다고 판단했다. 그래서 '20대를 위한 펀드 상품 개발과 마케팅 방안'을 주제로 프로젝트를 수행했다. 우선 20대를 대상으로 하는 몇 가지 설문 조사가 필요했다. 하지만 과중한 업무로 지쳐 있었던 조원들 대부분은 시간 부족을 이유로, 설문 조사를 실제로 하지 말고 대충 조작하자고 했다. 하지만 나는 거짓된 데이터로는 제대로 된 연구 결과가 나올 수 없다고 끝까지 주장했고, 결국 설문 조사를 떠맡게 되었다.

혼자서 설문 문항을 만들고 메신저와 싸이월드를 통해 친구, 선후배들에게 쪽지를 보내거나 자주 이용하는 인터넷 클럽 게시판을 통해 200명의 설문 조사를 마칠 수 있었다. 우리 조는 대회에서 결선에 올라 사장님과 임원진 앞에서 발표를 했고, 사장님 심사평에서 '설문을 통한 시장 조사가 훌륭했다'는 칭찬과 함께 3위에 입상하며 우수상을 수상할 수 있었다.

☞ 자기 소개서의 문항은 각각의 인사 담당자가 알아보고자 하는 부분이 다릅니다. 이 문항에서 요구되는 부분은 커뮤니케이션 능력입니다. 의견이 다른 사람들을 어떻게 설득하여 자신의 의견을 관철시켰는지에 대한 사례에 대해 보다 더 구체적으로 얘기하면 좋을 것 같습니다.

4. 살아오면서 새로운 일에 도전한 경험이 있습니까? 기존의 생활에서 새롭게 도전한 경험에 대해 구체적으로 설명하고, 도전의 결과 성공하였다면 자신이 생각하는 성공의 이유와 실패하였다면 실패를 통해 얻었던 교훈에 대해 설명하여 주십시오.

"경찰청장 표창, 의경 모집 도내 1위 실적"

안산경찰서에서 행정대원으로 군 복무하며 의무경찰 모집 업무를 맡았다. 잇따른 전의경부대 내 구타 사건으로 의경 지원 수가 급감했다. 결국 경찰청에서 경찰서 별로 모집해야 할 인원을 산출하여 할당했고 안산경찰서에서는 연간 70명을 모집해야 했다. 이전까지는 의경 지원자들이 직접 경찰서로 찾아왔지만, 그 발길이 끊긴 상태였기에 대상자를 직접 찾아나서야 했다. '흘린 땀은 배신하지 않을 것'이라는 믿음으로 취업 시즌에 기업체에서 벌이는 '캠퍼스 리크루팅' 방식을 생각해냈다.

군 입대 대상자들이 몰려 있는 안산 지역 3개 대학교에 재학 중인 남학생을 타깃으로 설정하고 모집 계획을 수립했다. 등교 시간에 맞춰 학교 앞에서 직접 제작한 홍보 전단지를 돌렸다.

또 대학에 협조를 구해 직접 학교를 찾아가 이동 병무 상담회를 열고 그 자리에서 지원 접수를 받았다. 그렇게 고객이라고 할 수 있는 입대 예정자들을 찾아가며 의경 모집에 열정을 쏟은 결과, 그 해에 120명이 넘는 지원 접수를 받았다. 결국 경기도에서 목표 대비 모집률 1위를 달성했고, 경찰청장 표창을 받았다.

☞ 도전적인 상황^{당면} 문제에 대해 유사한 사례를 비추어 제안을 하고 이에 맞는 상황에 적극적이고 계획적으로 대처한 경험을 잘 드러낸 내용입니다. 또 구체적인 지명과 수치를 언급하여 신뢰도를 높이고 있습니다. 다만 한 가지 아쉬운 점은 사례를 설명하는 데만 그치지 말고 왜 성공이라고 생각했는지에 대한 이유도 함께 적었다면 질문에 더 가까운 답변이 되었을 것입니다.

조진호
00회사

1. 본인의 성장 환경과 가치관에 대하여 기술하여 주시기 바랍니다.

화목한 가정의 2남 중 장손으로 태어나 일찍부터 책임감과 예절의 중요성을 깨달았습니다. 학창 시절부터 학급 반장을 도맡았고, 교내 아나운서, 보이스카우트, 장학퀴즈 프로그램 참여 등 대내외적으로 활발히 활동을 하였습니다. 대학 시절엔 영어 연극회 활동을 하며 무대에 서면서 자신감을 기를 수 있었습니다. 특히 영어 연극회 회장, ROTC 예도단장, 소대장 등 다양한 조직의 리더로 활동하면서 여러 가지 경험을 쌓았습니다.

군 복무 기간에는 인문 학도임에도 불구하고 새로운 분야에 대한 호기심과 도전 정신으로 공병 병과에 지원하였습니다. 중대원의 목숨을 담보로 수차례 교량 구축, 지휘를 하면서 치밀한 사전 준비와 지휘 통솔의 중요성을 배울 수 있었습니다. 해당 병과에서 전문성과 노력을 인정받아 군단을 대표하여 각종 훈련의 평가·통제관의 임무를 수행했고, 콜롬비아 부통령 내한 기간 중 통역, 한미연합작전의 연락 장교 등 왕성한 활동을 했습니다.

☞ 자기 소개서의 각 항목에는 인사 담당자의 숨은 의도가 있습니다. 질문에서 인사 담당자가 어떠한 점을 알고자 하는 것인지에 대한 파악이 선행되어야 합니다. 일반적으로 자소서의 첫 부분에 성장 과정에 관해서 기재하도록 되어 있는데, '몇년도에 어디에서 몇 남 몇 녀의 몇 째로 태어나서 화목한 가정에서 자라 어떠했습니다'는 문구는 상투적입니다. 이런 표현은 모든 사람들이 다 쓸 수 있고, 본인만이 가진 강점을 나타낼 수 없으며, 인사 담당자가 알고 싶어 하는 회사에 대

한 관심이나 직무와 연관된 역량 등에 관해서 표현할 수가 없기 때문입니다. 그리고 학창 시절에 반장, 회장 등을 맡아서 리더십이 있다고 강조하는 경우도 많이 있는데, 임원을 했다고 리더십이 있는 것은 아닙니다. '리더십'이라는 것은 어떤 일을 하는 데 있어서 다른 사람들에게 동기 부여를 하여 좋은 성과를 얻게 하는 능력입니다. 특히 신입사원에게서 관리자 급의 역량을 보고자 할 때 이러한 리더십을 많이 보게 됩니다. 자기 소개서는 지원 회사와 지원 직무에 포커스를 맞추어 작성해야 합니다. 직무에서 요구되는 역량이 어떠한 것인지를 알아보고 자신도 그러한 역량을 갖고 있다라는 것을 실제 경험을 예로 들어 나타내야 어필할 수 있습니다.

2. 본인의 장단점을 다음 관점에서 기술하여 주시기 바랍니다.

* 지식

한국외국어대학교 학생으로서 누구보다 글로벌한 감각을 가지고 있다고 자신합니다. 학부생 시절 세계 각지에서 온 교환학생들과의 만남을 통해 여러 나라의 문화를 자연스럽게 익혀 나갔습니다. 특히 국제 경영 및 마케팅에 관심이 많아 경영학을 제2전공으로 이수하며 경영 학도로서의 자질을 길러 나갔습니다. 또한 영어통번역을 주 전공으로 다양한 소재와 상황에서 한국어와 영어를 자유자재로 구사할 수 있도록 학부생 때부터 부단히 노력하고 있습니다. 실제로 군생활 기간 콜롬비아 부통령을 통역하고 한미연합훈련작전에 공병 대표로 파견되어 연락 장교 임무를 수행하기도 했습니다.

* 능력 · 기술

영어통번역을 전공으로 하여 격식 있고 수준 높은 영어를 구사할 수 있습니다. 영어 연극동아리를 통해 무대 위에서 연기했던 경험과 콜롬비아 부통령 통역 및 브리핑, 한미연합훈련작전의 연락 장교 수행 경험을 통해 큰 무대에서 영어를 사용하면서 자연스럽게 자신감이 생겼습니다. 경영학을 복수 전공, 특히 마케팅과 인사 관련 수업에 집중적으로 매진함으로써 영업사원으로서 요구되는 자질을 길러 왔습니다.

1년간 소대장으로 복무하면서, 다양한 연령대와 출신을 가진 소대원들 간의 관계를 조율하고, 지휘자로서 성공적인 임무 수행을 위해 교육 훈련을 담당했습니다. 특히 편부모, 가정 파탄 등으로 힘들어하는 병사들을 상담하고 부대생활에 적응할 수 있도록 지도하면서 자연스럽게 리더로서의 자질을 길러 나갈 수 있었습니다. 소대장을 마치고 참모로서 정보 장교와 교육 장교 임무를 수행했습니다. 복잡한 참모 업무는 시간이 가면서 쉽게 익혀 나갈 수 있었지만, 이 기간 동안 처부라는 조직 속에서 계급 사회의 특수성을 경험하면서 조직생활과 대인관계에서 살아남는 요령을 자연스럽게 체득할 수 있었습니다. 상사와 후임과의 관계 구축, 공사 구별 등 비록 힘든 순간도 많았지만 영업사원을 꿈꾸는 저에겐 값진 경험이었습니다.

* 태도

'긍사적천', 즉 긍정적인 사고와 적극적인 실천은 저의 좌우명입니다. 강한 성취욕과 도전 정신으로 과감히 시작하고 끈기와 열정을 가지고 지속적으로 실천해 나가고자 합니다. 마음먹은 것은 하늘이 두 쪽 나도 꼭 실천하고 달성합니다. 그래서 종종 주변 사람들로부터 '정력맨, 불도저, 괴물'이라는 소리를 자주 듣습니다. 불가능하고 어려워 보이는 일일수록 제 몸과 마음을 자극합니다. 그것은 넘어야 하는 산이 아닌, 넘고 싶은 산으로 희망이자 제 삶의 목표이기 때문입니다. 뭐든 맡겨만 주십시오. 이뤄내겠습니다. 자신 있습니다.

* 성격

활달한 성격으로 왕성한 활동을 해왔습니다. 여러 관객들 앞에서 무대 위에 올라 연기도 하고, ROTC에 지원해서도 예도단을 이끌고 각종 행사장을 방문하여 축하연을 올렸습니다. 하지만 저의 가장 큰 강점은 단체활동을 통해 목표를 성취하는 것을 좋아한다는 것입니다. 운동을 하더라도 혼자 하는 수영, 헬스보다는 축구나 농구처럼 여러 명이 모여 팀워크가 요구되는 쪽을 선호합니다. 동아리, ROTC, 군대 등 여러 조직을 거치면서 자연스럽게 조직 속에서 소속감과 연대감을 형성하는 것에 정력을 쏟아 부을 수 있었습니다. 사람의 성격과 능력은 각양각색, 각자의 전문 분야가 다르기에 여러 사람들과 유대관계를 형성하고 서로의 약점을 보완하며 시너지를 창출해야만 조직과 본인에게도 발전이 있다고 생각하기 때문입니다.

하지만 세심한 성격으로 주변 사람들을 지나치게 배려하고, 쉽게 거절하지 못하는 등 정에 약한 점은 장차 보완해 나가야 할 저의 과제라고 생각합니다.

☞ 지원 직무에서 요구되는 능력이 다양한 문화에 대한 다양한 시각을 요구하는 것이라면, 상단의 소재는 잘 이끌어냈습니다. 하지만 '뭐든 맡겨만 주십시오, 아무거나 열심히 하겠습니다'는 말은 아무것도 완벽하게 할 수 없다는 말과 같습니다. 서두에서도 말했지만 직무에서 요구되는 2~3가지의 역량에 대해 잘 할 수 있음을 구체적인 사례를 들어 언급하는 것이 인사 담당자에게 어필될 것입니다.

3. 현재 자기계발을 위하여 노력하고 있는 것은 무엇입니까?

군 복무를 하면서도 영어 실력을 발휘할 수 있는 기회를 발굴하고 끊임없이 연습하고 있습니다. 콜롬비아 부통령 내한 기간 동안 브리핑 및 통역을 담당했고, 한미 연합작전간 미1군단 연락 장교로 한국군과 미군의 공병 관련 연락 업무를 수행하였습니다. 작년 말부터 주말마다 시간을 쪼개어 현장 경험이 풍부한 10년차 직장 선배들과 비즈니스 영어 모임을 통해 업무에 바로 사용할 수 있는 영어를 공부하고 있습니다. 이와 더불어 선배들의 직장생활 노하우와 생생한 경험담을 통해 예비 직장인으로서 갖추어야 할 기본 소양들에 대해 지도받고 있습니다.

이와 더불어 시시각각 변하는 세계 시장에 주목하고자 각종 미디어를 통해 뉴스를 수집하고 폴더화하는 작업을 하고 있습니다. 이는 장차 해외영업 업무를 수행하는 데 있어 가장 기초적인 준비 작업이라고 생각합니다. 또한 여러 사람들과 의견을 교환하고 토론하기 위해 작년 말부터 영어 토론 모임에 참여하고 있습니다. 사회 전반에 걸친 문제들을 되짚어보고 영어로 토론하면서 화술을 익히고 대인관계를 다지기 위한 연습을 하고 있습니다. 군생활을 하면 영어를 자주 사용할 수 없다는 단점을 극복하고자, 지휘관의 승인을 얻어 영어 학원에 다니면서 원어민 선생님과 영어회화 능력을 향상시키고자 최선을 다하고 있습니다.

영어 공부 외에도 남은 군생활 동안 병력 관리와 참모 업무에 충실히 이행해 유종의 미를 거두려 합니다. 저에게 있어서 군은 첫 직장이기도 합니다. 사회에 첫발을 딛은 곳인데 결코 소홀히 할 수 없습니다. 병사를 포함한 선후배 간부들과의 원활한 대인관계 유지와 완벽한 임무 수행을 하겠다는 저의 의지는 분명, 입사 후 직장생활에도 영향을 미칠 것이라 생각합니다. 주어진 현실에서 현재에 충실한 사람만이 기회가 찾아올 때 활용할 수 있고, 더 나은 미래를 설정할 수 있다는 초심을 지키기 위해 지금 이 순간에도 땀 흘려 일하고 있습니다.

☞ '자기계발을 위해 구체적인 계획을 가지고 열심히 하고 있다'라는 부분은 잘 쓰신 표현입니다. '외국어에 남다른 능력이 있고, 외국어 능력 계발을 위해 열심히 하고 있다'라고 하여 자신의 강점을 일관성 있게 어필한 것도 칭찬해 주고 싶습니다.

4. 직무와 관련하여 지원 동기와 수강했던 교육 내용, 관련 경험에 대하여 기술하여 주시기 바랍니다.

'Smart하게 생각하고, Strong하게 움직여라! World-class로 가는 길'이라는 00회사의 경영 철학을 보고 심장이 멎는 줄 알았습니다. 저의 목표이자 제 인생관과 꼭 맞아 떨어졌기 때문입니다. 일찍이 영업사원을 꿈꿔온 저로서는 단순한 제품이 아닌 아름다움과 건강이라는 즐거움을 고객에게 선사할 수 있다면 금상첨화라는 생각을 했습니다. 한국을 넘어 세계를 무대로 아름다움과 건강을 선사하는 산타클로스가 되고 싶습니다.

한국외국어대학교 학생으로서 누구보다 글로벌한 감각을 가지고 있다고 자신합니다. 학부생 시절, 세계 각지에서 온 교환학생들과의 만남을 통해 여러 나라의 문화를 자연스럽게 익혀 나갔습니다. 특히 국제 경영 및 마케팅에 관심이 많아 경영학을 제2전공으로 이수하며 경영 학도로서의 자질을 길러 나갔습니다. 대학 시절 영어 연극회 무대에서 엑터로 연기하면서 자연스럽게 얻어진 왕성한 창의력과 대인관계에 있어서의 자신감, 육군장교로서 부대를 이끌면서 익혀온 리더십과 책임감은 영업사원에게 있어서 큰 무기가 될 것이라고 자신합니다.

특히 군 복무 기간 동안 자신이 맡고 있는 분야에선 항상 최전선에서 주도하는 엘리트가 되겠다는 신념 하에 각종 대외적인 활동을 도맡아했습니다. 군단급 FTX 훈련과 연대전술 훈련평가 등 큰 훈련이 있을 때마다 저는 군단 공병을 대표해서 평가관 및 통제관 임무를 수행했습니다. 이를 위해서는 공병 전 분야에 걸친 정확한 지식과 전술적인 안목이 요구되었기에 각종 교범을 탐독하고 각 분야 전문가들을 만나 조언을 구함으로써 부족한 점을 보완하여 성공적으로 임무를 완수할 수 있었습니다. 이와 같은 도전 정신과 능력을 인정받아 콜롬비아 부통령 내한 기간 동안 브리핑 및 통역, 한미연합작전 미1군단 연락 장교 등 대외적으로 중요한 임무를 수행하는 기회를 잡을 수 있었습니다. 탁월한 대인관계, 능숙한 영어, 장교로서의 책임감과 리더십. 저에게 투자하십시오. 자신 있습니다.

☞ 회사가 가진 강점, 가치관, 비전이 자신과 얼마나 연관성 있게 일치되는지를 써야 합니다. 그리고 너무 추상적이거나 이상적인 말들은 이루어질 수 있는 가능성이 희박하므로 실제로 자신이 얼마나 관심이 있는지에 대하여 구체적인 목표와 비전을 제시해야 합니다. 경험은 일방적으로 나열하는 것에 그치지 말고 그로 인해 얻었던 교훈 및 배운 점을 나타내는 것이 중요합니다.

5. 학내외 활동(사회, 봉사, 서클, 해외연수 등) 내용과 그 활동에서의 본인의 역할을 기술하여 주시기 바랍니다.

1년간의 영어 연극동아리 활동 끝에 리더가 되면서, 좀 더 획기적인 작품을 무대에 올리고 싶었습니다. 고심 끝에 생각해 낸 것이 바로 연극에 음악과 율동의 요소가 가미된 뮤지컬이었습니다. 관객들에게 보다 색다른 재미와 경험을 선사할 수 있고, 동아리 멤버들에겐 기존의 틀에서 벗어나 새로운 장르를 시도한 선도자로서의 자부심을 안겨줄 수 있다고 생각했습니다.

특히 리더로서 조직에 음악과 율동이라는 도구를 통해 'Fun 문화'를 안착시킬 수 있다는 점에 더욱 고무됐습니다. 생소한 장르였기에 대중적이고 자료를 구하기 쉬운 작품인 「사운드 오브 뮤직」을 선택했습니다. 원작 DVD를 보며 배우들의 손동작

하나하나부터 섬세한 표정 연기 등 작품 탐구를 통해 대본을 구체화했습니다. 특히 안무 선생님을 섭외하여 작품을 설명하고 안무 지도를 의뢰하였습니다. 처음엔 생소한 안무와 노래 연습의 부담 탓인지 멤버들 사이에 수줍음과 망설임 등으로 연습을 진행하기가 힘들었지만, 안무가 몸에 익어가면서 강도 높은 연습에도 불구하고 조직엔 활기와 웃음이 넘쳐났습니다. 결국 성공적으로 공연을 마쳤고, 이는 지금까지도 잊지 못할 소중한 추억이 됐습니다.

하지만 조직을 이끌면서 힘들었던 때도 있었습니다. 연극동아리의 리더가 되고 얼마 지나지 않았을 때의 일입니다. 극을 올리기까지 2달이 남은 시점에서, 멤버들이 개인적인 사정으로 연습에 불참하는 사례가 빈번했습니다. 연습이 제대로 진행이 되지 않자 모임 횟수를 늘리자고 제안했고, 이에 개인적인 시간을 못 갖는다는 등 멤버들의 거센 저항이 일어났습니다.

리더로서 성공적인 공연을 위해서는 그들을 설득해야 했습니다. 먼저 저 스스로 희생하는 모습을 보여주고, 멤버들의 개인 사정을 이해하고 서로 배려할 수 있도록 하였습니다. 모임 횟수를 주 3회에서 5회로 늘리는 대신, 시간표를 만들어 개인 사정에 맞게 원하는 시간에 와서 연습할 수 있도록 하였습니다. 선택의 폭이 넓어지자 멤버들은 조금씩 양보를 하며 상대 배역과 시간을 조율해 갔습니다.

물론 리더로서 주 5회를 나와야 한다는 부담이 있었지만, 시간이 흐를수록 멤버들의 참여도와 집중력이 향상되어 전보다 실제 연습 시간은 늘어났음에도 불구하고 불만보다는 웃음소리가 커져만 갔습니다. 점차 성과가 가시화되고, 스스로 동기 부여를 하기 시작한 것입니다. 결국 멤버들은 자진해서 나와 서로를 격려한 끝에 성공적으로 공연을 마칠 수 있었습니다.

☞ 학창 시절의 경험담을 구체적인 사례를 들어 제시한 점은 좋습니다. 팀원 간에 불화가 생겼을 때, 그 문제를 해결하기 위해서 타인을 설득하려고 노력한 점과 그에 따른 긍정적인 성과들을 통해서 주도성, 문제해결 능력, 커뮤니케이션 능력 등이 잘 드러나 있습니다.

6. 본인의 인생 목표나 비전을 구체적으로 기술하여 주시기 바랍니다.

"내가 맡은 분야에서 만큼은 최고가 되자"는 최고 지향주의라는 열정을 가지고 끊임없이 도전하겠습니다. 이와 더불어 조직에 활력을 불러 일으켜 신바람 나는 직장으로 만들어 직장을 제2의 가정으로 만들겠습니다. 신입사원 시절 영업사원으로 시작해서 해외영업을 거쳐 기필코 00회사의 중추적인 관리자가 될 것입니다.

회사가 글로벌 전략을 추진하는 데 있어서 중추적인 역할을 맡아 매출 신장과 사업 다각화를 도모하고, 더 나아가 우리나라의 문화를 전 세계에 전파하는 선구자가 되고 싶습니다. 국제 전문가의 역량을 갖추기 위해선 무엇보다도 다양한 나라의 문화에 대한 이해와 현지 시장 분석 능력이 요구됩니다. 틈틈이 여러 매체를 활용하여 시시각각 변하는 세계 시장의 귀추에 주목하고, 다양한 현지인들과의 지속적인 만남을 통해 신뢰를 형성해 나감으로써 잠재 시장에서의 성공을 위한 발판으로 삼겠습니다.

신입사원 시기에 무엇이든 배우겠다는 적극적인 자세로, 해외영업 부문에서 요구되는 다양한 역량을 계발하며 기초 체력을 다져 나가겠습니다. 다양한 실무 경험을 통해 영업 수완을 익히고, 여러 프로젝트를 거치면서 시야를 국제 시장으로 점차 넓혀 나가겠습니다. 이를 위해 다양한 언어를 익혀 나갈 것입니다.

현재 국제 시장에서 공용어로 일컬어지는 영어를 지속적으로 공부하고, 불어, 스페인어, 중국어, 일본어 등을 배워 해당 언어권의 나라에 대한 심도 깊은 탐구를 해 나갈 것입니다.

깨어 있는 글로벌 인재가 되기 위해선 다양한 경험과 전문 지식이 필수적이라고 생각합니다. 업무 시간에는 업무에 충실하고, 업무 시간 외에도 시간을 쪼개어 사내외 교육 프로그램에 적극적으로 참여하겠습니다. 또한 국내외적으로 외교 및 국제 협력에 종사하는 다양한 지인들과의 만남을 통해 글로벌 마인드를 형성하고 인맥을 구축해 나갈 것입니다. 신선하고 개성 넘치는 사람이 되기 위해 배움의 경계를 과감히 허물고 이색적인 체험을 통해 다양한 경험을 쌓아나갈 것입니다.

여정인

00산업

■ 지금까지 살아오면서 기존의 정해진 목표보다 더 높은 수준의 목표를 달성하고자 하며, 이를 위해서 시간이나 노력을 최대한으로 투입하고 관리한 경험에 대하여 기술해 주시기 바랍니다.

1-1. 본인이 선정한 목표는 무엇이었으며, 목표를 세운 기준이나 근거는 무엇입니까?

'I am a Global Frontier!'

2006년 가을, 경제학을 공부하는 3학년 학생으로서 경제 불황과 청년 실업에 대해 걱정하던 중 잡코리아에서 주최하는 대학생 해외탐방공모전 2007 글로벌프런티어를 발견했습니다. '한국 경제의 반성과 도약을 위한 중남미 국가 모범 사례의 응용 가능성 연구'를 목표로 기획안을 작성, 도전하였고 서류와 PT 심사를 통해 대표로 선발되었습니다. 500만 원이 넘는 경비를 지원받아 40일간 중남미를 탐방하며 현지의 경제를 체험, 한국 경제에 응용 가능한 방안을 연구했습니다.

처음에는 유럽을 모델로 하여 기획서를 작성하였으나, 자료를 검색하던 중 코스타리카와 칠레를 비롯한 중남미 국가들이 수년간 9퍼센트에 달하는 경제 성장을 구가하고 있다는 기사를 보고 중남미로 대상을 변경하였습니다. 선진국을 연구한 사례는 많지만, 후진국은 그렇지 않아 새로운 성장 방안을 발견할 수 있으리라 믿었기 때문입니다.

☞ 자기 소개서에서 금기되는 문장 중의 하나가 'IMF 혹은 경제 여건 악화로 인한 청년 실업의 증가로 힘들었다' 입니다. 이 시기에는 누구나 힘들고 어렵고 고통스럽습니다. 그러한 내용은 과감하게 삭제하고 바로 본론으로 들어가세요.

1-2. 목표를 달성하기 위해서 어떤 노력을 기울였습니까? 구체적으로 기술하여 주십시오.

'발로 뛰며 쓰는 기획안'

대기업에 우호적인 핀란드와 물류업이 발달한 네덜란드를 모델로 작성한 기획서를 폐기하고 아르헨티나, 칠레, 코스타리카, 파나마를 모델로 다시 작업할 때가 가장 힘들었습니다. 팀장으로서 탐방국 변경을 반대하는 팀원들을 설득하기 위해, 학업과 병행하며 2달에 걸쳐 기획서를 쓰는 동안 하루 4시간 이상 잠을 잔 적이 없으며, 일주일에 3번은 국회도서관과 재경부, 각국 대사관을 다니며 조언과 자료를 구하였고, 제 호흡과 논리에 맞도록 초안을 작성해 설득하였습니다.

큰 방향이 잡힌 후에는 팀원들과 업무를 분담하여 각국 대사관을 찾아 목적을 설명한 뒤 경제부, 대학, 연구소 등 탐방 중 방문할 기관과의 세미나 주선을 부탁하였습니다. 시차와 남미의 느긋함으로 현지 기관 접촉에 한계가 있었기 때문입니다. 또 세미나 시 소개와 탐방 목적은 스페인어로 말하기 위해 스페인 문화원에 두 달간 다니며 회화 연습을 했습니다.

1-3. 노력의 결과와 본 경험을 통해 본인이 습득한 교훈에 대해 기술하여 주십시오.

'스스로 만족할 때까지'

47대1의 경쟁을 뚫고, 대표로 선발된 이유는 스스로 만족할 수 있는 결과를 위해 기존의 것을 버리고 새로운 기획안을 작성한 용기와 노력에 있다고 생각합니다. 더하여, 심사위원보다 팀원을 설득하기 위해 KOTRA가 발간한 무역 자료, 경제편람, 논문에 파묻혀 지내며 자료를 찾았고, 경제학부의 주계영 교수님과 안재욱 교수님께 조언을 구하며 자신의 주장에 논리적인 근거를 더한 것이 결국에는 서류와 PT 심사에까지 큰 도움이 되었습니다. 남에게 보여주기가 아닌 스스로가 만족할 수 있는 수준까지 처리하는 것이 결국 우수한 성과로 돌아온다는 것을 깨닫게 해주었습니다.

또 준비 기간과 40일의 탐방 기간 동안 팀원들과 동고동락하며 체득한 교훈과, 팀을 올바른 방향으로 이끌기 위해서는 강한 자신감과 의지를 갖고 팀원을 설득하여 믿음을 주어야 함을, 어려운 일에 솔선수범하는 자세가 필요함을 알게 되었습니다.

■지금까지 팀을 이루어 활동하였던 경험 중에서, 공동의 목표를 달성하기 위해서 팀원들과 신뢰를 형성하고, 협력적인 관계를 구축하며, 시너지를 내기 위해서 노력한 경험에 대하여 기술해 주시기 바랍니다.

2-1. 팀을 이루어 활동한 경험과 팀 내에서 본인의 역할 및 공동의 목표를 달성하기 위한 본인의 노력에 대해 기술해 주십시오.

'업무 분담과 어려운 일은 내가'

2006년 9월, 경영전략 동아리 열공 클럽의 부회장으로 활동하던 저는 동아리의 친구들과 팀을 이루어 '인터파크 마케팅 유니버시아드'에 도전했습니다. 인터파크의 시장 점유율 회복을 위한 방안을 공모하는 대회로 팀장을 맡아 프로젝트를 진행하였습니다. 5명으로 구성된 우리 팀은 SWOT 분석을 하고 각자 맡을 업무를 분담하였습니다. 기획안 작성 경험이 많은 저와 다른 친구가 자료 조사와 사례 분석을 맡았고, 활동력이 좋은 친구가 현업 종사자 인터뷰를, 마케팅을 전공한 친구는 성공적인 마케팅 기법 수집을, 디자인을 전공한 친구는 PPT 작성을 담당했습니다.

조사 후, 자료를 취합하여 제 호흡과 논리에 맞추어 개괄적인 기획안을 작성한 후, 토론을 거쳐 첨삭을 거듭하여 보다 완성된 작품을 만들었습니다. 제가 발표 연습을 하는 동안 팀원들은 PPT 제작과 예상 질문을 뽑아 효과적으로 본선 준비를 하였습니다.

2-2. 팀원 간에 서로 갈등 상황이 발생하였을 때, 본인은 어떻게 해결하고
     자 하였습니까?

'의견 조율과 동기 부여'

큰일이 생겼습니다. 다른 팀의 친구와 이야기해 보니 '온라인게임 + 쇼핑몰' 이라
는 우리의 아이디어와 차이가 없었던 것입니다. 긴급 회의를 했고 인터뷰를 담당했
던 친구의 제안에 따라 주제를 변경, 반대하는 팀원들을 함께 설득했습니다. '시장
점유율의 변화를 봐라. 앞으로 온라인 마켓은 옥션 같은 시장이 주를 이룰 것이다.
그런데 모두가 구매자 편익만을 고려하며 판매자의 입장은 간과하고 있다. 뒤집어
서 생각해 보자! 좋은 판매자가 많아져야 구매자가 늘지 않을까? 판매자 중심으로
재구성해 보자' 고 했습니다.

그러나 마감이 다가올수록 신경이 날카로워져 팀원 간에 말다툼이 벌어졌고, "하
지 말자"는 말까지 나왔지만, 팀장인 저마저 손을 놓을 수는 없어 할 수 있는 일부터
찾았습니다. 시간 문제를 해결하기 위해 숙소와 노트북 3대를 빌려 합숙했고 야식을
제공하여 팀원을 달랬으며, '우리는 할 수 있다' 고 끊임없이 동기 부여를 했습니다.

☞ 주도적으로 나서서 다른 사람들을 설득하고, 새로운 방법으로 문제를 해결하려
    고 했던 점을 구체적인 사례를 들어 나타낸 점은 잘된 부분입니다.

2-3. 팀활동의 결과와 팀활동을 통해 본인이 습득한 교훈은 무엇입니까?

'조직의 전통과 자신감'

갈등을 슬기롭게 이겨내고, 각자 맡은 일에 충실한 결과 최종 PT 대회에 진출했
고 수상의 영광을 누렸습니다. 그리고 그 이상의 것을 얻었습니다. 마케팅 유니버시
아드는 열공 클럽 조직 후, 처음 참여한 팀 대회였기 때문에 수상의 의미가 더욱 컸
습니다. 매주 한 권의 마케팅 서적을 읽고 나누었던 토론, 성공 사례를 찾아 발표하
는 개인 PT, 공통 주제를 누가 더 효과적으로 전달하는가를 보기 위한 경쟁 PT와 자
체 공모전 실행이 팀 수상이라는 결과로 돌아와 우리의 스터디가 잘못된 것이 아님
을 증명해 주었기 때문입니다. 우리가 경험했던 사건들과 해결 과정은 열공 클럽의

후배들에게 회자되며 좋은 본보기가 되고 있습니다.

개인적으로는 큰 자신감을 얻을 수 있었습니다. 대강당에서 200명이 넘는 사람들을 대상으로 한 프레젠테이션을 성공적으로 마쳤기 때문입니다. 발표력과 자신감이 크게 향상되었습니다.

■ 지금까지 다양한 고객을 상대하면서, 고객을 만족시키기 위해 적극적으로 노력하였던 경험에 대하여 기술하여 주시기 바랍니다.

3-1. 고객을 상대한 경험과, 본인이 생각하는 고객의 정의에 대해 기술해 주십시오.

'정반합, 발전의 원동력'

2007년 겨울, 삼성생명에서 인턴으로 근무했습니다. 3주간 합숙 교육을 받으며 보험판매 자격증을 획득하였고, 현장에 투입되어 고객을 만나 자산관리와 보험 영업을 하였습니다. 영업은 다른 아르바이트와 매우 달랐습니다. 찾아온 손님을 접대하는 것이 아니라 보험 계약을 체결할 만한 100명의 지인 리스트를 뽑아 전화를 하고 약속을 잡아, 보험과 연금 상품의 필요성에 대해 역설하고 가입을 권유하는 등 일련의 절차를 필요로 하기 때문입니다. 3주의 실습 기간 동안 34명의 지인을 만나 이야기를 나눴고, 8건의 보험 계약을 체결할 수 있었습니다.

헤겔의 변증법을 빌리자면, 고객은 反이라고 생각합니다. 회사가 正의 위치에서 상품과 서비스를 제공하면 고객은 더 좋은 것, 더 새로운 것을 요구해 결국 회사와 대립하는 입장에서 서고 그 결과 회사는 더 진보된 상태인 合으로 나아갈 수 있기 때문입니다. 즉 고객은 회사 발전을 위한 원동력입니다.

☞ 고객에 대한 자신만의 생각을 잘 나타내고 있습니다. 고객이란 시장에서는 소비자가 될 수도 있지만, 내가 아닌 상대방을 고객이라고 일컬을 수 있습니다. 결국 고객을 만족시켰던 경험이란, 상대방의 입장에서 어떻게 생각하고 배려했는지를 말합니다. 이에 대한 구체적인 사례를 나타내어 좋은 점수를 받을 수 있으리라 생각됩니다.

3-2. 고객을 만족시키기 위하여 어떤 노력을 기울였습니까? 구체적으로 기술하여 주십시오.

'전문성과 진심'

첫 고객은 학교 선배였습니다. 형은 까다로운 고객으로 '친하니까 되겠지' 라는 안일한 자세에 경각심을 불러일으켜 줬습니다. 캐피털 회사에 근무하고 있어 금융소식에 밝고, 주가연구회에서 함께 주식 공부를 했으며 실전 투자로도 상당한 수익을 거두는 등 자산관리에 대한 지식과 자부심이 강했기 때문에 '그런 것 안 해도 더 잘 준비할 수 있다' 며 거절했기 때문입니다.

그렇다고 포기할 제가 아니었습니다. 같은 금액을 주식과 채권에 투자했을 때의 평균 수익률, 보험 이율 5.2퍼센트 상품에 각각 투자했을 때의 20년 후 원리금 비교, 연금 상품의 소득과 세액공제 혜택 자료 등 객관적 자료를 준비했고, 형의 건강과 노후를 걱정하는 후배의 마음을 진지하게 전하여 형의 생각을 조금씩 바꾸었습니다.

4번을 만나 상담한 끝에 연금 상품 계약을 체결하였고, 사무실 동료를 소개해 주어서 두 건의 연금과 한 건의 생명보험 계약을 더 체결할 수 있었습니다.

3-3. 고객을 상대하거나 고객 만족을 위한 활동을 통해서 본인이 습득한 교훈은 무엇입니까?

'진심을 말하고 정성을 다한다'

위 문장이 고객을 상대하면서 깨달은 진리입니다. 자신의 업무 분야에 대한 전문지식과 화술 등의 스킬도 중요하지만 이것만으로는 '완전 판매' 와 '고객 만족' 을 달성할 수 없기 때문입니다.

영업활동 초기에 고객과 만나면 대부분 다음과 같은 반응이었습니다. 이율과 환급율, 보장되는 위험의 범위 등 상품의 장점을 한참 동안 설명하자, 고객은 "그런데? 그래서 나보고 이걸 하라고? 왜?" 라는 반응을 보이는 것입니다. 제가 아무리 상품의 우수함과 필요성을 강조해도 고객 스스로 필요함을 느끼지 못한다면, 또 그런 상황에서 억지로 거래가 이루어진다면 그 계약은 대부분 취소되어 애초에 계약을 하지 않은 것보다 나쁜 결과를 가져옵니다.

고객 신뢰의 경영! 몇 만 원 하는 보험 거래가 이러한데, 몇 억 아니 그 이상의 금액이 오가는 OO산업에서의 고객과의 거래는 고객 만족과 완전 판매가 더욱더 중요할 것입니다.

■ 지금까지 살아오면서 기존의 제도나 시스템을 지속적으로 개선함으로써, 본인이 속한 조직에 새로운 변화를 적극적으로 주도하여, 조직의 성과를 향상시켰던 경험에 대하여 기술하여 주시기 바랍니다.

4-1. 기존의 제도나 시스템을 개선한 경험과 그러한 개선과 새로운 변화가 필요했던 이유에 대해 기술해 주십시오.

'변화 없이는 승리도 없다'

2006년 3월, 교내 경제학술 동아리 경제학회의 소모임이었던 주가연구회를 중앙 동아리 수준의 모임으로 재탄생시켰습니다. 이전까지의 주가연구회는 친한 친구 몇몇이 모여 주식 이야기와 잡담을 하는 수준이어서 실질적으로 배울 수 있는 내용이 없었습니다. 전역 후, 주식 투자에 관심이 있고, 의욕이 넘치는 01학번 동기들이 모여 보다 전문적이고 학술적인 주가연구회 창설을 토론하였고, 교내 스터디 모임 지원 프로그램에 등록하여 '제대로 된' 학술 동아리로 재탄생시켰습니다.

먼저 전교생을 대상으로 회원모집 공고를 하여 실제 투자 경험이 있는지를 선발 기준으로 삼아 30명의 서류 통과자를 선발하였고, 면접을 통해 15명의 회원을 받아들였습니다. 또 경제학부의 지원으로 SAS 통계 프로그램과 매주 수요일 전산실 이용 허가를 받아 계량경제와 통계학을 이용한 주가 예측을 실습할 수 있었습니다.

4-2. 변화를 주도하면서 어려움과 장애는 무엇이었으며, 어떻게 극복하였습니까?

'행동으로 보여주기'

새로운 형식의 스터디 운영은 기존의 방식에 익숙한 선배들에게 적지 않은 불만 거리였습니다. 선배들은 귀찮게 그런 것을 하냐며 반대 혹은 방관하였고 자신들은 학과 공부를 해야 한다며 도와주기를 거부하였습니다. 몇 번의 대화를 시도하였지만, 선배들의 고집을 꺾을 수 없던 저와 동기들은 우선 어느 정도의 성과를 이룬 후 다시 설득해 보기로 결심하였습니다. 2개월에 걸쳐 세미나를 한 내용을 책으로 만들었으며, SAS를 이용한 주가 예측 프로그래밍 코드를 개선시켰고, 모의투자 대회의 본선에 4명의 회원이 진출하는 등 열심히 공부하는 모습을 선배들에게 보였습니다.

하나둘씩 활동의 성과가 보이자 선배들도 조금씩 마음을 바꿔 많은 도움을 주었습니다. 주식 투자 경험담을 들려주었고, 삼성증권에 다니는 92학번 선배와 만남을 주선하여 삼성증권의 대학생 주식교육 프로그램을 지원받도록 해주었습니다.

4-3. 변화의 결과는 어떻게 나타났으며, 이러한 경험을 통해 습득한 교훈은 무엇입니까?

'새로운 시도를 통한 소중한 경험'

01학번 동기들의 의기투합과 노력, 선배들의 도움, 다양한 학과의 회원들이 조화롭게 어울려 체계적인 스터디 프로그램을 운영한 결과, 2년이 지난 지금은 총 회원 수 80명이 넘는 대형 스터디 그룹이 되었습니다. 매 학기 초, 회원모집 공고를 띄우자마자 가입 문의가 쇄도하며 투자 경험과 금융 공부를 하여 재수를 하는 학생도 생겨났습니다. 지난 2007년 11월에는 'SAS를 활용한 주가 예측'을 주제로 학술제를 개최하였고, 행사에 130여 명의 학우와 4명의 교수님, 현직 증권사 직원들이 참여하는 등 좋은 반응을 얻었습니다. 처음엔 의견의 차이로 갈등을 겪었지만, 노력하는 모습을 보여줌으로써 화합을 이끈 결과였습니다. '실천을 통한 설득'을 배웠으며, 사람들을 이끄는 리더십을 기르고 원만한 대인관계의 노하우를 쌓을 수 있었습니다.

☞ 기업에서는 창의적인 발상을 하는 사람들을 영입하려고 하며, 특히나 변화에 잘 적응하고 그 변화를 주도하는 사람들을 선호하는 경향이 있습니다. 선배가 따랐던 기존의 방식을 습득하여 매너리즘에 빠지지 않고 새로운 방식의 시스템을 도입, 사람들을 설득하는 방법 등 지원자의 장점을 어필한 내용입니다.

김종고

00건설

■ 교내 외 동아리활동

2005년 봄, 전북대학교 로켓연구회에 가입하였습니다. 모 교수님께서 지도하시는 로켓연구회에서는 분사노즐 등을 설계하고 화약으로 추진력을 얻는 실제적인 고체 로켓을 제작하거나 물 로켓을 제작하는 동아리입니다. 또한 전국 로켓동아리 연합회에 가입되어 매년 여름마다 열리는 로켓 캠프에 참여하여 친목을 도모하고 세미나를 통하여 로켓 제작 기술을 공유합니다. 이외에도 매년 항공우주공학과 주최로 열리는 항공축전에서 물 로켓 발사 대회를 개최하는 등 교내외적으로 매우 분주하게 활동하는 동아리입니다.

☞ 동아리 활동 경험은 전문성과 대인관계, 대외적인 활동성을 판단할 수 있는 척도입니다. 지금 위에 기술한 내용은 동아리 참가 경험만 있는데요. 이것도 역시 관련 에피소드를 넣으면 더 좋다고 생각합니다. 또한 입사해서 회사에 어떻게 기여를 할지 기술하면 더욱 좋습니다.

■ 사회공헌 활동

2007년 1월, 약 20일 동안 필리핀에서 진행되었던 해외 봉사활동은 교육봉사와 문화봉사, 빈민가 지원의 활동을 중심으로 운영되었습니다. 특히, 한국에서 헌 옷과 중고 컴퓨터 등을 수집하여 직접 필리핀으로 운반하여 학교와 빈민가에 나누어주어 '태평양 아시아는 영원한 이웃'이라는 태평양 아시아협회PAS의 표어를 직접 실천하였습니다. 특히, 봉사활동 기간에 빈민가 지원뿐만 아니라 필리핀 현지 학생들과 문화적으로 교류함으로써 '지구촌'이라는 말을 실감하기도 하였습니다.

☞ 봉사활동 경험이 많은 구직자의 경우 회사에 입사해서 다른 직원들이나 고객들과 원만하게 지내는 경우가 많아서 선호하는 경우가 많습니다. 조금 아쉬운 부분은 봉사활동 중에 있었던 에피소드가 있었으면 아주 좋은 내용이었을 것 같습니다. 예를 들어 '교육봉사를 할 때, 언어 소통이 잘 안 되는 사람에게 직접 다가가서 도와준 결과 마음이 소통되는 것을 느꼈고, 그 사람도 나의 진심을 이해해 주었다'는 문장이 추가되었으면 인사 담당자들에게 보다 생생하게 전달되었을 것 같습니다.

■ 성격의 장단점, 생활신조, 지원 동기 등을 중심으로 자유롭게 기술해 주시기 바랍니다.

"어려움에 있더라도 감사하는 마음으로 위기를 극복해 왔습니다."

부유하고 풍족했던 어린 시절과는 달리 대학교 입학 후 저의 생활은 그다지 순탄치만은 않았습니다. 저의 인생에서 가장 큰 사건은 10년 동안 살던 아파트에서 하루 아침에 보증금 1,000만 원의 월셋방으로 이사하게 된 것입니다. 저에겐 그러한 일들이 실감나지 않았고 하루하루가 고달프다는 생각만 가득했습니다. 그러나 이렇게 어려운 시기 동안 저의 가치관과 생활신조에 가장 큰 변화가 왔습니다. 그리하여 저의 생활신조는 '어려움에 있더라도 감사하는 마음을 가지고 긍정의 힘으로 위기를 극복해 보자'로 바뀌었습니다. 저의 성격 형성에도 영향을 주었습니다. '긍정의 힘'을 기반으로 한 포기하지 않는 끈기와 '할 수 있다'라는 자신감이 저의 장점입니다. 이러한 자신감이 때로는 자만심으로 변하는 때도 있습니다. 하지만 철저한 준비와 함께 자신감을 가짐으로써 이러한 저의 단점을 보완하고 있습니다.

☞ 힘든 상황에서도 굴하지 않고, 비관적으로 생각하기보다는 긍정적으로 생각하고 이겨냈다는 내용이 좋습니다. 직장생활도 힘든 일의 연속이죠. 그럴 때 적응을 잘할 인재로 보입니다. 내용은 좋은데요. 실제로 긍정적인 생각을 통해서 이겨낸

사례를 적으면 플러스가 될 것 같습니다.

■ 지금까지 살아오면서 기존의 정해진 목표보다 더 높은 수준의 목표를 달성하고자 하며, 이를 위해서 시간이나 노력을 최대한 투입하고 관리한 경험에 대하여 기술해 주시기 바랍니다.

1-1. 본인이 선정한 목표는 무엇이며, 목표를 세운 기준이나 근거는 무엇입니까?

대학교에 입학한 이후로 저에게 가장 걸림돌이 되었던 것은 바로 영어였습니다. 고등학교 때부터 영어라는 과목은 그다지 친숙하지 않은 과목이었고 필수적인 과목이지만 하고 싶지는 않은 과목이었습니다. 그러나 어느 날 문득 영어라는 산을 반드시 넘어야겠다고 생각을 했습니다. 취업의 열쇠 중 하나도 영어였으며, 많은 기업이 토익으로 영어 성적을 반영하던 시절이었습니다. 그리하여 우선 제가 설정한 목표는 토익 900점을 넘기는 것이었습니다. 당시 저의 상황은 토익시험 응시 경험조차 없었고, 토익이 어떻게 구성되어 있는지도 알지 못하였습니다. 하지만 점수를 획득함으로써 저 자신에게 영어에 대한 자신감을 심어줄 수 있다고 생각하였고, 쉽게 해낼 수 있는 것이 아니므로 도전할 가치가 있다고 생각하였습니다.

1-2. 목표를 달성하기 위해서 어떤 노력을 기울였습니까? 구체적으로 기술하여 주십시오.

저의 문제점인 영어에 대한 두려움을 없애고 즐겁게 학습하고자 스터디 그룹을 활용하는 것을 전략으로 삼았습니다. 스터디 그룹 내에서는 어려운 문제도 협동하여 해결할 수 있었고, 여럿이서 즐겁게 공부할 수 있는 분위기가 조성되었습니다. 이렇게 서로 공동의 목표를 가지고 즐겁게 공부하고 협력하는 분위기가 저의 목표 달성에 큰 도움이 되었습니다. 또한 매회 토익 성적이 발표된 후에 시험에서 저의 문제점이 무엇인지 파악하는 것을 거르지 않았습니다. 마지막으로 목표 점수를 이루려고 단지 토익만을 공부하는 것이 아니라 회화, 작문 등과 같이함으로써 학습 효과를 극대화할 수 있었습니다. 앞으로 이러한 저의 학습 방법에 노력과 적극성을 더한다면 더 큰 효과를 기대할 수 있으리라 확신합니다.

1-3. 노력의 결과와 본 경험을 통해 본인이 습득한 교훈에 대해 기술하여 주십시오.

이러한 경험을 바탕으로 얻은 가장 큰 교훈은 정보의 중요성과 사람과 사람 사이의 협동입니다. 토익에 대한 정보가 아무것도 없는 상태에서 공부를 시작했지만, 하루가 다르게 많은 양의 정보를 습득할 수 있었으며, 이러한 정보의 양은 혼자 공부하는 것보다 훨씬 더 많은 양이었습니다. 또한 공통된 목표를 가지고 노력하기 때문에 힘들고 지칠 때 서로에게 힘이 되어줄 수 있고, 상대방의 문제점이 뭔지 지적해 줄 수 있어 문제점을 찾고 빠르게 고쳐나갈 수 있었습니다. 마지막으로 스터디 그룹의 해체 이후에도 서로 지속적으로 연락하고 정기적으로 모임으로써 인간관계가 확장되고 다른 분야의 정보 또한 얻을 수 있었습니다.

☞ 위에 기술한 3개의 경험을 하나로 묶어서 설명해 드리겠습니다. 자기 소개서의 질문을 보시면 아시겠지만, 최근 기업에서 인재를 채용하는 기준 중의 가장 큰 변화는 학벌이나 스펙에 의존하는 것보다는 지원자의 과거 경험 내에서 문제가 발생했을 때 해결해 나가는 '과정'에 중점을 두고 있습니다. 스펙은 '결과' 중심입니다. 토익 900점, 학점 4.0점, 자격증, 인턴활동 등.
하지만 과정 중심은 다릅니다. 토익 900점을 취득하기 위한 노력의 과정, 힘든 상황을 극복한 과정 등 이런 것들이 중요합니다. 본 지원자의 경우 토익 점수를 올리기 위해 학원에 간 것이 아니라 스터디를 조직해서 같이 하고, 서로 열심히 한 결과 같이 점수가 올라가고 다른 사람의 도움을 받는 과정을 통해서 팀워크의 중요성도 배운 사례군요. 노력, 팀워크, 끈기, 상대방에 대한 배려라는 여러 가지 장점을 느낄 수 있는 좋은 내용인 것 같습니다.

■ 지금까지 팀을 이루어 활동했던 경험 중에서 공동의 목표를 달성하기 위해서 팀원들과 신뢰를 형성하고 협력적인 관계를 구축하며, 시너지를 내

기 위해서 노력한 경험에 대하여 기술해 주시기 바랍니다.

2-1. 팀을 이루어 활동한 경험과 팀 내에서 본인의 역할 및 공동의 목표를 달성하기 위한 본인의 노력에 대해 기술해 주십시오.

저희 학과에는 '창의적 공학설계'라는 수업이 있습니다. 창의적 공학설계는 팀별로 약 1년 동안 일정한 예산을 분배받아 예산 편성, 설계, 제작의 과정을 거쳐 창의적 공학설계 발표회를 통하여 자신의 작품을 발표하는 수업입니다. 제가 조장이었던 팀은 기초적인 무인 항공기를 기획하였습니다. 이 작품을 제작하려면 무인 항공기가 이륙할 때 발생하는 불안정성을 제거하는 것과 전자적인 회로를 구현하는 것이 우선이었지만, 저희가 가진 지식은 매우 적었습니다. 저는 이때 '할 수 있다'라는 긍정적인 생각을 가지고 팀원을 격려하며 타 학과 박사과정에 있는 선배님을 찾아가 조언을 구하고, 무인 항공기의 불안정성을 제거하고자 회의를 통하여 전혀 다른 방식의 이륙 방식을 도입하였습니다. 결국 이러한 저와 저희 팀의 노력이 장려상이라는 소중한 결과를 만들어냈습니다.

2-2. 팀원 간에 서로 갈등 상황이 발생하였을 때, 본인은 어떻게 해결하고자 하였습니까?

창의적 공학설계 수업은 두 학기 동안 진행되는 수업이기에 방학을 포함하고 있어 대부분의 팀이 겨울 방학 동안에 모든 작업을 마무리합니다. 저희 팀 역시 다른 팀들과 마찬가지로 겨울 방학에 작업을 마무리하기로 하였습니다. 하지만 팀원 중의 한 명이 자신은 방학 동안 필리핀으로 석 달 동안 어학 연수를 가기 때문에 참여하지 못한다고 하였습니다. 이러한 갈등의 발생 요인은 개인의 이익과 팀의 이익 중 어느 것을 더 우선시하고 중시하느냐 하는 가치관의 차이 때문이었습니다. 이러한 문제 상황을 해결하고자 고심하던 중 저는 '역지사지'라는 말을 떠올렸습니다. 결국 상대방의 입장을 고려하며 "팀의 작업과 마찬가지로 대학생으로서 개인 역량의 발전도 중요하다"라며 팀원들을 설득했습니다. 그리하여 작업에 참여하지 못하는 팀원을 비난하기보다는 오히려 잘 다녀오라며 격려하는 분위기를 조성하였습니다.

2-3. 팀활동의 결과와 팀 활동을 통해 본인이 습득한 교훈은 무엇입니까?

이러한 팀활동으로 저희가 부딪혔던 문제는 두 가지였습니다. 첫 번째는 기술적인 문제를 해결하는 것이었고, 두 번째는 팀 내에서 일어나는 갈등을 해결하는 것이었습니다. 우선 기술적인 문제를 해결할 때 얻은 교훈은 '고민하지 말고 행동에 옮겨라' 입니다. 타 학과 선배에게 조언을 구하려고 할 때 가장 고민이 되는 부분은 '바쁘신 가운데에서도 과연 도움을 주실 것인가?' 였습니다. 그러나 고민만 하기보다는 행동으로 옮겼을 때, 좋은 결과를 얻을 수 있었습니다.

또한 팀 내에서 일어나는 갈등의 해결에서 얻은 교훈은 '역지사지의 마음을 가지고 한발 물러서서 대화로 문제를 해결한다' 입니다. 어느 팀이나 갈등은 있기 마련이고 이러한 갈등을 제대로 해결하지 않는다면 팀은 해체되고 무너지기 마련입니다. 하지만 어떠한 위기 상황 속에서도 배려와 대화로 문제를 해결한다면 공통의 목표를 반드시 달성할 수 있으리라 확신합니다.

☞ 조직에서 일을 하다보면 여러 가지 난관에 부딪힙니다. 일 자체에 대한 것도 있지만, 조직 구성원 내에서도 문제가 많이 발생합니다. 위의 경험 같은 경우는 중간에 조직원이 빠져나가는 경우죠. 회사도 중간에 조직원이 퇴사하는 경우가 발생합니다. 이런 문제가 발생했을 때, 리더는 최대한 나가는 사람의 빈 공간을 빨리 채워야 하고, 나가는 사람을 최대한 설득해서 인수인계가 잘 이루어지도록 해야 합니다. 그래야 현재 하고 있는 프로젝트가 무리없이 잘 해결되기 때문입니다. 조직원을 어떻게 설득했는지에 대한 내용을 추가하면 더 좋은 자기 소개서가 될 것 같습니다. 또한 문제 해결을 위해 선배를 찾아가서 문제를 해결한 과정은 높게 평가할 수 있습니다. 왜냐하면 나중에 이 지원자의 경우, 회사에서 문제가 발생했을 때 주변 지인이나 인맥을 통해서 조언을 받아서 문제를 해결할 가능성이 높기 때문입니다. 평소에 주변 사람들을 잘 관리했다는 증거가 되기도 합니다. 평상시의 지원자의 인격도 알 수 있는 대목입니다.

■ 지금까지 다양한 고객을 상대하면서 고객을 만족시키기 위해 적극적으로 노력했던 경험에 대하여 기술하여 주시기 바랍니다.

3-1. 고객을 상대한 경험과 본인이 생각하는 고객의 정의에 대해 기술해 주십시오.

저는 대학생활의 생활비 대부분을 과외를 통해 충당했기 때문에 대학 시절 제가 주로 상대한 고객들은 바로 학부모입니다. 과외는 금액을 지불받은 대상과 서비스를 제공하는 대상이 다르고 과외비가 먼저 지급되고 다음달 갑자기 중단할 수도 있기 때문에 학부모님에게 만족을 드리고 또한 과외를 받는 아이들과도 유기적인 관계를 유지하는 것이 중요했습니다. 또한 학부모와 학생 중 너무 한쪽의 편의에만 치우치게 된다면 관계가 악화되어 효율적으로 운영할 수 없습니다.

가령 학부모의 입장에 맞추어 학생을 다그치기만 하면 학생이 흥미를 잃게 되어 수업을 계속 진행할 수 없고, 학생의 입장만을 생각하여 쉽고 여유를 가지고 수업을 하면 학부모의 마음에 들지 않게 되어 결국 고객을 잃게 됩니다. 이러한 저의 경험을 근간으로 한 고객의 정의는 '서비스나 물품을 받는 사람은 물론, 그와 관련된 모든 사람'입니다.

3-2. 고객을 만족시키기 위하여 어떠한 노력을 기울였습니까? 구체적으로 기술하여 주십시오.

저는 과외생활 속에서 고객인 학부모를 만족시키기 위하여 그 서비스가 진행되어야 할 합당한 이유와 앞으로의 계획, 방향 등을 제시해 주었습니다. 가령 수학이 부족한 학생이라면 가장 먼저 선행되어야 할 것은 수학에 대하여 흥미를 얻게 하는 것입니다. 그리하여 학부모의 동의 아래 수학 시간에 딱딱하게 문제만 풀기보다는 적절한 사례를 들어 그 속에서 문제를 제시하고 푸는 방법을 사용하였습니다. 물론, 수업 시간에 잡담과 비슷한 내용의 이야기들이 길어져 진도에는 약간 차질이 생기지만 조금 더 쉽고 재미있게 문제에 접근할 수 있었습니다. 또한 그후로 아이의 성적이 향상되었고, 중간고사 기간이 다가오면 부족한 수업 진도에 대해서는 보강 수업을 하여 부족한 부분을 채울 뿐 아니라 총 정리하는 시간으로 활용하였습니다. 결국 이러한 저의 수업 방식이 모두를 만족하게 해 대학교 입학 후 꾸준히 과외를 할 수 있었습니다.

3-3. 고객을 상대하거나 고객 만족을 위한 활동을 통해서 본인이 습득한 교훈은 무엇입니까?

약 5년 동안 과외생활을 하면서 거쳐 간 저의 학생들은 약 15명 내외가 됩니다. 다년간 이러한 활동을 통하여 습득한 교훈은 바로 '다양성을 인정한다' 입니다. 언제나 같은 방식으로 수업을 진행해도 15명이 모두 같은 결과를 낸 것은 아닙니다. 또한 한 학생에게 맞은 방식이 다른 학생에게도 100퍼센트 똑같은 효과를 가져다주는 것도 아니었습니다. 결국 이러한 다양성을 인정하고 각 학생에 맞는 방식을 선택하는 것이 효율성을 극대화할 수 있었습니다. 가령 게임을 좋아하는 학생에게는 게임을 예로 들어서 설명하는 것이 효율적이고, 예술고등학교에 다니는 학생은 연예계나 예술에 관한 부분을 예를 들어 설명하는 것이 가장 효과가 높았습니다. 결국 이러한 활동이 저에게는 모든 사람이 가진 다양성을 인정하는 계기가 되었습니다.

☞ 이 경험은 구직자의 커뮤니케이션 능력과 고객관리 능력을 엿볼 수 있는 대목입니다. 과외에서 고객의 요구를 100퍼센트 맞춰줄 수는 없습니다. 하지만 부모, 학생을 나누어서 각각 원하는 부분을 채워주려는 의도도 좋았고, 현재 해당 고객이 만족하도록 단기간의 성과(중간고사 준비 등)도 올려주는 등 고객 만족을 위해서 노력하는 것도 좋았습니다. 단기간의 성과는 아무래도 부모 고객을 위한 전략이라고 판단됩니다. 상황 판단 능력과 고객이 원하는 것이 무엇일까 고민하고 시도하는 모습이 보이는 경험이었습니다.

■ 지금까지 살아오면서 기존의 제도나 시스템을 지속적으로 개선함으로써, 본인이 속한 조직에 새로운 변화를 적극적으로 주도하여, 조직의 성과를 향상시켰던 경험에 대하여 기술하여 주시기 바랍니다.

4-1. 기존의 제도나 시스템을 개선한 경험과 그러한 개선과 새로운 변화가 필요했던 이유에 대해 기술해 주십시오.

2003년 12월부터 약 6개월 동안 노동부에서 주관하는 청소년 직장체험 프로그램을 전주시 정신보건센터에서 연수받았습니다. 정신보건센터는 장애인들의 재활을 돕고 사회에 적응할 수 있도록 교육하며 그들의 취업까지도 알선하는 기관입니다. 제가 연수할 당시, 센터장님과 행정 업무를 담당하는 세 명의 직원 그리고 행정 업무를 보조하는 저를 포함한 네 명의 연수생이었습니다. 이 시스템의 문제는 바로 재활교육에 있었습니다. 재활교육은 주로 자원봉사자를 중심으로 이루어지는데 일주일에 2, 3번 오는 것이 부담되고 봉사자의 개인 사정이 있을 때는 프로그램을 진행하지 못하게 되어 계획에 차질이 생기기도 했습니다. 또한 남는 시간에 대체할 프로그램도 없어서 장애인들을 모아놓고 비디오를 시청하는 것이 전부였고, 이러한 비효율적 운영에서 장애인들의 사회로의 복귀도 매우 어려웠습니다.

4-2. 변화를 주도하면서 본인에게 처한 어려움과 장애는 무엇이었으며, 어떻게 극복하였습니까?

이러한 제도의 문제점을 파악하고 저는 다른 방식의 프로그램 운영을 제안하였습니다. 그것은 바로 직원들이 각자의 프로그램을 운영하여 자원봉사자의 활용을 낮추고 안정적으로 프로그램을 운영하자는 것이었습니다. 또한 행정직원 세 분 중 두 분은 사회복지학을 전공하셨고, 한 분은 간호학을 전공하셨기에 프로그램의 질이 자원봉사자보다 월등히 높을 것이라는 것을 강조하였습니다. 이러한 상황에서 제가 처한 어려움은 바로 '연수생'이라는 신분이었습니다.

그러나 이러한 어려움은 그리 어렵지 않게 해결하게 되었습니다. 센터장님께서 저의 의견을 적극적으로 반영하시어 프로그램 운영 기획을 맡기셨고 연수 기간 동안 저만의 프로그램을 운영하라고 하셨습니다. 그리하여 저는 '컴퓨터 교육'이라는 프로그램을 기획하고 Windows와 같은 OS 교육을 실시하여 장애인들의 재활교육에 지속적으로 참여하였습니다.

4-3. 변화의 결과는 어떻게 나타났으며, 이러한 경험을 통해 습득한 교훈은 무엇입니까?

저의 제안으로 정신보건센터에서는 자체 프로그램을 운영하게 되었습니다. 우선 체육활동으로 장애인들의 체력 증진은 물론 스트레스를 완화하였고, 미술교육을 시행하여 자신의 내면에 있는 것들을 표현하고 그린 그림을 가지고 환자의 상태를 평가하기도 하였습니다. 또한 약물 교육을 시행하여 약물을 과다 복용했을 때의 부작용과 약을 제때 복용하지 않으면 나타나는 현상들을 설명하여 약물 복용의 중요성을 강조하였습니다. 그리고 종이상자 접기와 편지봉투 붙이기 등의 일감을 구하여 완성하고서, 각자 완성한 분량만큼 일정 금액을 지급함으로써 경제활동에 대해 동기를 부여할 수 있었습니다. 이러한 경험을 통해 제가 습득한 교훈은 '어떠한 문제점이 있다면 자발적 적극적으로 문제점을 모색하라' 입니다. 만약 제가 이때에 이러한 교육의 문제점을 그냥 인식만 하고 있었다면 장애인 중 그 누구도 재활에 성공할 수 없었을 것입니다.

☞ 문제의 핵심을 파악하고 개선하려는 의지가 보입니다. 가장 큰 문제는 자원봉사자가 없을 때는 재활교육을 못하고 비디오를 틀어주는 것밖에 못했는데, 이런 문제를 해결하기 위해 자원봉사 비율을 낮추고 안정적인 프로그램, 즉 내부 직원을 활용하는 방법을 고민했습니다. 문제 파악과 핵심을 잘 보는 능력이 느껴지는 대목입니다. 특히 본인이 잘하는 컴퓨터 지식을 통해 단순 비디오 시청이 아닌 컴퓨터 활용 능력도 돋보입니다. 아마도 비디오만 보는 것보다는 컴퓨터라도 배워가는 것이 만족도가 크지 않았을까 생각됩니다. 문제가 발생했을 때 현 상태를 정확히 판단하고, 해결하려는 의지도 보입니다. 나중에 회사에 입사해서도 문제를 잘 발견하고 적절한 해결책을 내놓는 지원자가 될 것이라고 판단될 것 같습니다.

Get Hired at
Top Companies